Barbara Vinken

Angezogen

Das Geheimnis der Mode

Klett-Cotta

*Gewidmet meiner Mutter und all den Textilarbeiterinnen,
die in den verschiedenen Wellen des Ruins der europäischen
Textilindustrie ihre Arbeit verloren haben und bis heute in
der globalen Verlagerung der Ausbeutung zu Tode kommen.*

Klett-Cotta
www.klett-cotta.de
© 2013 by J. G. Cotta'sche Buchhandlung
Nachfolger GmbH, gegr. 1659, Stuttgart
Alle Rechte vorbehalten
Printed in Germany
Schutzumschlag: Rothfos & Gabler, Hamburg
Unter Verwendung eines Fotos von
© getty-images/Image Source
Gesetzt von Dörlemann Satz, Lemförde
Gedruckt und gebunden von Friedrich Pustet
GmbH & Co. KG, Regensburg
ISBN 978-3-608-94625-3

Siebte, durchgesehene Auflage, 2014

Bibliografische Information der Deutschen Nationalbibliothek
Die Deutsche Nationalbibliothek verzeichnet diese Publikation
in der Deutschen Nationalbibliografie; detaillierte bibliografische
Daten sind im Internet über http://dnb.d-nb.de abrufbar.

Inhalt

1 Der Mode auf der Spur:
Eine etwas andere Geschichte der Mode 8
Die neuen Beine der Frauen 9
Als die Herren noch Bein zeigten 14
»Ganz individuell«: Weiblichkeit versus Business 21
Unisex? Paradox, höchst paradox! 30
Eingekleidet: Korporationen 33
Fortschritt? 36
Trickle up, trickle down 44

2 Der große Bruch:
Wie die Mode aus der Männerwelt verschwand
und ein weibliches Laster wurde 48
Das Ende der alten Ordnung 49
König und Königin als Verkörperung kosmischer
Ordnung 52
Dressing down: Philippe d'Orléans als Trendsetter
einer neuen Zeit 56
Marie Antoinette: Modekönigin und Fashion Victim .. 62
Ausgestellte Weiblichkeit 69

3 Mode – modern 74
Natürlich deutsch 78
Der Orient im Herzen des Westens 80

Antimode: Dandys 85
Zukunftsweisend: Der Dandy und sein Amt 88
Dressed to kill: Gentlemen of Bacongo 95

4 Fremdraum: Die Welt im eigenen Haus 100
Eine orientalische Kolonie 103
Indifferent: A-Mode 104
Römische virtus, orientalischer Luxus 107
Rose Bertins Grand Mogol 110
Rousseaus Harem mitten in Paris 113
Giacomo Leopardi, Mode als Dekadenz pur 117
Baudelaires Eroskulte 118
Zolas babylonisches Paris 120

5 Die feinen Unterschiede und der kleine Unterschied 124
Simmel: Maske oder Kompensation? 125
Veblen: Industriekapitäne und Trophäengattinnen ... 129
Flügel: Was die Mode streng geteilt 134
Fuchs und Loos: Femina feminae lupa 140
Der feine Unterschied im kleinen Unterschied 144

6 Unisex oder Crossdressing? 146
Die Mode wird aus der Mode kommen 147
Puderkriege 149
Von der Arabeske zur Funktion: Sind Frauen die neuen Männer? 153
Sexy Unisex 158
Weiblichkeit an die Macht 160
Dressman 162
State of the Art: Michelle und Barack Obama 164
Oder Männer die neuen Frauen: Garçon chaton? 167
Adonis 172

7 Verrückter Westen 176
Zersetzt: Wie das Abendland aus dem Morgenland zurückkam 177
The Empire designs back 178
Wie die Jungs, Comme des Garçons 183
Rüsche und Reißverschluss 191

8 Körper statt Korporationen 194
Orientalismus pur: Tattoos und Stigmata 197
Theater der Grausamkeit: Alexander McQueen 201
Passion: Blumen des Bösen 206
Meta- und Anamorphosen: Verkehrter Pygmalion ... 210

9 Zeitzeichen 218
Zeuxis verkehrt: Zeit im Kleid 220
Mannequin: Entstaltetes Kleid 222
Fama: Marke als Makel 224
Zugeschnitten 225

Und ewig lockt der Orient 236

Anmerkungen 240

Bildnachweis 248

Literatur 249

Der Mode auf der Spur:
Eine etwas andere Geschichte der Mode

Die neuen Beine der Frauen

Manhattan im März: Ich sehe aus dem Fenster auf den Washington Square. Es ist neun Uhr morgens. Zielstrebig laufen die Leute über den Platz, in die Schule, zu den Seminaren an der Universität, zur Arbeit in die Geschäfte. Die Portiers tragen Arbeitsuniform und kümmern sich um Straße und Vorgärten. Die jüngeren Latinos unter ihnen haben raffiniert dünn rasierte Bärte. Bei den Männern, die keine Arbeitsuniform tragen, bestimmen zwei Silhouetten das Straßenbild: Anzug, eher schmal geschnitten, mit kurzem Mantel, gedeckte Farben. Blazer mit Flanellhose oder Chinos. Klassische Halbschuhe, Budapester, alternativ Loafers. Oder Jeans, Cordhosen mit Blouson, der unter der Taille oder unter dem Po abschließt, dazu Turnschuhe oder turnschuhartige Halbschuhe, dunkel, beides nicht enganliegend, kurze Haare. Die Jungs im Gangster-Style sind noch nicht unterwegs. Ihre weit hängenden Jogginganzüge sind jedenfalls eines nicht: körperbetont.

Bei den weiblichen Silhouetten geht es nur um Beine, Beine, Beine. Lang, sehr lang, oft bis zum Schritt sichtbar. Beine in Leggings oder engen Hosen. Beine mit blickdichten Strümpfen in Shorts oder sehr kurzen Röcken. Und dazu Stiefel in allen Längen, oft bis übers Knie. Diese langen Stiefel sind meistens flach. Die kürzeren Stiefel, weit in Falten fallend oder grob klotzig, fast martialisch, haben einen kantigen Absatz. Oft werden die dann noch endloser wirkenden Beine durch Plateausohlen verlängert. UGGs werden in allen Lebenslagen und Varianten rund um den Globus getragen: klassisch aus schwarzem oder braunem Schafsleder, paillettenbesetzt, mit Knöpfen wie ein Pullover. Mit solchen Schuhen trippelt und stöckelt man nicht; man tritt bestimmt auf. Die Stiefel in weichen Falten gemahnen an Landsknechte, die gröberen, klotzigen an Trapper im wilden Westen: »These boots are made for walking.«

Diese Beine haben offensichtlich wenig gemein mit den klassischen Frauenbeinen, die in durchsichtigen, hauchdünnen Strümpfen durch das Spiel von Nacktheit und Verhülltsein bestimmt waren. Generell sind die Nylonstrümpfe in den letzten 30 Jahren durch Phantasiestrümpfe verdrängt worden. Netz und Häkel, aufwendige Spitze, raffinierte Muster und bestickte Strümpfe, dicke bunte Wollstrumpfhosen, Leggings und Overknees haben den Strümpfen und Strumpfhosen ein viel größeres Eigengewicht gegeben. Nicht das nackte Bein, das durch den Nylonstrumpf noch seidig nackter wirken sollte, sondern das angezogene, geschmückte, bestrickte Bein trat in den Vordergrund. Damit wurde die bestimmende, die Geschichte des Rocks und damit die des Seidenstrumpfs begleitende Frage: Wie hoch kann man das Bein sehen? Wie kurz oder wie hoch geschlitzt ist der Rock? ad acta gelegt. Die Frage, ob man beim Schaukeln, Sitzen oder Bücken gar unter den Rock gucken kann, ob er zu hoch hinaufrutscht, ob er enganliegend zu viel preisgibt, zu durchsichtig ist oder gar schwingend über den Kopf geweht wird, hat sich erledigt.

Marilyn Monroe im heißen New Yorker Sommer auf dem U-Bahnschacht, dessen kühle Luft ihr den Rock hochbläst, wurde zu *der* erotischen Ikone des letzten Jahrhunderts. Das Sichtbarwerden der Schenkel signalisierte, dass man am Ziel seiner Wünsche angekommen war. Von Marlene Dietrich im *Blauen Engel* bis zur Serie *Mad Men,* die in den Sechzigerjahren spielt, ist der Straps zur Kurzformel für das Liebemachen geworden. Mehr als ein Strumpfband bekommt man nicht zu sehen, aber das sagte zwischen Diderots *Jacques le Fataliste* – von dem man gesagt hat, es sei ein endloser Roman über ein Nichts, das Strumpfband – und *Mad Men* alles. Aufgabe des Rocks war es, das Bein nur bis zu einem bestimmten Punkt bloßzulegen und das Geschlecht zu verhüllen. Diese Funktion ist bei den

Beinen, die über den Washington Square laufen, irrelevant geworden. Das weibliche Geschlecht ist als Schamzone aus dem Blick geraten.

Was da weit ausschreitend, bestimmt auftretend über den Platz geht, ist eine neue Art von Bein, das seit gut zehn Jahren das Straßenbild bestimmt. Bisher sind alle Versuche, diese Silhouette durch eine andere zu ersetzen – Schlaghosen, länger werdende, das Knie umspielende, schwingende Röcke – fehlgeschlagen. Dass Plisséröcke in den Pastellfarben der Sechziger und im Vespa-Setting (etwa von Prada) an die Frau gebracht werden sollen, zeigt mehr als alles andere, dass der Rock jetzt als Zitat, als Vintage, wiederkommt. Deswegen kann man umso koketter mit dieser neuen, alten Weiblichkeit – à la »viva la mamma« – spielen.

Die Oberteile, eher weit, schließen knapp unter dem Po ab. Manchmal sieht man eine Andeutung von ganz kurzem Ballonrock. Auch wenn, traditioneller, ein schmaler, kurzer Mantel wie ein Gehrock mit Halbschuhen getragen wird, liegt die Betonung auf dem langen, blickdicht bestrumpften oder hauteng behosten Bein. Im Sommer werden die Stiefel durch Ballerinas oder besser durch Plateauholzschuhe ersetzt. Die Farbe – wir sind in New York – meistens schwarz. Die luxuriösere Variante zu diesem Look sind enge Lederhosen mit Ankle-Boots, die dann mit einem weiten Kaschmirpullover und einer kurzen, federartigen Pelzweste getragen werden. Oder Stiefel, die, aus feinem, schmiegsamem Leder, so elastisch wie Strümpfe, hoch über dem Knie enden.

Fast alle Frauen sind geschminkt, Make-up, Lippenstift, die jüngeren oft mit flüssigem Lidstrich. Falsche Wimpern liegen im Trend. Fast alle tragen Schmuck: Ohrringe, Halsketten und Armbänder mit Charms. Der Schmuck kommt nicht mehr im Set, Ohrringe passen nicht mehr zu Halsketten. Bloß keine aufwendigen, raffinierten Fassungen und Schliffe. Dieser Schmuck wirkt nicht mehr wie das, was Schmuck einst war: Inbegriff von téchne, von Kunst und Kunstfertigkeit. Jetzt kommt er als objet trouvé; zufällig zusammengestellt suggeriert er, nichts als individuelles Erinnerungszeichen zu sein. Manchmal hat er etwas Selbstgebasteltes und gibt sich als Geschenk eines kleinen Mädchens. Manchmal wirkt er wie ein ethnologisches Exponat, das Indianer oder andere »Primitive« von Hand hergestellt haben sollen. Oder wie ein Relikt aus dem heroischen Zeitalter der Industrialisierung, das man in einer Fabrikhalle als Antiquität der Moderne gefunden hat. Selbstgemacht zufällig und nicht kunstfertig planvoll wie der Schmuck unserer Mütter und Großmütter.

Manche, meist junge, sehr schlanke und offensichtlich auf gutes Angezogensein bedachte Männer betonen die Beine auch mit ganz engen Hosen und Mänteln, die über dem Knie enden. Aber die kommen erst später am Tag zum Flanieren auf den Square. Diese Kontur, die die Hüftlinie nach unten verschiebt, akzentuiert die Proportionen anders. Ist diese Verschiebung der Silhouette eine grundsätzliche Veränderung? Die männliche Silhouette hat im modernen Anzug ihre klassische Form gefunden. Der Anzug modelliert den Körper nicht eng, sondern idealisiert ihn in die antike V-Form. Mit schmalen Hüften und breiten Schultern wird der Bürger zum athletischen Helden. Gesäß und Geschlecht sind durch die Anzugjacke bedeckt. Es gibt kein Spiel zwischen nackter Haut und Stoff; bis auf die Hände und das Gesicht sieht man vom Körper nichts. Die engen Hosen der jungen Männer variieren diese klassische Männersilhouette. Die weibliche Silhouette mit den endlos langen, blickdicht bestrumpften oder behosten Beinen ist hingegen neu. Frauen waren noch nie so angezogen.

Während die männliche Silhouette minimalen Variationen unterliegt und in ihren grundsätzlichen Proportionen seit fast 200 Jahren von klassischer Zeitlosigkeit ist, zeigt die weibliche Silhouette in dieser Zeitspanne rasante Wechsel. Der klassischen und klassisch modernen Herrenmode steht eine historistische Damenmode gegenüber, die aus einem unendlichen Zitatfundus der Mode wie aus einer Klamottenkiste auf dem Speicher beliebig zu schöpfen scheint. Klassisch-moderne Zeitlosigkeit auf der männlichen Seite steht einem historistischen Recycling auf der weiblichen gegenüber, das manche als ebenso willkürlich wie ermüdend empfinden. Nicht modern, sondern anachronistisch ist die weibliche Mode.

Beliebig, so scheint es, ist alles längst zur Masche geworden. Wir leben in einer Zeit des Revivals der Vierziger-, Fünfziger- oder Sechzigerjahre; man weiß manchmal nicht mehr genau, ob die Siebziger oder die Achtziger gerade ein Comeback feiern. Mit Watteaus *Pierrot* oder Marie Antoinette, die wie ein Gespenst in den Schaufenstern von Barneys erscheint, kommt das 18. Jahrhundert zurück. Sobald eine Mode vergessen ist und damit nicht mehr altmodisch wirkt, kann sie zum letzten Schrei wachgeküsst werden. Man hat deswegen von der tyrannischen Beliebigkeit der Mode gesprochen, die aus dem Blauen heraus ihre Launen diktiert.

Doch der Eindruck täuscht: Die Moden entwickeln sich nicht völlig unvorhersehbar. Sie verdanken sich nicht dem blinden Zufall. Deshalb ist es durchaus möglich, die Mode zu denken.[1] Der Modewandel zeigt bestimmte Strukturmerkmale und folgt bestimmten Gesetzen. Das heißt nicht, dass die Mode in ihrer konkreten Entwicklung vorhersehbar sei. Ihre Entwicklung ist jedoch nur innerhalb bestimmter Muster möglich. Welche der Möglichkeiten ausgewählt und wie sie konkret realisiert werden, das ist nur im Nachhinein zu bestimmen. Der Rückgriff etwa auf einen historischen Modefundus ist weder beliebig – alles so schön bunt hier, ich kann mich gar nicht entscheiden – noch bedeutungslos. Auch wenn wir, die wir diese Moden tragen, meistens natürlich keine Ahnung davon haben, was wir tun, wenn wir uns anziehen: Modewandel hat System. Fragt sich bloß, welches.

Zurück zu den neuen Beinen der Frauen. Sie helfen uns vielleicht auf die Sprünge. Man hat die neue Hochbeinigkeit mit den staksigen Beinen von Füllen verglichen und darin eine weitere Bestätigung des Trends zu einer immer jüngeren Kindfrau gesehen, die jetzt schon präpubertär daherkäme. Ein Blick in die Geschichte verspricht hier hilfreicher zu sein als ein Blick in die Natur. Die neuen Beine der Frauen entpuppen sich als die alten Beine der Männer. Sie verdanken sich einer Übersetzungsleistung. Doch es ist nicht die moderne Herrenmode, die jetzt übertragen wird, sondern die Herrenmode vor dem Bruch, der alles ändern sollte. Und da waren die Männer in der Zurschaustellung ihrer körperlichen Reize nicht weniger zurückhaltend, ja zwischen dem 15. und dem 18. Jahrhundert offensiver als die Frauen. Die Männer waren das schöne Geschlecht.

Als die Herren noch Bein zeigten

Das lange, bis oben sichtbare, durch die Schuhe noch optisch verlängerte Bein, dessen Silhouette durch farbige, gar gestreifte oder weiß schimmernde Strümpfe aufs Vorteilhafteste unterstrichen wird, finden wir auf Bildern der flämischen und italienischen Renaissance: selbstverständlich bei den Herren. Es hat seinen Ursprung in der Militärkleidung. Zur Zeit Kaiser Karls V. ragt dieses lange, schlanke, bestrumpfte Bein weniger farbenfroh, eher monochrom, aber ebenso klar konturiert unter einem kurzen Ballonrock, der Heerpauke, oder unter einer enganliegenden, kurzen Oberschenkelhose hervor. Diese Heerpauken wurden übrigens so voluminös, dass im britischen Parlament unter Elizabeth I. die Sitze verbreitert werden mussten, um den Herren den nötigen Platz einzuräumen. Karl V. zeigte in kostbaren, feingestrickten Strümpfen »wunderschöne Beine« (Abb. 1). Diese Strümpfe, auch Tricothosen genannt, zierten hin und wieder sogar zarte Stickereien. Im Europa der Renaissance waren Seidenstrümpfe Männersache. Der spanische Hof beschenkte Heinrich VIII. mit dem Prachtstück einer seidenen Strumpfhose. Technische Revolutionen, vergleichbar der Erfindung der nahtlosen Nylonstrumpfhose, kamen damals nicht den Frauenbeinen, sondern den Männerbeinen zugute. Um die Tricothosen der Männer wurde ähnlich viel Aufhebens gemacht wie in Europa und Amerika zwischen 1950 und 1980 erst um die Seiden-, dann um die Nylonstrümpfe der Frauen. Ihr Schimmer und Sitz, ihre Feinheit und Schmiegsamkeit beschäftigte Heerscharen von Forschern und Ingenieuren. Sie wurden von der Laufmasche bis zum Strumpfhalter, vom faltenlosen Sitz bis zur retro-faltigen Seidenoptik zum Inbegriff weiblicher Erotik.

Manchmal kombinierten die Herren ihre Tricothosen mit spitzen Schuhen, die aus Leder in derselben Farbe hergestellt wurden und das Bein noch einmal optisch verlängerten. Oft mit fast zierlichen Schuhen, die Absatz hatten. Ludwig XIV. stellte die schönen Beine eines hervorragenden Tänzers in weißglänzenden Seidenstrümpfen zur Schau, die durch Schuhe mit roten Absätzen und Schleifchen noch gestreckter wirkten. Absätze trugen im 17. Jahrhundert zunächst nur Männer, bis die Frauen es ihnen abguckten. Die europäische Aristokratie übernahm diese Mode aus dem Orient. Auch sie hat ihren Ursprung im Militär: Die persische Kavallerie trug Stiefel mit Absätzen, um reitend im Bügel stehend Bogen schießen zu können. Schuhe mit Absätzen waren also nicht zum Gehen, sondern zum Reiten gemacht. Absätze hatten ursprünglich einen martialischen Appeal, der in den Cowboystiefeln überlebt. Am Hofe Ludwigs XIV. wurden die Absätze zu einem Statussymbol und Farbe tragen zu einem königlichen Privileg: Nur der Hof durfte per Edikt von 1670 rote Sohlen und rote Absätze tragen.[2] In der Tradition Ludwigs XIV., der nur 1,63 Meter maß, sind französische Kaiser wie Napoleon und Präsidenten wie Mitterand oder Sarkozy bis heute oft klein von Wuchs. Die Absätze, die im 18. Jahrhundert aus der Männermode, die sich funktional gab, verschwanden, tragen die modernen Staatspräsidenten nun im Geheimen. Und doch gibt es überraschende Kontinuitäten. Christian Louboutin, der neue Schuhkönig, der die Schuhe macht, für die jede Frau – allerdings kaum in Louboutins – meilenweit gehen würde, erstritt »seine« rote Sohle als Alleinstellungsmerkmal vor Gericht. Seitdem sind die roten Sohlen wieder zu einem allerdings ausschließlich weiblichen Statussymbol geworden. Die schönen, engbestrumpften, vorrevolutionären Männerbeine sind die neuen Beine der Frauen. Mit oder ohne Absatz bewegen sich die Frauen in ostentativer Beinfreiheit so zielstrebig und so raumgreifend wie die Männer der Renaissance.

Vor der Revolution zeigten Männer Beine, Po und Geschlecht. Im Gegensatz dazu verbargen die Frauen all dies strikt. Bereits der Anblick einer weiblichen Fessel löste Hitzewallungen aus. Diese Konstellation – Rock versus Hose, Verhüllen versus Entblößen – war über die Jahrhunderte so sehr zur verbindlichen Norm geworden, dass ein Test unfehlbar Aufschluss über das Geschlecht einer Person zu geben versprach. Bis ins 18. Jahrhundert hinein verkleideten sich Frauen häufig als Männer, weil sie auf diese Weise konnten, was den Männern vorbehalten war: alleine reisen, auf Schiffen segeln, beim Reiten fest im Sattel sitzen oder in den Krieg ziehen. Prominentestes Beispiel für dieses Crossdressing ist Jeanne d'Arc. Kam jemand in Männerkleidung in ein Kloster, und man hielt es für möglich, dass man eine Frau vor sich hatte, warf man der Person einen Apfel zu. Wenn sie die Beine beim Fangen öffnete, damit der Apfel zur Not vom Rock aufgefangen wurde, war die Person in Hosen eine Frau – oder jedenfalls eine habituelle Rockträgerin. Schloss sie die Beine, um denselben Zweck zu erreichen, so hatte man einen Mann oder jedenfalls einen an Hosen gewöhnten Menschen vor sich.

Für die vorrevolutionären Männer waren nicht nur die Beine Vorzeigeobjekte; auch das nützlichste Glied der menschlichen Gesellschaft inszenierte man herausragend. Die Herren der Schöpfung ließen es durch die Schamkapsel eindrucksvoll vergrößert und reich verziert hervorragen. Scheinbar ständig erigiert, wurde es mit Bändern und Schleifen aufwendig verziert. Heerpauke und Hosenlatz ließen es zwar an diesem Naturalismus fehlen, aber auch sie lenkten verwegen geschlitzt, gut gepolstert, wattiert und geschmückt das Augenmerk auf die knallig aufgestylte Lustbeule. Mit den Sansculotten, dem Ende der Kniebundhose, waren auch die Gockelei und das Potenzgeprotze vorbei: Nach der Französischen Revolution verkümmerte das gute Stück und wurde zur Röhre glattgebügelt.[3] Einzig in der Fetischmode führt die flamboyante Männermode noch ein Nischendasein.

In den Hosen, die im Empire getragen wurden, hatte die auf Mannhaftigkeit fixierte Mode ein kurzes Nachleben. Sie wurden mit einem Stegreif unter dem Schuh in Spannung gehalten und umfassten das männliche Bein fast so eng wie die Tricothosen. Die Nacktheit des Beins wurde durch die helle Tuchfarbe unterstrichen. Zwar lebte das Geschlecht nicht zu seiner alten Herrlichkeit auf, zeichnete sich dafür aber umso naturalistischer ab. Wie Napoleon die Frage jedes Herrenschneiders, ob man Rechts- oder Linksträger sei, beantwortet hätte, daran kann nach dem Gemälde *Napoléon en Egypte* von Jean-Léon Gêrome, das im Kunstmuseum der Universität Princeton hängt, nicht der geringste Zweifel bestehen (Abb. 2). Die Physiognomie des so siegreichen wie melancholischen Kaisers zeichnet sich vor orientalischem Hintergrund in seinen enganliegenden Beinkleidern klar ab. Erst die Jeans, wie Marlon Brando und James Dean sie in den Fünfzigerjahren hollywoodtauglich machten, erlaubte es den Männern wieder, Geschlecht und Hintern in Maßen zu betonen.

Diese Männermode stand offensiv im Zeichen von Maskulinität. Sie betont die Zeugungsfähigkeit und die Sportlichkeit. Sie rückt einen gutausgestatteten Körper ins Licht, der – das zeigt er mit jedem Muskel und jeder Sehne – fechten, tanzen, reiten kann. Er ist geschmeidig, wendig und sattelfest. Im Gegensatz zu einem vom Joch der Arbeit verbrauchten Körper demonstriert er, zur schlankschnellen Eleganz erzogen, diszipliniert Haltung. Dieser Körper macht Notwendigkeiten zu einer Stilübung. Inszeniert wird, um es mit Freud zu sagen, vermögende Männlichkeit.

Aber dieser Kultivierung bleibt ihr Ursprung in der phallisch konnotierten Gewaltbereitschaft eingeschrieben. Sieht man sich etwa Bilder der Geißelung Christi aus der Frühen Neuzeit an, dann fällt auf, dass es drei Arten gibt, Körper zu zeigen: Die Körper der Apostel, der geistlichen und juristischen Autoritäten und die der Frauen sind durch üppige Falten eingehüllt und verhüllt. Nackt sind nur Gesicht und Hände; bei den Männern sieht man die bei den Frauen verhüllten, offen getragenen Haare. Bei diesen vom Tuch umhüllten, Körpern geht es offenbar um etwas anderes als um einen Ganzkörpereinsatz. Neben die verhüllten Körper treten wehrlose, nackte oder notdürftig verhüllte, verwundete Körper – Christus, die beiden mit ihm Verurteilten. Ihnen, ihrem Fleisch wird etwas angetan. Die längsten, sehnigsten und muskulösesten Beine, die knappsten, enganliegendsten Wämser in den leuchtendsten Farben haben die, die ihnen etwas antun: die Soldaten, die Folterknechte und Henker. Das Zurschaustellen der Beine, die durch den Strumpf profiliert werden, weist auf ihre Fähigkeit und Bereitschaft hin, ihren Körper einzusetzen, um zu verletzen, Wunden zuzufügen, zu durchbohren. Dieser, seine muskulösen Gliedmaßen in farbenprächtigen, engsitzenden, prächtig verzierten Kleidern zur Schau stellende Körper wird als aggressiver Körper exponiert, dessen phallische Aspekte gerade in der kraftstrotzenden Verwundung eines wehrlosen, nackten Körpers unübersehbar werden. Den neuen Beinen der Frauen ist bei aller Zivilisiertheit etwas von dieser phallischen Zurschaustellung geblieben. Diese Körperbetonung strahlt in ihrer kraftvollen Gespanntheit Fähigkeit und Bereitschaft zur Gewalt aus. Es ist diese Ostentation des Phallischen, die den Frauen, die jetzt die alten Beine der Männer zeigen, etwas kühn Kriegerisches und damit auch etwas Verruchtes gibt.

Wie sehr die endlos langen, blickdicht bestrumpften

oder eng behosten Beine ein Zitat vorrevolutionärer Männerbeine sind, mag die Gegenüberstellung zweier Porträts von Pierre-Auguste Renoir veranschaulichen. 1874 und 1875/76, zu Zeiten der Dritten Republik, in der Charles Frederick Worth als der erste moderne Designer die Pariser Damenwelt beherrschte, malte Renoir zweimal die gleiche Frau, Mme Henriot. Renoir verfolgte die Mode seiner Zeit genau; er bezog sich auf die Modegravuren der *Élégance parisienne*. Beide Porträts zeigen die ganze Gestalt von Kopf bis Fuß, einmal als Schauspielerin in Hosenrolle, *Mme Henriot en travesti,* und einmal gewissermaßen in Zivil, *La Parisienne. Die Pariserin* zeigt Mme Henriot in großer Morgentoilette aus knallblauer Seide, angezogen, um aus dem Haus zu gehen, mit hochgesteckten Haaren und Hut (Abb. 5 u. 6). Das schreiende Blau des Taftkleids war das sogenannte bleu de Lyon. Die ungewohnte Leuchtkraft verdankte diese Seide dem 1850 von Henry Perkins entwickelten, aber erst in den 1860er-Jahren breiter eingesetzten synthetischen Anilin.

Das Kleid, das den Modellen von Worth sehr nah kommt, besticht durch einen Cul de Paris. Die durch Fischbein aufgebauschte Turnüre ist so raumgreifend, dass man meint, auf diesem Hinterteil wie auf einer Kommode etwas ablegen zu können. Gleich doppellagig verhüllt der Rock die zierliche Dame in Kaskaden von Volants bis zum Boden. Es ist ein Stoffbild, das den Körper mehr versteckt als zeigt. Mme Henriot, Prototyp der modernen, modisch bewussten Pariserin, kommt uns heute eigenartig verkleidet vor. Aus dem kunstvoll drapierten Stoffpaket blickt uns ein kleines, weißes Gesicht etwas verloren an. Nur die Locken wollen sich widerspenstig nicht ganz fügen. Renoir mag sich gefreut haben, dass dieses phantastische Blau zu seiner Zeit dank der Chemie günstig zu haben war und nicht mehr wie im Mittelalter als zerriebener Lapislazuli die Welt kostete. Aber auf Mme Henriot färbt etwas von dieser Billigkeit ab. Denn irgendwie erscheint diese Pariserin hier nicht als Dame von Welt, die solche Kleider tagaus, tagein trägt, sondern als verkleidete Modepuppe. Renoirs *Parisienne* ist nicht der von Egon Friedell so schön beschriebene Modetyp aus dem Paris der zweiten Hälfte des 19. Jahrhunderts: die »grande dame, die die Kokotte spielt«.[4] Hier scheint sich eher eine Kokotte als Grande Dame zu versuchen. Vor allen Dingen aber lauert unter den blauen Stoffmassen schon der Modetyp der Moderne: weder Kokotte noch Grande Dame, sondern Garçonne oder Gamine. Wenige Jahrzehnte später wird man nicht mehr Stoffpakete à la Worth mit der Pariserin assoziieren, sondern eben die knabenhafte Garçonne. Die aber zeichnet sich vor allem dadurch aus, dass sie Bein zeigt.

In der Hosenrolle, die diesen Typus auf der Bühne vorwegzunehmen scheint, sieht Mme Henriot in unseren Augen dagegen fast modern aus. *Mme Henriot en travesti* zeigt eine Frau mit offenen, lockigen Haaren, einem ganz kurzen, weiß glänzenden, ausgestellten Satinkleid und wohlgeformten Beinen in weißschimmernden Seidenstrumpfhosen. Der Betrachter bekommt ein Gefühl für ihren Körper. Nichts könnte also irreführender sein als die übliche deutsche Übersetzung der »Hosenrolle«. Als Renaissancemann verkleidet, trägt Mme Henriot zwar keinen Rock, sicher aber auch keine Hosen, wie sie ihre männlichen Zeitgenossen tragen. Sie zeigt vor allen Dingen, was bei Frauen sonst unter Stoffkaskaden verschwindet: Bein. Renoir bildet die Schauspielerin in der Rolle des schönen Pagen Urbain aus *Les Huguenots* von Giacomo Meyerbeer ab, einer der erfolgreichsten Opern des 19. Jahrhunderts, die, wie der Titel verrät, im 16. Jahrhundert spielt: dem Jahrhundert der reizvoll bestrumpften Männerbeine. Die Sopranrolle des Pagen der Marguerite de Valois hat Mme Henriot, die Schauspielerin, aber nicht Opernsängerin war, nie gesungen.

Also wozu die Verkleidung, in der die Protagonistin nicht nur in eine männliche Rolle, sondern in eine historische männliche Rolle schlüpft? Das Bild ist dazu da, ihre makellosen Beine zu zeigen, ohne anstößig oder rufschädigend zu sein. Keine anständige Frau zeigte Bein; das hätte sie umgehend in den Ruch der Prostitution gebracht. Möglich war die Zurschaustellung der schönen Beine der Mme Henriot nur in der Verkleidung eines Mannes aus dem 16. Jahrhundert. Das ist überhaupt der Reiz der in der zweiten Hälfte des 19. Jahrhunderts so häufig gemalten Frauen, die als Balletteusen oder direkt in »Hosenrollen« gemalt werden. Als Torero, als Akrobatin und als Tänzerin konnten sie ungestraft das zur Schau stellen, was jede Frau sorgfältig verhüllen musste. So nimmt der Bildtypus »en travesti« die Entwicklung der Mode in der Moderne vorweg.

»Ganz individuell«: Weiblichkeit versus Business

Studiert man in Schwabing oder Oberkassel die Garderobe von Männern und Frauen, so sticht neben der Opposition von körperbetont (weiblich) versus körperbedeckend (männlich) eine zweite, vielleicht genauso wichtige Opposition ins Auge. Die Frauen drücken in ihren Kleidern selbstbestimmte Zeitgestaltung aus, die Männer tragen Berufsuniform. Sich weiblich anzuziehen heißt in Deutschland, sich anzuziehen wie jemand, der sich dem Zwang zur Arbeit und dem damit einhergehenden Aufgehen im Kollektiv entziehen kann. Egal ob sie arbeiten oder nicht, wollen deutsche Frauen nicht so aussehen, als ob sie Teil der arbeitenden Bevölkerung wären. Bei Männern dagegen bestimmt die Opposition Arbeit/Freizeit das Erscheinungsbild. Der Anzug kann militärisch windschnittig sein – Boss, Tradition verpflichtet –, knabenhaft zierlich wie bei Dior, Helmut Lang oder Jil Sander oder Männer von Gewicht kleiden: Brioni. Manchmal wird er statt mit Hemd mit T-Shirt oder Rollkragenpullover getragen. Mit Krawatte oder, exzentrischer, mit Fliege. Gedeckte Farben. Dunkel fließende Wollstoffe und im Sommer feste Baumwolle oder Leinen. Ausgefallener sind Samt oder Cord. Am Tag sieht man die Anzugträger selten, es sei denn in München um die Allianz herum, in Berlin bei Borchardts zum Mittagessen oder im Frankfurter Bankenviertel. Ihre Kleidung hat die Funktion, die Leistungsträger zu uniformieren, das Individuum in einen Kollektivkörper einzuschmelzen. Dem dienen auch der kurze Haarschnitt und das glattrasierte Gesicht. Schon ein bisschen Gel (von Guttenberg) sorgt für Aufregung. Der Berufsstand, die Corporate Identity tritt in den Vordergrund. Witzig hat man deswegen auch in Bezug auf die Banker von der Frankfurter Uniform gesprochen: gut fallendes Schwarz oder Anthrazit mit hellblauem oder hellrosa Hemd und kostbar schimmernder, vorzugsweise silbrigblauer Seidenkrawatte. Eine teure Uhr gehört dazu; etwas ausgefallener dürfen allenfalls die Manschettenknöpfe sein.

Bei Borchardts fiel mir vor kurzem ein Herr in exzentrischem Anzug aus mausgrau-rostrot-kariertem Wollflanell auf, maßgeschneidert, mit roten Strümpfen und rotem Einstecktuch. Hier war offensichtlich ein weicher Stoff, gemacht, um zu Hause und jedenfalls näher am Körper auf der Haut, als Hemd etwa, getragen zu werden, nach außen in den Anzug gewandert, der auf der Straße getragen wird. Das rostrote Karo löste sich nicht zur Anmutung eines Unistoffs auf, wie es für den Anzug obligatorisch ist, der höchstens nadelstreifenfeine Linien haben darf. Ein spektakulärer Auftritt. Der Herr stach krass hervor und führte das Ausmaß der durch den Anzug geleisteten Uniformierung, in der noch die kleinste Abweichung zur Revolution wird, vor Augen. Dies Ausmaß an Uniformiertheit hat die Frauenmode nie erreicht. Das Wochenende, die Freizeit, wird in der Männermode nach wie vor vom Vorbild des englischen Landadels bestimmt: warme, manchmal sogar kräftige, herbstlich leuchtende Naturfarben, Weidengrün, gebranntes Siena, Cognac, weich fallende Wolljackets, bequem geschnittene Jeans oder noch lieber Cordhosen, Kaschmirpullover – ein bisschen englischer Landsitz. In München ruft auch schon mal mit Luis Trenker oder Loden Frey der Berg; in Hamburg hängt am blauen Blazer mit den goldenen Knöpfen der Duft des großen, weiten Meeres.

Frauen zeigen in ihren Kleidern selbst dann, wenn sie hart arbeiten, dass sie sich von der Berufswelt nicht vereinnahmen lassen, sondern Zeit und Muße haben, sich den schöneren Dingen des Lebens zu widmen. Und vor allen Dingen ganz Frau bleiben. Schlank, leicht gebräunt, dezent trainiert: ein Körper, subtil inszeniert, der zeigt, dass er das überzeugende Resultat vieler in ihn investierter Stunden Arbeit ist. Zeit investiert man vor allem in sich selbst. Barbour, Moncler oder Longchamp: Pariser Pferderennen, schottisches Landleben im Herrenhaus, Kitzbühel oder St. Moritz werden in diesen Kleidern mitgetragen. Ein bisschen Ibiza-Hippie-Style, ein Hängerchen, bestickt oder bedruckt, aus feinstem Baumwollbatist oder Seide, das lässig über die Leggings, Röhrenjeans oder Caprihosen fällt – alles in hellen Farben –, bequeme Tods oder Ballerinas, ein kurzer Gehrock aus Kaschmir oder eine schmale Pelzweste. Der Schmuck ist bizarr interessant, ein »Fundstück«. Offensichtliche Statussymbole wie Vuitton-Taschen müssen nicht sein: Es geht auch diskreter. Das Diktat von dunkelblau, beige und Perlenkette, langweilig damenhaft, ist vorbei. Aber bitte nicht zu viel Sex-Appeal – schließlich muss sie sich nicht um jeden Preis an den Mann bringen – und außerdem – keine fetischisierende Verdinglichung! – alles natürlich mädchenhaft. Bloß nicht zu viel Stilwille, das wirkt gekünstelt. Frau ist stattdessen völlig individuell und ganz authentisch: Pferdeschwanz, glänzende offene Haare, wie zufällig hochgesteckte Chignons, ein Bob, der aussieht, als ob der Wind durch die Haare gefahren ist. Eine Bricolage, anscheinend dem Zufall geschuldet. Und vor allen Dingen umweht vom Glück der Ferien, deren Duft sie in den Alltag trägt – das krasse Gegenteil von Berufskleidung und Uniformierung. Obwohl kein Stil so uniform erfolgreich war wie dieser weibliche Stil des völligen Individualismus, wo Jacke und Hose nicht mehr zusammengehören, sondern alles frei kombinierbar wird. Kurz, eine Kleidung, die dem Prinzip des männlichen Anzugs, der Hose und Jacke aus einem Stoff schneidert und Hemd und Krawatte darauf abstimmt, diametral entgegengesetzt ist.

Weibliche modische Norm ist die vollkommene Freiheit von den Normen und Zwängen des Alltags. Imaginär immer ein bisschen Sand zwischen den Zehen, ganz ungezwungen. Kollektiv zeigen die Frauen ganz individuell das ihnen eigene individuelle Allgemeine: dass sie nicht wie die Männer Teil eines Kollektivs und keinesfalls Teil der uniformierten, arbeitenden Bevölkerung sind.

Als Frauen von heute ziehen sie sich nicht wie die Frauen von gestern, also weiblich als Dame oder Kokotte an, sondern spielen mit männlichen Elementen, die aus der bürgerlichen Mode, der adeligen Mode und der Arbeitermode kommen. Alles Weibliche, mit dem Modischen kurzgeschlossen, versuchte sich von diesem Makel zu befreien. Der sehr viel schnellere und sehr viel extremere Wechsel der weiblichen Moden liegt auch darin begründet, dass die Form gewordene Weiblichkeit immer wieder verworfen und durch etwas Neues ersetzt werden muss. Um Weiblichkeit von gestern hinter sich zu lassen, macht man Anleihen bei der Männermode. Um zu signalisieren, dass einem das entfremdete Büroleben fern steht, übernimmt man Männermode mit einem ausgeprägt körperlichen Touch. Jeans etwa waren ursprünglich Arbeitshosen der hart körperlich arbeitenden Männer, Baumwollripp Unterwäsche und Arbeitskleidung der Arbeiter. Die Sportswear weist in Richtung des Landadels, der jagte, fischte, ritt, aber sicher keinen Büroalltag kannte. Der Hauch Ethno, der die Aura des Handgemachten und nicht industriell Hergestellten vermittelt, signalisiert, dass man alles Mechanische ablehnt und auf vormoderne Produktionsformen zurückgeht. Und das Fundstück zeigt, dass man nicht stupide von der Stange kauft, sondern sich als Jäger und Sammler betätigt.

So ist für die weibliche Mode seit den späten Achtzigern jedes Unterlaufen von Etikette zur neuen Norm avanciert und das Passende, Angemessene an sich als Norm kollektiv verworfen worden: *mix and match*. Die Konformität des Nonkonformen ist in »Parka und Abendkleid« zum Klischee geronnen.

Mischen soll man *high and low,* Billiges und Teures, hauchzarte Spitze mit robustem Industriedesign, Proenza Schouler mit Zara, Armani mit H&M, Chanel mit Adidas, Springerstiefel mit Tüllrock. Aber auch Abendtoilette mit Arbeitskleidung, Smoking mit Jeans, Pailletten und Tüll mit grobmaschiger Wolle, ein Cocktailkleid mit Turnschuhen, martialische Ankle-Boots zu einem Ballerina-Outfit tragen. Auf eleganten Abendeinladungen heißt das dann »white tie« (das ist er) und »Phantasia« (das ist sie). Er ist an die Norm gebunden; sie, von Normen frei, muss sich ständig als ästhetisches Objekt erfinden. Ein Kostüm, in dem Jacke und Rock zusammenpassen, wirkt angestrengt altmodisch. Es geht höchstens, wenn der Designer selbst schon Patchwork hineingearbeitet und das Ganze so bereits etwas Zusammengewürfeltes, Beliebiges hat. Dieses Prinzip hat sich Desigual – ungleich – mit dem Firmennamen auf die Fahnen geschrieben. Der Stil der Stillosigkeit will mit Gespür gepflegt werden.

Darin definiert sich die weibliche Mode nicht nur als das krasse Gegenteil der vergangenen Moden, die den Tag zwischen Morgentoilette, Cocktail- und Abendgarderobe und mit der strengen Trennung von Haus und Straße zu einer einzigen Umziehorgie machten und alles Unpassende streng ahndeten. Anna Karenina wäre selbstverständlich nie zu Tisch gegangen, ohne sich umzuziehen. Das Gebot der Stunde liegt darin, frei von allen Konventionen ganz man selbst zu sein: eine vorgeschriebene, verordnete dauernde Revolution, die alles Bestehende umwälzt und allen Vorschriften und Verordnungen den Garaus machen will. Diese neue Art, sich anzuziehen, setzt sich auch von Vorstellungen des Gesamtkunstwerks ab, wo die Frau sich nahtlos in ihre Umgebung einfügte, ihr Stoffmuster mit der Tapete korrespondierte. Die moderne Frau ist eben befreit und solchen Zwängen unemanzipierter Weiblichkeit nicht unterworfen.

Gleichzeitig hebt sie sich im Mix-and-match von der uniform geprägten, durch die Trennung von Arbeit und Freizeit normierten männlichen Arbeitskleidung ab, die der casual Friday nur bestätigt. Deshalb sind politische Statements in der Männermode so viel leichter als in der Frauenmode. Das amerikanische Abgeordnetenhaus schreibt den Anzug für seine männlichen Mitglieder vor. Als Abgeordnete im Frühjahr 2012 aus Protest gegen den Umgang der Justiz mit dem weißen Mörder eines jungen Schwarzen in Florida in unter den Sakkos versteckten Kapuzenpullovern im Parlament erschienen – Hoodies, wie der Junge einen trug, als er ermordet wurde –, sagte das mehr als alle Worte.

Zwei Absetzbewegungen bestimmen die neuere weibliche Mode: Man setzt sich zum einen von »Weiblichkeit« ab. Überschreitung der immer wieder neu als einengend empfundenen Normen der Weiblichkeit ist das Wesen der Mode. Sich »als Frau« anzuziehen heißt nur immer neu, sich altmodisch anzuziehen. Folglich müssen ständig neue Moden her. Zum anderen aber will man Frau bleiben und sich nicht nur als Individuum, sondern als Geschlechtswesen aus dem Männerkollektiv herausheben. Wurden die Männer seit Reformation und Revolution zu neuen Menschen, die ihre Individualität auf Kosten des Ausstellens des geschlechtlichen Körpers betonten, so wurde für die Frauen das neue Menschsein ein Problem. Im Französischen und Englischen sind schon sprachlich die Menschen schlicht Männer. Um sich von »der Frau« abzusetzen, macht man als Frau Anleihen bei den Männern, dies aber mit einem Twist, denn als Mann unter Männern will man und kann man sich natürlich nicht anziehen. Nur kurzfristig und vorläufig gelingt so das Entwerfen einer »neuen Weiblichkeit«, die schon bald wieder verworfen werden muss, weil sie zur alten geworden ist. Was ist dieser Twist?

Die Anleihen bei den Männern zeichnen sich durchgehend durch das aus, was der moderne, republikanisch geprägte Bürger als »Geistesmensch« sublimieren musste: Sie sind ausnahmslos phallisch konnotiert. Das heißt nicht, dass sie konkret auf das männliche Geschlecht verweisen. Vielmehr übernehmen sie aus der Männermode, was vor der Revolution in der Frauenmode verpönt war: das ganz schamlose Zeigen nämlich, die Ostentation.[5] Besonders die Mode der körperlich aggressiven Männer, der Soldaten etc., war spektakulärer als die Frauenmode. Sie zeigten und schmückten die vor Kraft strotzenden Körperteile, die beim Verletzen nützlich waren. Extravagante Kleidung, die ins Auge sticht, war Zeichen von Macht und Privileg. Es ging darum, im wahrsten Sinne des Wortes zu imponieren. Die weibliche Mode war dagegen von der Logik des Geheimnisses geprägt: verhüllen und verschleiern, nicht zeigen, sondern erahnen lassen. Im Gegensatz zur Männermode, die zeigt, dass sie zeigt, musste die Frauenmode dieses Zeigen paradox verhüllen. Schamhaftigkeit war das Prinzip der weiblichen Mode.

Das phallische Moment der Frauenmode der Moderne liegt zum einen quasi thematisch bei diesen Anleihen in der Mode der waffentragenden Männer, die klassisch ihre Körper paradieren ließen und ungehemmt zeigten, was sie hatten – und oft mehr, als sie hatten. Sie ließen ihre Körper in ihren Kleidern, over-sexed und over-dressed, unmissverständlich sprechen. Hier geht es grundsätzlich um ein Mehr, ja, um ein Zuviel.[6] Das moderne Supermännliche, das Männlichkeit zur Maskerade macht, entlehnt wie *Superman* dieses Zuviel aus der antiken, barbarisch konnotierten Krieger- oder Gladiatorenmode. Die homoerotischen Edwardian Dandys und ihre Nachfahren haben dieses Moment, das im Zeichen des Superweiblichen, ja Weibischen stand, fetischisiert. Ludwig II. war ihr aristokratischer Vorläufer. Ihnen war nichts wichtiger, als in weißen Handschuhen formvollendet zu sterben. Mit Boris Vian hätten sie auf einem Leichenhemd von Dior bestehen können. Ihre volle Aufmerksamkeit galt dem tadellosen Schnitt der engsitzenden, taillierten Uniform, glänzenden Messingbeschlägen, diszipliniert polierten Lederstiefeln. Unbeschreiblich Weibliches und Hypermännliches fließen zusammen, Eros erscheint dekadent vom Tod umflort. Hermann Göring hatte nicht nur lackierte Fingernägel; auch seine Fußnägel waren lackiert. Den homoerotischen Sex-Appeal des »kleinen Schwarzen« der Herrenmenschen – der vom Vorläufer von Boss geschneiderten SS-Uniformen – konstatierte schon Ernst Kantorowicz.[7] Deren Paradieren erinnerte ihn an Chorus Girls. Viscontis Film *Die Verdammten* bringt diesen weibisch-hypermännlichen Sex-Appeal auf den Punkt.

Die neuen Beine der Frauen, die Jeans, die Cowboy- und Springerstiefel, die Absätze, die Begeisterung für Camouflage und der aus der weiblichen Garderobe nicht mehr wegzudenkende Trenchcoat, der seinen kriegerischen Ursprung aus den Gräben des Ersten Weltkriegs im Namen trägt, zeugen von solchen martialischen Anleihen.[8] Entscheidender ist aber vielleicht nicht das Was, sondern das Wie. In der Moderne geht es in der weiblichen Mode immer wieder neu darum, alle »Gehemmtheit« und »Verklemmtheit«, manche sagen auch, alle Scham fahrenzulassen und den Körper so zur Schau zu stellen, wie das vor dem großen Bruch nur die Männer und vorzugsweise die waffentragenden Männer taten.

Auch in dieser Hinsicht war Coco Chanel wegweisend, die Haltung anmahnte. Wichtiger als das Gesicht, so Chanels Credo, ist der Körper und dessen Erscheinung. Der weibliche Körper sollte die gleiche aktive Schmiegsamkeit und Beweglichkeit, die gleiche Geländegängigkeit in jedem Wind und Wetter haben, wie sie der einsatzbereite, männliche Körper hatte. Er sollte gebräunt – und nicht mehr hellhäutig behütet –, leicht trainiert, selbstbeherrscht sein und alle passive Fleischlichkeit hinter sich lassen. Entscheidend für die moderne weibliche Silhouette wird damit Disziplin: Diät und Sport. Und eine anscheinend nüchtern funktionale Kleidung, die tatsächlich die – männlich konnotierte – Fähigkeit eines weiblichen Körpers unübersehbar ausstellt. Während der Mann seine spezifische Geschlechtlichkeit mit der Moderne im Menschlichen aufheben kann und muss, um zivil zu werden, heißt Frau sein in der Moderne, einen durch männliche Eigenschaften befähigten

Körper in Kleidern, die in den Hintergrund treten, zu inszenieren. Einen »natürlichen« Körper, der sich nicht schamhaft verbirgt oder einfach lockend zur Schau stellt, sondern seine Fähigkeiten herrlich inszeniert.

Die andere Möglichkeit liegt darin, Weiblichkeit nicht als natürlich-passives Fleisch, sondern exzessiv künstlich zu inszenieren. Inbegriff des Schamlosen ist nicht nur das Mannweib, sondern auch die Kokotte, die ihre weiblichen Reize übertreibt und deren Wirkung selbstbewusst kontrolliert. Schon Jean-Jacques Rousseau schrieb dem Pariser Modetypus des 18. Jahrhunderts sowohl das Hurenhafte als auch das Soldatische zu; beides war für ihn unweiblich. Beides steht im Zeichen des Phallischen. In der heutigen Mode werden diese beiden Momente gemischt. Dissonanzen eignen sich besonders, um aufzufallen, weil man durch einen solchen »Hingucker« den Erwartungshorizont der Gender-Stereotypisierung unpassend durchbricht: kurzer Glockenrock mit martialischen Ankle-Boots oder ein gerüschtes Kleid, das mit einem supermännlichen Militärreißverschluss dem Körper eng angeschmiegt wird. Frauen fügen sich durch die Kleider gerade nicht in Reih und Glied ein, sondern ragen heraus. Selbst wenn frau auf die Kleider, die sie trägt, scheinbar keinen Gedanken verschwendet, muss diese Nachlässigkeit auffallen. Auch ein Understatement will unterstrichen sein. Erst durch dieses Mehr ihrer Kleider werden die Frauen im Zeichen des Phallischen unwiderstehlich weiblich.

Unisex?
Paradox, höchst paradox!

Sehen wir uns eine andere Szene an: eine große Abendgesellschaft zur Eröffnung der frisch renovierten Villa Favard in Florenz. Das Stadtpalais wurde von einer Lebedame 1851 errichtet und von Ferruccio Ferragamo 2010 als Sitz der Modeschule Polimoda aufwendig restauriert. Am schönsten wäre es für die Florentiner, wenn aus dieser Pracht heraus der Glanz der Florentiner Mode wieder die Mailänder Mode überstrahlen würde. Ganz Florenz ist da. Die Kleiderordnung könnte nicht traditioneller sein. Die Herren als idealer, mattdunkler Hintergrund in schwarzem Smoking, Lackschuhen und weißen Hemden. Davon effektvoll abgehoben die Frauen in bunt farbigen Cocktailkleidern oder Abendroben, mit Kristallen und Pailletten besetzt. Gegen die Uniformität der männlichen Anzüge steht eine extreme Farb- und Schnittvielfalt der Kleider: kurz und lang, bunt oder schwarz, eng oder üppig gerüscht etc. Dekolletés, Rücken, Beinschlitze: Haut und Stoff als die erotisierende Opposition, die es bei den Männern nicht gibt. Federn, Schmuck, komplizierte Frisuren.

Mme Ferragamo, groß und schlank, mit offenen, glänzend dunklen Haaren, überragt ihren Mann, dessen Kleidung man nicht einmal bemerkt, in einem den Körper weich umspielenden, die Silhouette raffiniert modellierenden, bis zu den Fesseln gehenden Leopardenprint aus eigenem Haus, blauschwarz verfremdet. Sie ist nicht da, um zu reden, sondern um angeblickt und ob ihrer klassischen Schönheit verehrt zu werden. Wie auf einem Piedestal entrückt schwebt sie über den Sterblichen. Die Direktorin der Akademie, Hauptperson des Abends, hält eine Rede. Obwohl sie sprechen kann, hat sie sich nicht als Mann angezogen. Sie trägt keinen Smoking, sondern ein Abendkleid aus sehr festem, schwarzem Baumwollleinenstoff, ohne Schmuck, mit grande allure. Yamamoto, aber das erkennt man nicht sofort. Die kurzen, schwarzen Haare sind nach oben gebürstet. Das Oberteil des Kleides ist wie eine Männerweste geschnitten, die Arme nackt, der Rock mit tiefen Taschen wirkt wie eine weite Arbeiterhose. Obwohl Madame sich also in die Kleiderordnung fügt, ein Abendkleid trägt und die Opposition nackte Haut/Stoff erhalten bleibt, sieht sie durch Anleihen bei der männlichen Arbeiterkleidung nicht wie ein Schmuckstück aus, das einem »Journal der Moden und des Luxus« entsprungen ist, sondern wie eine einflussreiche Frau, die zupacken kann. Sie ist kein hergerichtetes Vorzeigeobjekt, sondern zeigt, dass sie selbstbestimmt handelt. Die nackten Arme haben etwas vom Sex-Appeal gut modellierter Arbeiterarme. Sie wirkt anziehend, weil sie die Kleidercodes so witzig durchbricht. Das ewige Problem der Moderne, Weiblichkeit und Kompetenz zu vereinbaren, ist in diesem paradoxen Abendkleid ausgesprochen gelungen, das alle Codes durchkreuzt und sie trotzdem respektiert.

Aber, wird man entgegenhalten, das sind alles alte Hüte. Seit Jahrzehnten gleicht sich die Kleidung von Männern und Frauen an. Think Unisex! Think Metrosexuals! Alle, Männer wie Frauen, tragen heute Jeans, T-Shirt oder Hemd und Pullover – alternativ Businesskostüm. Beide Geschlechter verwenden die gleiche Aufmerksamkeit auf ihre Kleidung. Für beide ist das »gepflegte Auftreten« gleich wichtig. Kleider trennen die Geschlechter nicht mehr, sie vereinen sie in einer androgynen Silhouette. Die Mode trennt weder die Klassen noch die Geschlechter; endlich hat sie alle Menschen zu Brüdern gemacht. Selbst die Musen sind mit Baptiste Giabiconi männlich geworden. Das *Süddeutsche Magazin* läutet nach dem Höhepunkt der androgynen Mode in den Achtzigern jetzt die »vollends geschlechtslose« Mode mit Andrej Pejic, einem weiblichen Modell mit einem männlichen Geschlecht, ein. Casey Legler, eine biologische Frau, modelt exklusiv für Männermarken. Lea T ist transgender und Saskia De Brauw zeigt mit androgynem Charme Frauen- und Männerkollektionen.

All das dient nun gerade nicht dazu, die Geschlechterdifferenz in irgendeiner »Geschlechtslosigkeit« zu löschen oder in einem »dritten Geschlecht« aufzuheben. Ganz im Gegenteil ergibt sich die schlagende Erotik dieser Figuren daraus, dass in ihnen Gender-Normen dissonant aufeinanderprallen. Eine Potenzierung von Erotik wird durch das Sprengen konventioneller Gender-Vorstellungen bewirkt. Nichts könnte das Theorem der »geschlechtslosen Mode«, in der wir alle zu transsexuellen Menschen würden, schöner widerlegen, als das, was Pejic prompt zum Besten gibt: Er/Sie nämlich sei als Frau »eher sinnlich und sexy, und als Mann eher – schlicht«.[9] Schöner hätte man den Unterschied zwischen Mann und Frau, den die Mode macht, nicht auf den Punkt bringen können. Dabei geht es nicht um die Repräsentation eines »tatsächlichen«, des »natürlichen« Geschlechts, sondern um *doing gender*, an dem nicht viel Natürliches ist. Nicht Geschlechterindifferenz, sondern eine erotische Steigerung durch dissonantes Gegeneinanderführen von Gender-Stereotypen wird durch diese Figuren erreicht.

Die These des Unisex verdankt ihren unwiderstehlichen Appeal der Unschärfe. Der Wunsch und nicht die Realität entpuppt sich als Vater des Gedankens. Dieser Wunsch geht auf die Gleichheit der Geschlechter durch ein Auslöschen der geschlechtlichen Differenz: Es macht keinen Unterschied, ob man Mann oder Frau ist. Alle ziehen sich gleich an. Selbst dem oberflächlichsten Beobachter muss ins Auge springen, dass der vielbeschworene Unisex nur von der Männer- zur Frauenmode geht. Offensichtlich eine Einbahnstraße. Bis heute kann sie abends *seinen* Schlafanzug und morgens *sein* Hemd und *seinen* Pullover anziehen; er würde hingegen in *ihrem* Seidenhemd für die Nacht, *ihren* UGGs, *ihrem* viel zu engen T-Shirt und *ihren* Pullovern komisch aussehen.

Wenn sich Frauen wie Männer anziehen, ziehen sich dann beide gleich an? Oder ist es etwas anderes, ob ein Mann oder eine Frau eine Hose, einen Businessanzug trägt? Bevor wir uns der Hypothese des Unisex anschließen, die ja nur heißen würde, dass Frauen sich endlich wie Männer anziehen, überlegen wir lieber, ob Männer die neuen Frauen sind. Oder genauer: ob einige Männer das nicht seit dem großen Umbruch schon immer waren. Und wie die die Mode konstituierenden Oppositionen entlang der Trias von Geschlecht, Rasse und Klasse verlaufen. Am Grunde der schlicht unhaltbaren These vom Unisex scheint mir eine Verleugnung der sogenannten »erotischen Probleme« der Kleidung[10] zu liegen. Und des Anachronismus, der die Mode zum Anderen der Moderne macht. Die These vom Unisex verkennt das Phänomen Mode. Sie leugnet, worum es in der Mode geht.

Eingekleidet: Korporationen

Die Geschichte der Mode, in deren Erzählverlauf sich die neueren Modemythen zu so widersprüchlichen Wunsch- und Abwehrvorstellungen wie der vom Unisex verdichten, möchte ich anders erzählen. Treten wir einen Schritt zurück. Unsere Mode, die Mode der Moderne, entsteht um die Französische Revolution herum. Natürlich kommt es zu solchen grundlegenden Umbrüchen nicht auf einen Schlag; sie entwickeln sich vielmehr in einem langsamen Prozess und nehmen Jahrzehnte in Anspruch. Man hat deswegen auch vom langen 18. Jahrhundert gesprochen. Die Mode der Moderne ist das Resultat des Zusammenbruchs einer kosmischen Ordnung. Die schöne und gottgewollte Ordnung, der *kósmos,* zeigt sich in der Hierarchie der Stände, deren höchster Schmuck Aristokratie und Klerus sind. Der Körper ist mehr als ein individueller Körper, dessen Fleisch todesverfallen, dessen konkrete körperliche Ausprägung willkürlich ist; vielmehr scheint in ihm eine göttliche, ewige Ordnung auf. »Das Geheimnis des Adels ist die

Zoologie«, meinte Karl Marx abfällig. Was jedenfalls die weltliche Macht angeht, so sind Erbfolgen und Privilegien an Zeugung und Geburt innerhalb der Institution der Familie gebunden. Geschlecht und Fruchtbarkeit kommen deshalb auch in der ostentativen Zurschaustellung eine zentrale Funktion zu. Der Körper wird als fruchtbarer Körper inszeniert.

Unter politisch-juristischen Gesichtspunkten ist die Mode der Moderne das Resultat der Umbesetzung der Theorie von den zwei Körpern des Königs, wie sie das Gottesgnadentum auszeichnete. Das Sein des Menschen in der Welt ändert sich mit diesem Umbruch, der durch das Ereignis der Französischen Revolution markiert wird, grundlegend. Die Zwei-Körper-Theorie, die sich im 13. Jahrhundert unter Rückgriff auf das römische Korporationsrecht entwickelt hat, unterscheidet zwischen Institution und Person, überpersönlichem Amt und individuellem, sterblichem Träger.[11] Vereinfacht gesagt hat der König einen individuellen, spezifischen Körper, der wie alle individuellen Körper auf der Erde stirbt, aber die Institution des Königtums – der andere Körper des Königs – bleibt als juristische Person bestehen: »Le Roi est mort, vive le Roi.« Wird die Erbfolge nicht durch die Frauen ausschließende Regelungen wie das in Deutschland und Frankreich geltende salische Gesetz beschnitten, kann der Herrscherkörper, wie man an der englischen Königin Elisabeth I, der russischen Zarin Katharina II. und auch an Maria Theresia, der regierenden Erzherzogin von Österreich und Königin von Ungarn und Böhmen, sieht, sowohl männlich als auch weiblich sein.

Nach der Revolution wird diese Figur des mittelalterlichen Rechts mit den Republiken oder den verfassten Monarchien nicht ad acta gelegt, sondern umbesetzt: Der Staatskörper ist als Institution mehr als die Summe seiner Teile. Wird die Republik oft weiblich dargestellt – Britannia, Bavaria, Marianne –, sind die sie bestimmenden Institutionen männliche Kollektive. Alle Körperschaften der modernen Staaten, ihre Verwaltungen, ihre Jurisprudenz, ihre Wirtschaftsunternehmen, ihre Handwerksverbände, ihre Armeen, ihre Universitäten, ihre Institutionen waren männlich. In diesen Apparaten mit ihren Lehrkörpern und ihrer Corporate Identity wird die Zwei-Körper-Theorie auf Kollektive übertragen. Die konkrete Person bekleidet ein Amt, ist mit diesem aber nicht identisch. Die Institution hat Beständigkeit und Dauer über die jeweiligen Funktionsträger hinaus. Es gibt eine Amtsgemeinschaft zwischen Amtsnachfolger und Amtsvorgänger.

Anders als in einer aristokratischen Ordnung soll jedoch nicht der Einzelne in seiner konkreten, auch geschlechtlichen Körperlichkeit sichtbar werden; vielmehr sollen die vielen Körper den einen der Institution, den Organismus der menschlichen Gesellschaft bilden. Deshalb müssen sie in ihrer individuellen Leiblichkeit ins Kollektiv ein- und in Reih und Glied zurücktreten. Die spezifische Schönheit, die Geschlechtlichkeit, die Verletzbarkeit, kurz, die Fleischlichkeit des je einzigartigen Körpers wird nicht mehr in ihrer Konkretheit als Ausweis einer höheren Ordnung verstanden und somit transzendiert. Sie wird sublimiert, aufgehoben zu einem Kollektivkörper. Aus dieser inkorporierten Institution soll keiner durch Abweichung herausstechen. Aufgabe der Männermode in der Moderne wird es sein, diese aufhebende Uniformierung in einen Kollektivkörper zu leisten. Sie ist damit in dieser spezifischen Modernität alles andere als modisch; was sie garantieren soll, ist überpersönliche Kontinuität. Ihre Aufgabe ist es, sich als Kleidung unsichtbar zu machen. Den institutionellen Körper kann sie nur zur Anschauung bringen und visuell erschaffen, wenn sie nicht als solche ins Auge sticht. Der Mann wird in seiner Kleidung modern, indem er alles bloß Modische abstreift. Der funktionale Anzug ohne überflüssige Verzierungen und Schnickschnack ist weltweit seit mehr als einem Jahrhundert ein Klassiker. Sein phänomenaler, universaler Erfolg liegt darin, dass er das ideale, moderne Kleidungsstück ist: schön, weil funktional. Einfach, authentisch, transparent.[12] Die Repräsentation von Macht und Autorität ist nun an den sexuell unmarkierten Körper gekoppelt. Der Anzug wird zum nüchternen Sinnbild stoisch-christlicher Tugenden, die der Bürger verkörpern soll: continentia, modestia, abstinentia (Selbstbeherrschung, Bescheidenheit, Enthaltsamkeit). Die männliche Mode hat Transzendenz säkularisiert. Das Konstrukt der Zwei-Körper-Lehre verweist nicht mehr auf ein Jenseits wie im Gottesgnadentum, sondern auf die Beständigkeit der juristischen Personen in der Geschichte. Sie verkörpern in ihren Anzug tragenden Funktionsträgern und über deren individuelle Zufälligkeit hinaus Staat, Demokratie, Wissen, Macht und Geld. Nicht schön, sondern richtig, korrekt, passend und seiner Funktion gemäß angezogen zu sein, eben ins Bild zu passen, nicht aus dem Bild zu fallen, kurz, sein Amt korrekt zu bekleiden, ist das Ziel des gut angezogenen Mannes. Auf den Punkt gebracht hat das ein amerikanischer Journalist am Beispiel Obamas: »Er zieht sich für das Amt an, das er bekleiden will.«

Fortschritt?

Das Zerbrechen der kosmischen Ordnung hatte für die Frauenmode andere Folgen. Es kam nicht zur Bildung eines weiblichen, bürgerlichen Institutionenkörpers. Die neue, von republikanischen Werten eines Brüderbundes geprägte Ordnung hing am Ausschluss alles Weiblichen, das in den Privatraum der Familie verwiesen wurde. Frauen waren und sind in diesen Korporationen Fremdkörper. Frauenmode uniformierte nicht, sondern individualisierte. Die aristokratische Zurschaustellung des Körpers und seiner erotischen Reize ist nach der Französischen Revolution Privileg – oder Bürde, je nach Perspektive – der Frauen geworden. Während der Männerkörper in der Mode der Moderne seine Geschlechtlichkeit unmarkiert lässt, geht es in der weiblichen Mode ausschließlich um die Markierung von Geschlechtlichkeit. Sie zeigt das, was aus den männlichen Körperschaften in höherem Auftrag ausgeschlossen ist: Körper, Fleisch, Leib – Verführung, Sein zum Tode, Verletzlichkeit. Keine weibliche Mode ohne das erotisierende Spiel zwischen Stoff und Haut. Was beim Mann der »Todesstreifen« – das Klaffen zwischen Strumpf und Hosensaum, das Sichtbarwerden des nackten Körpers –, ist bei der Frau erotische Überraschung. Es macht Schlagzeilen, wenn ein Designer für Männermode den Hosensaum hebt und den Knöchel nackt lässt; dagegen lockt selbst das durch Schlitze bloßgelegte weibliche Hinterteil kaum mehr einen Hund hinter dem Ofen hervor. Die in der aristokratischen Mode angelegte Erotisierung des Körpers fand nach der Französischen Revolution vorzugsweise auf dem weiblichen Körper statt und trieb dort besonders reizende oder erschreckende Blüten. Dieser Unterschied zwischen den Geschlechtern, den die Mode macht, ist so extrem, dass man von einem »dimorphisme sexuel« gesprochen hat.[13]

Die Schönheit des individuellen Körpers ist in der Moderne nicht mehr eingebettet in eine höhere kosmische Ordnung. Das Fleisch, sein Reiz, seine Vergänglichkeit, die Einmaligkeit eines flüchtigen Moments, wurden Signum der weiblichen Mode. Letzten Endes geht es in der weiblichen Mode um das, was die männliche Mode um der Beständigkeit des Institutionskörpers willen verdeckt: um die Metamorphosen des Leibes, um den Weg allen Fleisches. Die weibliche Mode entäußert das Individuum an seine Leiblichkeit.

Zugleich zeichnet die Moderne das Bestreben aus, diese »Zweiförmigkeit« der Geschlechter zu überwinden. Das Zauberwort dafür heißt Unisex. Voraussetzung für die Gleichheit zwischen den Geschlechtern war das Zurücklassen, die Überwindung des Weiblich-Weibischen. Praktisch sollte dies durch Übertragung der männlichen Kleider in die weibliche Mode geschehen. Diese Übertragung ist *das* bestimmende Prinzip der Mode in der Moderne, die somit wesentlich als Crossdressing beschrieben werden muss. Zum einen – und das ist Gemeingut der Modegeschichtsschreibung geworden – wurde die Herrenmode der Moderne, wie sie sich im 18. Jahrhundert im englischen Landadel entwickelte, in die Damenmode übertragen. Der englische Landadel zeigte in seiner Kleidung pragmatisch, dass er seine Güter anders als der durch seine Kleider völlig behinderte, funktionsuntüchtige französische Adel selbst bewirtschaftete. Verwandelten sich die französischen Aristokraten, wie die frankophobe englische Satire nicht müde wurde zu betonen, durch die Mode in »Äffchen« und »Püppchen«, so konnten sich die englischen Aristokraten durch die raffinierte Einfachheit ihrer Kleider in all ihrer Männlichkeit gegen die französische, weibische Korruption verwahren.[14] Aus dieser englischen Kleidung entwickelte sich der funktionale Herrenanzug, der peu à peu und verstärkt zu Anfang des 20. Jahrhunderts in die Damenmode übertragen wurde. So, und nur so, konnte die Damenmode ihren Anachronismus ablegen und modern werden. Coco Chanel, eine Pionierin der neuen, endlich »modernen« Weiblichkeit, sagt von sich selbst in der dritten Person redend: »Sie nahm das englische Männliche und machte es weiblich. Ihr ganzes Leben«, so soll sie sich Salvador Dalí gegenüber geäußert haben, »hat sie nichts getan als aus Männerkleidern Frauenkleider zu machen: Jacken, Haarschnitt, Krawatten, Manschetten.«[15]

Diese Übertragung der modernen Herrenkleidung in die Damenmode lässt sich der Meistererzählung der Moderne bruchlos einfügen, ist es doch im wahrsten Sinne des Wortes eine Geschichte des Fortschritts, des Fortschreitens. Erst die Beinfreiheit macht die Eroberung des öffentlichen Raumes möglich: Nach dem Vorbild der Männer emanzipieren sich auch die Frauen in dieser fortschreitenden Erfolgsgeschichte einer zunehmenden Befreiung von Zwängen. Ihre Befreiung hat dann auch tatsächlich etwas mit Bewegungsfreiheit zu tun. Das Radfahren machte Fußfreiheit und idealerweise Beinfreiheit notwendig, und dasselbe gilt für das Tennisspielen und das Skifahren.

Dieses Begehren nach praktischer Beinfreiheit ist im Übrigen nicht spezifisch modern. Bereits im Ancien Régime zogen viele Frauen es vor, nicht im Damensitz zu reiten, sondern wie die Männer zu Pferde zu sitzen. Marie Antoinette etwa, hoch zu Pferde wie Ludwig XIV. Kriegerische Frauen, die wie die Adeligen der Fronde Armeen befehligten, trugen zu Pferde ebenfalls Hosen. Die moderne Frau trägt kürzere Röcke oder, noch besser, Hosen und Schuhe, die es ihr erlauben, Rad zu fahren, eine Tram zu erklimmen oder auf einen Zug aufzuspringen, ohne sich zu verheddern. Ihre Haare werden kürzer und offen, weil das beim Laufen oder Schwimmen schlicht praktischer ist. Ohne die Maskerade der Weiblichkeit aufführen zu müssen, können auch Frauen endlich wie die Männer authentisch selbstbestimmt sein. Alle Kleidungsvorschriften, die sich ja immer auf die Schamhaftigkeit der Frau bezogen und das Verhüllen empfahlen, werden über den Haufen geworfen. Befreit – das heißt offen für alle sichtbar – werden Beine, Po und Haare. Unsere Urgroßmütter wären nie mit bloßem Haupt oder gar mit offenen Haaren – unfrisiert, sagen die Naiven, die nicht ahnen, wie viel Können und Arbeit so ein leicht verwuschelter Schlafzimmerlook braucht – in die Öffentlichkeit gegangen. Die Bürgerinnen gingen nicht unbehütet vor die Tür, und die Bäuerinnen trugen ein Kopftuch. In der Kirche verhüllte man selbstverständlich sein Haar, auch wenn die Kopfbedeckung immer mehr zu einem symbolischen Spitzenschmuck wurde. Zuvor gepudert, hochgesteckt, geflochten oder zusammengebunden, wurden die Haare jetzt gelockt, gelegt und toupiert – oder durch die neuen Haarschnitte von Vidal in Form gebracht. Offen durften sie ihr erotisches Potential entfalten. Das zur Schau gestellte, gelöste Haar signalisiert im Westen, dass eine Frau der Norm entspricht, heißt: sexuell aufgeschlossen, modern und emanzipiert, selbstbewusst und selbstbestimmt ist. Hinzu kommt die Freiheit vom Korsett. Zwar wurde der Busen in der Aristokratie hin und wieder bis zu den rotgemalten Brustspitzen im Dekolleté gezeigt, aber immer wurde eine Andeutung von Korsage getragen. Das Ablegen des Büstenhalters – komm her, Ma, verbrenn deinen BH –, der nackte Busen unter T-Shirt oder Bluse, eine der erotischen Ikonen der Emanzipation, ist auch ein als »befreiend« empfundenes Moment. Die moderne Frau lässt alles weiblich Verklemmte hinter sich und zeigt sich von der Locke bis zur Zehenspitze frei. Selbstbestimmt darf sie anziehen, was sie will und sich zurechtmachen, wie sie will. Wie tief diese auf weibliche Befreiung und Selbstbestimmung zielende Erzählung, die sich im Erscheinen von Weiblichkeit im öffentlichen Raum ausdrückt, das dem des Mannes gleich sein soll, zum Selbstverständnis der westlichen Gesellschaften gehört, zeigt die so hitzig geführte Debatte um den Schleier, in dem diese schamhafte Weiblichkeit, die die Moderne endgültig überwunden glaubt, im öffentlichen Raum wiederkehrt. Und dort, finden viele, keinen Platz hat.

Nun hat dieses nicht totzukriegende Narrativ zur Entwicklung der Mode in der Moderne einen Haken. Es erzählt die Geschichte der Mode schlicht falsch. Denn weit davon entfernt, geradlinig auf diesem Weg des Fortschritts voranzuschreiten, kommt es zum einen immer wieder zu verheerenden Rückschlägen: siehe, nur am offensichtlichsten, Dior und Galliano. Aufgepolsterte, geschnürte, mit Pfennigabsätzen bestückte, behinderte, bewegungsunfähige Weiblichkeit von Ancien Régime, Belle Epoque und Dritter Republik, die man endgültig hinter sich zu lassen gehofft hatte, kommt hier zurück und wird heiß begehrt. Keinem, der eine beliebige Modezeitschrift aufschlägt oder mit einer Freundin einkaufen geht, kann es verborgen bleiben, dass das brennende, unbedingte Begehren nach »einem Kleid von Dior«[16] *um jeden Preis* sich heute, sagen wir, auf die zwar ebenfalls unbeschreiblich weiblichen, aber nicht eben praktischen Schuhe von Louboutin richtet, für die bedenkenlos Unsummen ausgegeben werden. Noch nie hat jemand behauptet, in diesen Schuhen gehen zu können. Selbst stehen ist ein Problem. Sitzschuhe oder Bettschuhe also. Keine Rede kann deshalb davon sein, dass wir uns zielstrebig aus den Fesseln der

Weiblichkeit zu befreien trachteten. Eher geht es offensichtlich darum, die Objekte unseres Begehrens zu Fall zu bringen, indem wir uns als Objekte des Begehrens herrichten.

Das offensichtlichste Paradox dieser Erzählung liegt darin, dass die scheinbar pragmatische »Befreiung« einer bisher unerreichten Erotisierung des weiblichen und nur des weiblichen Körpers diente. Diese Geschichte einer Emanzipation von einschnürender, geschminkter, aber auch schamhaft verführerischer Weiblichkeit übersieht, dass die Übernahme der Männer- in die Frauenmode, also des angeblich funktionalen Anzugs de facto Sexyness beförderte. Als Beispiel dafür mag die Crêpe-de-Chine-Bluse unter dem Smoking von Saint Laurent genügen, die die Brüste durchschimmern lässt. Aber selbst wenn auf solche Hypererotisierung verzichtet wird, stellt die Anpassung an das Männliche offensiv den Verzicht auf jede Zurschaustellung ganz unübersehbar in den Vordergrund. Das erklärt auch die neuen, superauffälligen und unübersehbar inszenierten Beine der Frauen. So bleibt die weibliche Mode gerade im Übernehmen der männlichen Mode der Moderne das, was ebendiese Mode hinter sich ließ: ostentativ. Die Form ordnet sich der Funktion nicht unter; sie schiebt sich um ihrer selbst willen in den Vordergrund. Weibliche Mode stellt immer zur Schau, und das vielleicht gerade dann am effektivsten, wenn sie darauf zu verzichten scheint. Die Entwicklung der Mode in der Moderne kann also nicht als einfache Fortschrittsgeschichte des Unisex erzählt werden, in der die Geschlechter endlich gleich werden. Sie entpuppt sich als eine durch und durch paradoxe, widersprüchliche Angelegenheit.

Die andere Geschichte der weiblichen Mode erzählt dann auch nicht die Erfolgsgeschichte einer Subjektwerdung nach männlichem Muster, sondern vom Objektwerden des Weiblichen. Sie erzählt von Entfremdung, Verdinglichung und Fetischisierung. Diesem Narrativ zufolge wird Weiblichkeit in der zweiten Hälfte des 19. Jahrhunderts im Rahmen des Entstehens der modernen Konsum- und Warenkultur zum Spektakel. Zur Schau gestellt werden und wurden Frauen, anziehend durch ihren Sex-Appeal – als Revue Girls, als Chorus Girls, als Show Girls. In den Warenhäusern erobern sie den öffentlichen Raum als Kundinnen, und mit den Schaufensterpuppen dringt Weiblichkeit in Warenform auf die Straße. Die Boulevardpresse, das Fernsehen zeigt Stars und Sternchen, die ihre Reize auf Bildschirm und Hochglanzpapier zur Schau stellen.

Diese neue Weiblichkeit findet in dieser fast traumatischen Entfremdungsperspektive ihre Allegorie im Mannequin. Das Mannequin ist nicht nur Resultat der Abstraktion und Normierung individueller Körper; es ist auch eine Reduktion der Maße der Statue, die in ihrer Vollkommenheit göttliche Schönheit spiegelt. Dabei liegt die Faszination des Puppenkörpers, jeder transzendenten Dimension beraubt, in seiner Seelenlosigkeit. Der Körper des Models belebt, er setzt ein Artefakt in Bewegung, er inkarniert den leblosen Körper der Puppe. Spiegelt die Vollkommenheit der Statue den Abglanz des Göttlichen, so verdankt sich die Vollkommenheit des Mannequinkörpers einer seelenlosen Belebung, der Verlebendigung des äußerlich mechanisch Normierten. Insofern wird das Mannequin ein Zerrbild der Statue. Verwies diese auf ein Ansichtigwerden des Göttlichen in den himmlischen Maßen des Menschlichen, so verweist nun das Mannequin immer nur auf den toten Körper der Puppe. Hängt die Schönheit der Statue am Erscheinen des Göttlichen, so die Faszination des Mannequins an seelenloser Äußerlichkeit.

In dieser Perspektive bekräftigt Mode hemmungslos die sinnliche Erscheinung, der jedes transzendente, ideale Element fehlt. Diese Erscheinung ist nun nichts anderes mehr als die hergerichtete Hülle, Schein oder Zerrbild idealer Schönheit, ein Zerrbild aber auch jeder Durchsichtigkeit auf ein Geistiges hin, von jeder Innerlichkeit so seelen- wie geistlos entleert. Der Inbegriff ihrer Affirmation – als Warenfetischismus, Verdinglichung etc. apostrophiert – ist das Mannequin mit seinem leeren, spiegelnden, abwesenden Blick. Während Männer zu selbstbestimmten, geschichtsmächtigen Subjekten geworden sind, ist Weiblichkeit zur Ware und die Ware weiblich geworden: »Der prostituierte weibliche Körper ist allgegenwärtig. Die entwürdigendste Pornographie wird weltweit verkauft. Tagein, tagaus geben Teenagermagazine ausführlich Ratschläge, wie man seinen Körper sexuell aufreizend inszeniert. Die universelle Zurschaustellung angeblich erregender Körperteile ist verpflichtender geworden als Kants moralischer Imperativ.«[17] Die Verdinglichung, um für den Meistbietenden interessant zu werden, ist die freudlose Rückseite der Emanzipation: Zurschaustellung ist tatsächlich Preisgabe. Die Frau unterwirft sich als Objekt dem abschätzenden, abschätzigen Blick des anderen Geschlechts.

Ich möchte die Geschichte etwas anders erzählen. Das Widerspiel von Anzug und Mode bestimmt die Struktur der Mode der Moderne. Die weibliche Mode inszeniert, was im Anzug stabil gelöst scheint: das Verhältnis von Körper und Zeit. Zeit, die nicht in Dauer überführt wird, ist der Stoff, aus dem die weibliche Mode ist. Sie hält den Körper in seiner konkreten Leiblichkeit, in seiner nackten, reizenden oder abstoßenden Verletzlichkeit, in Zeitlichkeit und Räumlichkeit, im Hier und Jetzt im Spiel. Die weibliche Mode ist von der Spannung zwischen dem Vorschein von Ewigkeit im zeitlos Schönen und der Vergänglichkeit des Wegs allen Fleisches beherrscht. Ohne Jenseits bleibt sie auf den individuellen irdischen Leib bezogen. Anders als die männliche Mode der Moderne, die Zeit und alles Zufällige, bloß Modische aus sich ausschließt, besteht der Reiz der weiblichen Mode gerade im Aufeinandertreffen von Ewigkeit und flüchtigem Moment. Jenseits aller Idealität zerstiebt die Zeitlosigkeit der Statue zu einem Phantombild, das die Mode manchmal in der Mechanik der unbeseelten Puppe oder im zerstückelten Körper heimsucht. Dreht sich im ikonischen und erfolgreichsten Kleidungsstück der Moderne, dem Anzug, alles um die Aufhebung des Körpers in eine selbstbestimmte und -beherrschte Person, die gleichzeitig Amtsperson ist, dann bleibt die Entäußerung an den Körper, die Entäußerung des Körpers, das bestimmende Moment der weiblichen Mode. Das kann bis zur völligen Objektwerdung, bis zur Verdinglichung etwa in der Puppe und der Marionette, ja, bis zur Verpflanzlichung, Vertierung, zur Versteinerung dieses Körpers gehen.

Mode, weibliche Mode, hat in der Moderne nur ein Thema: die Zeit. Sie kann Elixier des Vergessens sein. Überraschend wie Phoenix aus der Asche macht sie in einem Moment alles neu und wirft die Bürde der Vergänglichkeit als reines, zukünftiges Versprechen ab. Kaum realisiert, ist sie schon passé. Mode kann Erinnerungskunst sein. Im Moment tragen wir Zeit, die Zeit und deren Spuren, abgetragene, getragene Kleider, Vintage. Der letzte Schrei ist jetzt nicht das Neue, sondern das Alte, das, was abgelegt und unmodern geworden ist. Die Mode trägt der Moderne gegen ihre Fortschrittsgeschichte den Anachronismus ein, das Aus-der-Zeit-Fallen, Aus-einer-anderen-Zeit-Kommen, das zutiefst Unzeitgemäße, die Wiederkehr des Gleichen. Raffinierte Kleider können selbst die Geschichte der Mode, die Zeit ihrer Herstellung, die Zeit ihres Verfalls, zum Thema haben. Der weibliche Körper wird zur Bühne der Zeit.

Trickle up, trickle down

Die Dynamik der Mode verdankt sich also nicht einem Distinktionsbegehren, das auf eine Repräsentation von Klasse hinausliefe. Das mag das Modebegehren vor dem großen Bruch der Revolution gewesen sein. Der Philosoph Mandeville hielt zu Anfang des 18. Jahrhundert in seiner berühmten *Bienenfabel* Hochmut und Eitelkeit, immer mehr darstellen zu wollen, als man tatsächlich ist, für das Moment, das die Mode antreibt: Kleider machen Leute.[18] Ein Restbestand der Klassenmode hat in der Männerkleidung überdauert: Ein Körper, der verwaltet, plant, denkt, organisiert, Profit macht, trägt Anzug, ein Körper, der zupackt, dagegen einen Blaumann. Ein dynamisches Modell für Klassenmobilität wäre diese eher an die ständische Ordnung gemahnende Kleidung nicht. In der Frauenmode, in der schon im 19. Jahrhundert, um an den von Walter Benjamin zitierten Egon Friedell zu erinnern, die Dame, die die Kokotte spielt, der Modetypus war, kann die Repräsentation der Klasse durch die Mode keine Rolle spielen. Ob man daraus schließen möchte, dass die Frauen geborene Demokratinnen seien, bleibe dahingestellt.

Der Dynamik der Mode wird man auch nicht gerecht, wenn man in schlichter Umkehrung des von Soziologen postulierten Trickle-down-Effekts, der davon ausgeht, dass die unteren Klassen die oberen imitieren, weil sie mehr scheinen wollen, als sie sind, annimmt, dass die Mode nicht auf die Straße hinabsinke, sondern von der Straße in die oberen Schichten aufsteige. Zur Untermauerung der These des Trickle-up-Effekts wird gerne Yves Saint Laurent Rive gauche angeführt. Vom linken Ufer der Seine, das damals als intellektuelles Bohème-Ufer galt, habe Saint Laurent wie schon im Namen programmatisch festgehalten schwarze Lederjacken gegen Nadelstreifenanzug und Hermès-Seidentuch gesetzt, wie sie das bourgeoise, reiche Establishment auf der rechten Seite, dem rive droite trug und trägt. Als letztes Beispiel für den Aufstieg der Straße zum Parnass der Mode werden die blutverschmiert geschminkten Gesichter mit blauen Augen der Models von Yamamoto angeführt, die noch heiß vom Straßenkampf angeblich die Coolness der lower class in die Mode der upper class brächten. Doch auch dieses Beispiel würde ich nicht im soziologischen Terminus von Klasse interpretieren. Vielmehr scheint es mir hier um ein Phänomen zu gehen, das der Universalisierung des Anzugs von Anfang an ein Stachel im Fleisch war. Der bürgerlichen Aufhebung des Körpers im Anzug nämlich wirkt nicht nur der weibliche Körper, sondern auch der männliche Körper der arbeitenden

Klassen in seiner konkreten Fleischlichkeit, am besten mit Schweiß, Blut und Tränen, entgegen.

Die spezifische Dynamik der Mode in der Moderne hängt an der Verfasstheit der demokratischen, republikanischen Körperschaften. Sie verdankt sich dem Umgang mit den Korporationen, die der uniformierende Anzug als Kleidungsstück der Moderne par excellence herstellt, indem er den männlichen Körper sublimiert. Es geht um Mimikry, Zersetzung, Umspielung, Enteignung, Aneignungen, Umwidmungen dieser Körperschaften. Die Dynamik der Mode wird weder vom Begehren, mehr zu scheinen, als man ist – also vom Aufschneiden des *dressing up* – noch von der Coolness des *dressing down* bestimmt – und, wie wir gesehen haben, auch nicht von einer Tendenz der Angleichung der Geschlechter. Das Crossdressing dient, im Gegenteil, einer Heraustreibung der Geschlechterdifferenz, indem die Frauen sich die männliche Haltung vor der Revolution, die der Zurschaustellung nämlich, aneignen. Als die Mode nicht mehr die Stände streng teilt, macht sie deswegen noch längst nicht alle Menschen zu Brüdern, wie Schiller es in seiner *Ode an die Freude* hoffte. Mode bringt im weiblichen Crossdressing das Verhältnis der Geschlechter, der Klassen und der Rassen anders ins Spiel. Überspitzt kann man sagen, dass die weibliche Mode zwischen Dandy und Transvestit schwankt. In beidem geht es um einen Überschuss, den die Männerkleidung wie der Teufel das Weihwasser meiden muss, um nicht in den Geruch des Weibischen zu kommen. Allen Wert der Welt legt sowohl der Dandy als auch der Transvestit auf seine Kleider, auf die der richtige Mann keinen Gedanken verschwenden soll. Beide zeichnet die verruchte Aneignung des männlichen, vormodernen Zeigens. Unwiderstehlich wird Mme Bovary erst, als sie in einem den Körper eng fassenden, »Amazone« genannten Reitkleid wie ein Mann hoch zu Pferde erscheint. Unbeschreiblich weiblich ist Marlene Dietrich rauchend in makellos geschneiderten Hosenanzügen. Genauso unbeschreiblich weiblich sind die als Transvestiten verkleideten Frauen – wie Chanel schimpfte – in den üppig verschwenderischen Rauschröcken und der Wespentaille von Dior. Die unwiderstehliche Faszination der Mode verdankt sich dem Durchbrechen der Gender-Normen, die dissonant gegeneinander geführt werden. Und sie verdankt sich dem Zurücklassen moderner, männlicher selbstbeherrschter und -bestimmter Subjektivität in der Entäußerung an den Glanz des Oberflächlichen.

Wir haben das Glück, dass es einen Moment in der Geschichte gab, in dem die Archäologie der Mode der Moderne als eine tatsächlich postfeudale Mode praktisch offen zutage liegt. An zwei Figuren lässt sich der Umbruch exemplarisch fassen. Die eine ist Marie Antoinette, letzte Tochter der österreichischen Kaiserin Maria Theresia und als Ehefrau Ludwigs XVI. französische Königin. Die andere ist Louis-Philippe d'Orléans, auch Philippe Egalité genannt, bourbonischer Prinz, der als Nachfahre eines jüngeren Bruders des Königs für die Thronfolge nicht infrage kam.

*Der große Bruch:
Wie die Mode
aus der*
Männerwelt
*verschwand
und ein*
***weibliches
Laster***
wurde

Das Ende der alten Ordnung

Ein Mann und eine Frau, die zum engsten Kreis des französischen Herrscherhauses gehörten, stehen stellvertretend für die Entwicklung der neuen Mode, in der sich eine neue Ordnung der Dinge ankündigt. Beide stehen im Ruf, Modenarren zu sein. Modebewusst orientieren sich Marie Antoinette und Philippe d'Orléans Ende des 18. Jahrhunderts nicht mehr am französischen Hof, der über zwei Jahrhunderte unangefochten den Ton in allen Sachen des guten Geschmacks angegeben hatte, sondern an der englischen Aristokratie. Dieser englische Geschmack war vermutlich das Einzige, was die beiden verband.[19] Wie Philippe d'Orléans, so sah auch Marie Antoinette, einmal Königin geworden, zum Feind hinüber: Frankreich kämpfte gerade in den überseeischen Kolonien in Amerika an der Seite der Aufständischen gegen England.

Als junges Mädchen wurde Marie Antoinette als lebendige Modepuppe mit unglaublichem finanziellem Aufwand von Kopf bis Fuß französisch eingekleidet. Auch ihr Körper wurde unter Schmerzen auf das Schönheitsideal der Zeit getrimmt: die Zähne gerichtet, der Haaransatz verschoben. Ballettlehrer brachten ihr die richtige Haltung und das berühmte französische schwerelose Gleiten bei. Dass Marie Antoinette dem modischen, also französischen Ideal der Zeit entspräche, war die Bedingung, die Ludwig XV. für eine Ehe mit dem Dauphin gestellt hatte. Die österreichische Kaiserin musste beweisen, dass eine Habsburgerin den französischen Thronfolger nicht nach Strich und Faden blamieren würde.

An Marie-Antoinette und Philippe d'Orléans lässt sich der Umbruch der Zeit, die schon bald »alt« genannt werden sollte, vom Ancien Régime nämlich zur Republik illustrieren: Eine neue Klassenordnung, eine neue Geschlechterordnung, aber auch ein neues Verständnis des In-der-Welt-Seins kündigten sich an. Radikal veränderte sich das Verhältnis von Sein und Schein.[20] Die gottgewollte und gottgegebene, transzendent garantierte ständische Ordnung drückte ihr Sein in ihrem Erscheinen aus. Erst nachdem das Dasein auf keine kosmische Ordnung mehr verwies und nicht mehr transzendent garantiert wurde, wurde die Mode modern, alles Moderne Mode. Das, was der Aristokratie als Zeichen ihres Seins galt, wurde nun zu leerem Flitter und ruinösem Prunk erklärt: zur leeren, trügerischen Vorspiegelung. Nichts war mehr gottgegeben. Man war nicht mehr, man wurde. Die englische Monarchie, die mittlerweile verfasst war, hatte sich gegenüber Aufsteigern, die nicht von Geburtsadel waren, immer schon aufgeschlossener gezeigt. Bürgerinnen waren hier, geadelt, Königinnen geworden. In Frankreich hingegen wurden bürgerliche Frauen adelig verheiratet, um dann offizielle Mätressen des Königs zu werden. Mme de Pompadour, geb. Poisson, war bürgerlich. Mme du Barry hatte man aus dem Bordell gefischt und, auf größeren Einfluss bei Hof hoffend, schnell adelig verheiratet, um sie an den König zu bringen. Tatsächlich biss der alternde Ludwig XV. an und machte sie zu seiner maîtresse en titre.

Anders als in Frankreich, wo man zwischen noblesse de robe, dem Amtsadel, und noblesse d'épée, dem Schwertadel, streng unterschied, wurde in England der Stand nicht mehr als ontologische Qualität aufgefasst. Man musste nicht Herzogin sein, man konnte es werden. England hatte unter dem puritanischen Cromwell bereits einen König geköpft und eine Republik hinter sich, in der die Herrschenden, ostentativ allem adeligen Prunk entsagend, nüchtern in Schwarz gekleidet regiert hatten. England hatte keine Bartholomäusnacht gekannt, in der die Puritaner umgebracht wurden wie in Frankreich die Hugenotten. Das klerikale, nüchterne Schwarz hatte im reformierten England über die katholische Farbenpracht und Üppigkeit gesiegt.

Im Regency-England schließlich waren es die Dandys, die den adeligen Prunk hinter sich ließen und sich schlicht exquisit dem dritten Stand ähnlich kleideten. Sie hat man zu den Erfindern des bürgerlichen Anzugs gemacht.

Sehen wir uns zuerst die alte Ordnung an, wie sie am Ende des Ancien Régime noch einmal spektakulär inszeniert wurde. Es ist der 4. Mai 1789 – der Sturm auf die Bastille ist nicht mehr fern.[21] Ludwig XVI. sieht sich angesichts der verheerenden wirtschaftlichen Lage gezwungen, zwecks Sanierung des Haushalts die Generalstände einzuberufen. Das ist seit 1614 nicht mehr geschehen, doch für eine Steuererhöhung ist deren Zustimmung notwendig. Das Protokoll mitsamt der Kleiderordnung hält sich strikt an das fast 200 Jahre zurückliegende Treffen. Den Ständen wird nach dem alten Protokoll minutiös vorgeschrieben, was zu tragen sei.[22] Das Ganze hat also von vornherein ein historistisches Gepräge. Den Beteiligten, denen der Sinn nach anderem gestanden haben muss als danach, eine Kostümklamotte aufzuführen, ist das aller Wahrscheinlichkeit nach nicht aufgefallen. Dass zwischen den beiden Treffen 175 Jahre lagen, änderte an der Kleiderordnung, die für ewig gleich und der Mode nicht unterworfen angesehen wurde, nichts. Denn in der Kleiderordnung sollte die Gottgewolltheit der französischen Monarchie sichtbar werden. Und so wenig diese dem historischen Wandel unterworfen war, so wenig waren die Kleider den Launen der Mode unterworfen. Sie waren nicht willkürlich, sondern repräsentierten Sein. König, Königin und Hof hatten aus ebendiesem Grund nichts Wichtigeres zu tun, als ihren Körper zu weisen. Kleider dienten der Feier der gottgeschaffenen kosmischen Ordnung.[23]

Ebendiese Funktion der Kleider, die im späten 18. Jahrhundert eher Wunschdenken denn Realität war, trat auf der Versammlung der Generalstände als Fiktion ans Licht. Das, was die Kleider versinnbildlichen sollten, stellten sie als auf Nichts gegründeten Anspruch aus. Das Treffen offenbarte, dass die Ständeordnung unhaltbar geworden war: des Kaisers neue

Kleider. Mit der Konstituierung der Nationalversammlung durch den dritten Stand und Überläufern aus Monarchie und Klerus war das Ende der absolutistischen Monarchie besiegelt.

König und Königin als Verkörperung kosmischer Ordnung

Streng dem Protokoll folgend, ging dem Treffen der Generalstände eine Prozession durch Versailles mit vorangetragenem Corpus Christi und anschließender Messe voraus. Marie Antoinette, für die die Monarchie von Gottes Gnaden die natürlichste Sache der Welt war, hatte mit ihrer Kleiderpolitik dem Seinsverständnis des Ancien Régime ganz gegen ihre eigene Überzeugung kräftig zugesetzt. Weil ihr diese Ordnung so unbezweifelbar erschien, war sie sich offensichtlich nicht darüber klar, dass auch sie immer wieder in Szene gesetzt werden musste. Das Genie Ludwigs XIV. hatte in dieser Inszenierung der göttlich-kosmischen Ordnung gelegen. Sein offizielles Porträt von Hyacinthe Rigaud, das den Sonnenkönig im königsblauen, mit goldenen Bourbonenlilien bestickten und mit Hermelin gefütterten samtenen Krönungsmantel zeigt, Schwert und Zepter als Herrschaftszeichen weisend, ist ein Meisterwerk einer solchen Inszenierung (Abb. 4). Ganz in der aristokratischen Tradition zeigt er die schönen Beine eines Balletttänzers in der Position des contrapposto in weiß schimmernden Seidenstrümpfen fast bis zum Po. Seine zierlichen Schuhe mit rotem Absatz sind mit roten Schleifen verziert. Dieser König ist kosmische Zierde.

Am 4. Mai 1789, dem fatalen Tag, der das Ende der Monarchie besiegeln sollte, unterwarf sich Marie Antoinette, »Topmodell« und »herrschende Diva«, »Glamour Queen« und

»It-Girl« des französischen Hofes[24], dem Protokoll und zog sich als französische Königin an. Sie trug die tief dekolletierte »robe à la française« aus schwerem Seidenbrokat, eng korsettiert und mit weitem Reifrock, die sie sonst längst als aus der Mode gekommen abgelegt hatte. Sie kam weder mit Rousseauhäubchen als Bauernmädchen wie im Petit Trianon noch schlicht dem neoklassizistischen Geschmack folgend in die pastorale Einfachheit weißen Musselins gehüllt mit Strohhut. Diese neue, so ganz unkönigliche Mode, die alsbald unter dem Namen »chemise à la reine« firmierte, hatte sie selbst für ihr offizielles Porträt getragen: Élisabeth Vigée-Lebrun berühmt-berüchtigtes »La reine en robe de Gaulle« (Abb.7).[25] Es provozierte einen solchen Skandal, dass es aus der Ausstellung im Louvre entfernt werden musste.

An diesem Tag aber erschien die Königin der alten Kleiderordnung folgend zum letzten Mal in vollem Hofstaat. Ihr Kleid aus silbernem Seidenbrokat, Ludwigs Jacke aus goldgewirktem, glänzendem Stoff: Sonnenkönig – Tradition verpflichtet – und Mondkönigin. Ludwig XVI. trug ein diamantbesetztes Schwert, eine Jacke mit Diamantknöpfen, Schuhe mit Diamantschließen und den berühmten Regent-Diamanten; Marie Antoinette flocht den sagenhaften lupenreinen, 55-karätigen Sancy-Diamanten in ihr Haar. Funkelnd und gleißend, über und über geschmückt mit legendären Steinen, wurden König und Königin zu im wahrsten Sinne des Wortes strahlenden Erscheinungen.

Heute erscheint uns das absurd protzig, ja klunkerig. Irgendwie riecht es nach *Bergdorf Blondes*, ladies who lunch, Schönheitschirurgengattinnen, die mit noch einer neuen Riesenkrokodilhandtasche den Reichtum ihres Mannes spazieren führen und vor aller Augen beweisen, wie üppig sie ausgehalten werden. Oder, wenn sie selbst Schönheitschirurginnen sind, wie gut das Geschäft bei den letzten Oscars lief. Damals ging es jedoch nicht ums Aufschneiden. In diesem Paar spiegelte sich der Himmel auf Erden. Sie waren Abglanz göttlichen Strahlens.

In der hier zutage tretenden Vorstellung bringen Kleider Sein zur Anschauung. Sie sind gerade das Gegenteil einer willkürlich beliebigen, tyrannisch verordneten Mode. Persönliche Caprice und Self-fashioning können sich nur sehr bedingt artikulieren. Königin und König in Samt und Seide mit Diamantschleifen und Bändern illustrieren nicht das beliebige Auf und Ab des Rades der Fortuna, die trügerisch gauklerische Vanitas alles Irdisch-Vergänglichen. Vielmehr sind sie Zierde des Kosmos.

Die 1614 für die Generalstände festgelegte Kleiderordnung sah vor, dass der Klerus in violetten Roben erschien. Die Aristokratie trug Federhüte, mit Gold reich bestickte schwarze Samtjacken und Spitzenkrawatte, schwarzseidene Kniebundhosen mit weißen Seidenstrümpfen.[26] Die Mitglieder des dritten Standes hatten in einfachen schwarzen Anzügen, billigen Musselinhalstüchern und unverarbeiteten schwarzen Hüten anzutreten. Die stumpfen, dunklen Anzüge der Abgeordneten des dritten Standes verschluckten das Sonnenlicht und bildeten den idealen matt-dunklen Hintergrund für das Leuchten der Farben, das Funkeln der Regenbögen.

Später hat man das, was bereits in diesem Moment als Demütigung des dritten Standes empfunden wurde, als »sartorial apartheid« beschrieben. Man sollte sich an dieser Stelle Rousseaus Beschreibung der Pariser Mode der zweiten Hälfte des 18. Jahrhunderts vor Augen halten, um ermessen zu können, wie weit sich dieses extreme Unterschiedensein der Stände durch Kleidung in der alltäglichen Wirklichkeit abgeschliffen hatte. Anders nämlich als in Italien, berichtet Rousseau, wo die Hofgesellschaften den für alle anderen Bevölkerungsschichten unerschwinglichen bestickten Seidenbrokat trugen, verwendeten Aristokratinnen und Bürgerinnen in Paris sehr viel günstigere, leichtere Stoffe: Leinen, Wolle und Baumwolle. Sauberkeit, nicht Prunk, sei gefragt. Als Distinktionsmerkmal käme das Prunken mit Diamanten und Seidenbrokat schon deshalb nicht mehr infrage, weil die sehr viel reicheren Financiersgattinnen dann den Adel des Hofes schlicht überstrahlen würden.[27]

Die extrem repräsentative robe à la française aus schwerem, kostbarem Seidenbrokat mit ausgestellten Paniers und steif korsettiert war genauso wie die unkorsettierten, nur noch mit einem kleinen Panier versehenen, nicht mehr so barock bestickten, viel leichteren, zärtlich privateren Rokokokleider einer einfachen, tugendhaft natürlichen, neoklassischen Linie in weißem, leichtem, fließendem Baumwollmusselin gewichen. Als mode à la grecque sollte sie in Directoire und Kaiserreich triumphieren. Marie Antoinette hatte – der Mode folgend, Mode machend – selbst schon den Prunk des Hofes und sogar das Korsett abgelegt, barocke Seidenbrokate und Rokokotaft für den Baumwollmusselin aufgegeben. Auch sie verkleidete sich also, als sie auf der Versammlung der Generalstände die repräsentativ prunkende robe à la française anlegte.

Das späte 18. Jahrhundert hatte entschieden andere Sensibilitäten als das 17. Jahrhundert. Mit der Monarchie von Gottes Gnaden stand die gottgewollte Ordnung der Gesellschaft zur Debatte. Mitte des 18. Jahrhunderts wurde dieses aristokratische und klerikale Privileg, die schöne Ordnung des Kosmischen zu repräsentieren, nicht mehr als Seinsqualität angesehen, sondern als arrogante Anmaßung verstanden, die auf brutaler Ausbeutung beruhte. Über die schreiende Armut der Landbevölkerung, die verhungerte, und die Verschwendungssucht des Hofes und allen voran der Königin, die sich in kindischer Mimesis an ebendieser Landbevölkerung ergötzte, predigte sogar der Bischof an diesem Tag mitten in Versailles im Herzen des Hofes vor der erbleichenden Königin unter frenetischem Beifall des Publikums. Der Kosmos war schlicht nicht mehr in Ordnung. Er war nicht mehr, konnte also nicht mehr repräsentiert, sondern musste gemacht werden. Arbeit, Leistung, Nützlichkeit und nicht mehr Zurschaustellung des Körpers waren gefragt.

Dressing down:
Philippe d'Orléans als Trendsetter einer neuen Zeit

Philippe d'Orléans, der zum dritten Stand überlief, lässt als sans culotte die Pracht des Ancien Régime hinter sich. In seinen Kleidern kündigt sich die neue Ordnung an. Als Philippe Égalité bewies er in diesem Moment wesentlich mehr Gespür für den Zeitgeist als Marie Antoinette und Ludwig XVI. Vermutlich spekulierte er darauf, nach dem englischen Modell in einer verfassten Monarchie als König den Thron zu besteigen und mit dem Absolutismus die regierende Linie der Bourbonen zu verdrängen. Wie Ludwig XVI. wurde er geköpft, doch sein Sohn Louis Philippe wurde als letzter Bourbone dann tatsächlich noch einmal französischer König.

Als citoyen und patriote legte Philippe d'Orléans Samt und Seide, Stickereien, Spitzen, Federn, bunte Steine und leuchtende Farben zugunsten des dunklen Leinens ab. Seine Beine kamen nicht in hautengen, weißen Seidenstrümpfen wirkungsvoll zur Geltung. Statt der Kniebundhose (culotte) trug er die langen Beinkleider, die zum Signum des modernen Mannes geworden sind und uns als die natürlichste Sache der Welt erscheinen. Mit kurz geschnittenen, ungepuderten Haaren war er ungeschminkt und ungeschmückt. Am treffendsten ist sein Auftreten als Klassentravestie zu beschreiben. Philippe d'Orléans wird so zum Vorläufer der Männermode der Moderne, die nüchtern die üppige Schönheit der Aristokratie des Ancien Régime abstreift. Philippe d'Orléans imitierte aber nicht einfach die Kleider des dritten Standes, sondern orientierte sich an der englischen Aristokratie. Er setzte antik republikanische Schlichtheit und ausgesuchtes Understatement in exquisiten, dem Körper angepassten, schmucklosen Schnitten gegen die sinnlich ornamentale Verspieltheit des Rokoko.

Dem Bürger ist alles Schmückende suspekt, aller

Glanz Äußerlichkeit und täuschender Schein, der von den inneren Werten ablenkt. Peu à peu legt die Männermode so alles Herausstechende, alles Phantasievolle und Überraschende ab. Die Weste aus buntgemustertem und farbenfrohem Damast, Brokat, kariertem Samt oder besticktem Satin war Schrumpfform verflossener Herrlichkeit. Schon um 1835 herum galt sie als zu auffällig und schmolz auf die Krawatte zusammen. Männliche Koketterie galt zunehmend als lächerlich. Es wurde unelegant, sich um Eleganz zu bemühen. Dass er es nicht nötig hat, durch seine Kleider zu glänzen und das anderen überlässt, denen sonst nichts bleibt, wird der Bürger zu demonstrieren nicht müde. Das Durchsetzen dieses radikalen Puritanismus war kein müheloses Unterfangen, denn es ist nicht nur weniger amüsant, sondern auch schwerer, korrekt statt elegant angezogen zu sein. Richtig angezogen zu sein, heißt nun vor allen Dingen, nicht zu gut angezogen zu sein – und eben das wird zum Inbegriff des Distinguierten. Die Kunst des Kunstlosen will gelernt sein. Es wird eine männliche Wissenschaft für sich.

Der Anzug spaltet die Leute eigentümlich. Einer seiner prominentesten Gegner ist vermutlich Hegel, der ihn schlicht bar jeder Anmut für eine Art Zwangsjacke hält. Aus den Gliedmaßen mache er »gestreckte Säcke mit steifen Falten«. Im Anzug sieht Hegel ein »durch äußere Zweckmäßigkeit Hervorgebrachtes, etwas Zugeschnittenes, das hier zusammengenäht, da herübergezogen, dort fest ist, überhaupt schlechthin unfreie Formen und nach Nähten, Knopflöchern, Knöpfen hin und her gelegte Falten und Flächen. In der Tat ist eine solche Kleidung eine bloße Überdeckung und Einhüllung, welche durchaus einer eigenen Form entbehrt, andererseits aber an der organischen Gestaltung der Glieder, denen sie im Allgemeinen folgt, gerade das sinnlich schöne, die lebendigen Rundungen und Schwellungen verbirgt und an deren Stelle nur den sinnlichen Anblick von einem mechanisch verarbeiteten Stoff gibt. Dies ist das ganz Unkünstlerische der modernen Kleidung.«[28] Hinüber- und herübergezerrt, verunstaltet diese Kleidung die natürliche

Schönheit der Glieder. Das Kleid folgt nicht dem Körper, der Körper hat dem Kleid zu folgen. Die Männer, dazu gezwungen, sich der steifen Unbequemlichkeit in ihren Bewegungen anzupassen, bekommen in Hegels Urteil etwas von mechanischen Holzmarionetten.

Das Schneiderhandwerk hat allen Ehrgeiz darein gesetzt, die faltenlose Passform des Anzugs zu optimieren, um ihn den Körperbewegungen weniger steif und schmiegsamer anzupassen. Das heutige, wesentlich vorteilhaftere Erscheinungsbild verdankt sich natürlich auch der Entwicklung von Stretchstoffen. Ob das der Grund für die Liebe ist, die viele Frauen dem Anzug entgegenbringen, mag dahingestellt bleiben. Anne Hollander, die New Yorker Modewissenschaftlerin, hält ihn nicht nur für das modernste, sondern für das anziehendste Kleidungsstück unter der Sonne. Sexy wie ein antiker Held oder ein sprungbereiter Tiger wirke der Mann darin; erst der Anzug kitzelt den lauernd beherrschten, samtig eleganten Eros heraus. Diese Einschätzung, haben andere befunden, kann nur daran liegen, dass die Frauen auf das Klassensignal, das der Anzug ist, fliegen, und deshalb bereit sind, auf Schönheit zu verzichten. Die Betuchtheit, die der Anzug signalisiert, die unbezweifelbare Zugehörigkeit zur Bourgeoisie und nicht die Schönheit macht die Attraktivität des Mannes in den Augen der Frau aus, den sie als reizende Beute lockt.

Hat man die Mode in der Mitte des 13. Jahrhunderts mit dem Moment beginnen lassen, in dem Männer die langen Gewänder ablegten und Bein zeigten, dann beginnt die Mode der Moderne in dem Moment, in dem Männer ihre Beine bedecken: lange Hosen statt straff sitzender Strümpfe.[29] Als Mitglied des dritten Standes ausstaffiert, wirkte Philippe d'Orléans schon fast wie ein moderner Mann. Die Geschichte des Anzugs und damit die Geschichte moderner Männlichkeit beginnt mit dem Verzicht, sich reizend zu inszenieren. Ein Mann ist nicht mehr geschminkt und geschmückt; er pudert sein Haar nicht und verzichtet auf Schönheitspflästerchen und Perücken. Er erscheint nicht in eine Parfümwolke gehüllt; Seife, Deo und eine tägliche Dusche genügen. Er sticht nicht glänzend durch seine Reize hervor, sondern fügt sich durch seine Kleidung in ein Kollektiv ein. Alles Körperbetonte, Farbenfrohe, Gemusterte, Enganliegende, Schmückende, Glänzende, Ornamentale, alle Farben, Federn, Rüschen, Pailletten und Spitzen, alles Make-up und alles Parfüm ist von nun an verpönt.

Der Bürger der Moderne trägt gedeckte Farben; anthrazit, nachtblau, dunkelblau. Sollen es hellere Farben sein, dann Grau, obwohl das nicht so angezogen wirkt wie anthrazit. Braun oder beige sind mittlerweile möglich, flaschengrün immer noch grenzwertig. Schwarz ist zunehmend der Abendtoilette vorbehalten. Im Sommer gehen helles Leinen oder Baumwolle. Der Anzugstoff hat stumpf und uni, nicht glänzend oder gemustert zu sein. Vor allen Dingen keine Ornamente auf dem Stoff. Ein dezentes, zurückhaltendes Muster – Nadelstreifen – ist erlaubt. Zurückhaltende Karos auch. Hahnentritt oder Schachbrettmuster haben immer einen Hauch von Dandy. Aus dem Kollektiv jedenfalls drängt sich der männliche Körper nicht durch gewagte Farb- oder Schnittvariationen, durch üppige Stoffe wie Seide oder Pelz, durch allerlei Verzierungen, Glitter und Flitter in den Vordergrund, sondern tritt diskret ins Glied zurück. Vor dem gedeckten Hintergrund heben sich einzig die Krawatte als Farbtupfer und die Individualität des Gesichts ab. Alles andere überlässt der Mann auf dem Feld der Mode von nun an den Frauen.

Sehr schön hat Theodor Friedrich Vischer das 1878 gefasst: »Das männliche Kleid soll überhaupt nicht für sich schon etwas sagen, nur der Mann selbst, der darin steckt, mag durch seine Züge, Haltung, Gesicht, Worte und Taten seine Persönlichkeiten geltend machen.« Gleichzeitig markiert Vischer den Umbruch in der männlichen Kleiderordnung: »Unseren Großvätern noch galt als ganz natürlich, daß der eine durch einen roten Rock mit Goldborte und blaue Strümpfe, der andere durch einen grünen mit Silberborte und pfirsichrotgelbe

Strümpfe sich hervortun mochte. Wir sind damit rein fertig, gründlich blasiert gegen alles Pathetische, wir haben nur ein müdes Lächeln, wenn einer durch anderes als sich selbst in seiner Erscheinung sich herausdrängen will (...) Obwohl diese Scheinlosigkeit des Männerkostüms wenig über ein halbes Jahrhundert alt ist, kann man doch sagen, sie bezeichne recht den Charakter der Mode, nachdem aus ihr geworden, was ihrer Natur nach im Laufe der Zeit werden mußte.«[30]

Der bürgerliche Männerkörper bleibt in bestimmter Negation auf den Adel bezogen: Er ist und hat es nicht nötig, zu scheinen. Unauffällig, schmucklos, neutral tritt alle Oberflächenverzierung hinter die abstrakt-idealisierende Konstruktion, den als solchen nicht in Erscheinung tretenden Schnitt, die niemals sichtbare Unterfütterung zurück. Die schmucklose Nüchternheit, die diszipliniert vollkommene Strenge, das Hervortreten einzig der »Persönlichkeit« in ihrer ungeschminkten Wahrheit doppelt die bürgerliche Ethik. In diesem Sinne ist der Anzug Antimode.[31] Die Standhaftigkeit der Person, die ihr Mäntelchen nicht nach dem Wind hängt, wird durch die Beständigkeit des Anzugs, der saisonal nur minimalen Variationen unterliegt, unterstrichen.[32] Der Anzug konstituiert den Bürger als Gegenstück des sich im Schein ergötzenden Aristokraten als authentisch. Mit Roland Barthes gesprochen, betont dieses Kleidungsstück nicht willkürlich wechselnde Künstlichkeit, also Mode, sondern Funktion und bekommt damit die Selbstverständlichkeit von Natur. Zur zweiten Natur, meint dann auch Théophile Gautier, sei der Anzug dem Mann geworden, die seine erste Natur, seine reale, einzigartige Fleischlichkeit völlig vergessen gemacht hat.[33]

Modisch ist am Anzug nichts; die hohe Kunst liegt darin, ihn zur natürlichsten Sache der Welt zu machen. Und doch hat er eine politisch ähnlich repräsentative Funktion, wie es die Körper des Adels hatten. »Wenn der prächtige Krönungsmantel des Königs von einer Ordnung von Gottes Gnaden zeugt, steht der schwarze, schlichte Dreiteiler des postrevolutionären Bürgers für eine Ordnung der Demokratie. Das streng metaphysische Element des Gottesgnadentums kann und darf nicht fortbestehen, an seine Stelle tritt nun, in Abwesenheit eines wahrhaft transzendenten Prinzips, die Apotheose des säkularisierten bürgerlichen Körpers.«[34] So bildet der bürgerliche männliche Körper – ein Körper Gleicher, aus dem niemand heraussticht – als Kollektiv den Staatskörper. Der männliche Anzug ist die Uniform der Demokratie und das habit noir sein einziger legitimer Ausdruck. Bürgerlich gibt er tagaus, tagein das Spektakel des Unspektakulären zum Besten.

Er individualisiert die Person, das Subjekt, indem er alles, was die Aufmerksamkeit auf das Kleid lenken würde, unterbindet und damit allein das Gesicht, ungeschminkt!, in den Fokus rückt. Nicht aufzufallen, nicht herauszufallen ist das Gesetz, unter dem der Anzug steht. Der individuelle Körper wird durch die Abstraktionsleistung des Schnitts und durch die durchgehende Uniformierung in einen allgemeinen Kollektivkörper eingebunden, seine Geschlechtlichkeit aufgehoben. Der Anzug nivelliert, neutralisiert, egalisiert: kurz, er entsinnlicht. Der einzelne Körper tritt in seiner Besonderheit hinter die Institution zurück, geht in ihr auf. Idealerweise wird er als Kleid unsichtbar, so wie er das Fleisch unsichtbar macht. Haut darf zwischen Hemd und Hose oder Strumpf und Hose nicht aufblitzen. Ein zu tief aufgeknöpftes Hemd mit Goldkettchen im Brusthaar ist nicht eben ratsam.

Das Fernsehduell vor den Wahlen zwischen Präsident Nicolas Sarkozy und seinem Herausforderer François Hollande, dem späteren Wahlsieger und neuen Präsidenten der Republik, illustrierte das Funktionieren dieses Prinzips. Beide trugen das Gleiche: einen nachtblauen, relativ schmal geschnittenen Anzug, weißes Hemd, dunkle Krawatte. Sarkozy hatte sein Sakko, wohl um das Zupacken des Machers zu unterstreichen, geöffnet. Einzig der seidige Glanz der weich gebundenen Krawatte von Hollande unterschied die beiden. »Der bürgerlich männlich säkularisierte Körper vereint in sich nunmehr die

›zwei Körper des Königs‹. Er ist sowohl der private Körper eines selbstbewussten Subjektes als auch Teil eines Kollektivs, das fortan zum Staatskörper stilisiert wird.«[35]

Marie Antoinette: Modekönigin und Fashion Victim

Abgesehen von ihrem Auftritt am 4. Mai 1789 war Marie Antoinette ebenso trendsetzend für die Frauenmode wie Philippe d'Orléans für die Männermode. Aber sie stand dabei unter einem wesentlich unglücklicheren Stern. Ihre Klassentravestie wurde von vornherein mit sexueller Freizügigkeit und Prostitution assoziiert: Die Perversion aller Ordnung zeigte sich schon darin, dass sie das Untere nach oben kehrte und Unterwäsche als Oberkleid trug. Tyrannisch setzte sie die Macht ihres verführerischen Fleisches über den Buchstaben der Monarchie. Souverän herrschte in dieser Fremdherrschaft ihr Geschlecht: nicht das Geschlecht der Habsburg, sondern ihre Weiblichkeit. Sie zog sich nicht als Königin, sondern als Mätresse an. Mit ihr herrschte eine Schauspielerin, ein leichtes Mädchen, über Frankreich, den König und den Hof. An Marie Antoinette – Königin und Hure – kristallisierte sich, was seit spätestens Ludwig XV. zu einem Generalverdacht gegen die französische Monarchie geworden war: Der Herrscher, beherrscht von seiner Lust, kann nicht herrschen. Lustbesessen, zersetzt, vergiftet er den Volkskörper und blutet ihn aus. Alle Legitimität des Herrscherhauses ging damit den Bach runter. Die Revolution und die ihr folgenden politischen Reformen hatten deshalb das Ziel, einen rein männlichen Herrschaftskörper zu schaffen, frei von alles verkehrender, weibisch konnotierter Lust.[36] Frauen wurde ein Platz im Haus und die Rolle der Hausfrau und Mutter angewiesen. Das Phantasma der weiblichen, illegitimen Herrschaft durch das Bett begleitete und begleitet diese reine Männerherrschaft wie ein Schatten während des langen bürgerlichen Zeitalters. Moden und Make-up galten nun bestenfalls als weibliche – und manchmal auch männliche – ohnmächtige Kompensation für fehlenden Zugang zur öffentlichen Sphäre, zu Autorität und Macht. Schlimmstenfalls als Fallstricke legitimer, männlicher Ordnung.

Was passierte in der Sphäre des Hofes dadurch, dass diese Königin sich als Königin der Mode inszenierte, aber trotzdem nicht die maîtresse en titre, sondern Königin war? Es kam zu einer radikalen Dekonstruktion der alten Ordnung, auf der das Königtum von Gottes Gnaden und die ganze gottgewollte Ständeordnung ruhte. Durch ihre Modepolitik zeigte Marie Antoinette – selbstverständlich gegen ihre Absicht –, dass das Gottesgnadentum nicht gottgewollt, sondern willkürlich war. Die transzendente Dimension, die besonders im Körper des Königs aufscheinen sollte, kollabierte in narzisstische Selbstreflexion, in strikte Selbstreferenz, die bald zum Inbegriff weiblicher Natur werden sollte: »Marie Antoinette verwandelte die Zurschaustellung des Königs in eine Maskerade.«[37] Fashion Victim war Marie Antoinette in einem ganz andern Sinn, als wir das heute meinen. Und wohl selten hat das Diktum von *Flight of the Conchords*, »Du glaubst, Mode sei dein Freund, aber Mode ist Gefahr«, so messerscharf auf jemanden getroffen.

»Dem Fürsten«, hatte Jean de la Bruyère im 17. Jahrhundert geschrieben, »fehlen nur die Reize des Privatlebens«[38] und damit eben das, was für das bürgerliche Zeitalter das Glück auf Erden werden sollte. Die Etikette bei Hof, die Ludwig XIV. zur Vollendung brachte, zeigte seinem Hofstaat ständig den Körper des Königs in zeremonieller Zurichtung. Die Nähe zu diesem Körper wurde durch den Rang bestimmt. Das Leben der Marie Antoinette war wie das aller französischen Königinnen im Absolutismus bis ins kleinste Detail geregelt. Es bestand wesentlich in einer ständigen Selbstausstellung. Le lever, le coucher, ihre diversen Umkleideszenen während des Tages waren das zentrale Geschehen bei Hofe. Aber anders als die Modekönigin, anders als die Mätresse, sollte sie nicht primär ihre Weiblichkeit, sondern die transzendente Dimension ihres Körpers zur Anschauung bringen.

Eine kleine Anekdote, die die Brüder Goncourt erzählen, mag das königliche Zeremoniell erhellen: Eines Wintertags, als die Königin nackt im Bett ihr Hemd anziehen will, das ihr eine Zimmerdame reicht, tritt eine Ehrendame ein. Dieser muss die Zimmerdame als der Ranghöheren und deswegen näher am Körper des Königs Stehenden das Hemd reichen. Aber auch sie kommt nicht dazu, es der frierenden Königin anzugeben, weil just in diesem Moment die Herzogin von Orléans eintritt, der das Hemd überreicht wird. Noch bevor sie es an die Königin weitergeben kann, tritt ihre königliche Hoheit, die Gräfin der Provence ein, in deren Hände das Hemd gelegt wird. Der zitternden Königin, mit über der nackten Brust verschränkten Armen, entfährt in diesem Moment: »Wie ausstehlich! Und wie lästig!«[39]

Die Königin repräsentiert auch und gerade in den alltäglichsten Handlungen nicht ihre Individualität, sondern die gesellschaftliche Ordnung. Im Waschen, Bekleiden, Schmücken und Schminken dieses vor den Augen des Hofes hergerichteten Leibes wird deshalb keine Maske übergestülpt und zerbrechliche Menschlichkeit versteckt, wie das die bürgerlichen Kritiken später meinten; vielmehr tritt in diesem Vorgang der Glanz des königlichen Leibes, geschmückt mit seinen Insignien, zutage. Weil in diesem Körper der ideale Körper des Königs aufscheint, liegen die Schamgrenzen ganz anders als heute. Vor aller Welt und aller Augen gebiert Marie Antoinette ihre Kinder. Ihr Schlafzimmer ist ein für den Hof öffentlicher Platz.

Marie Antoinette entzieht ihren Kopf und ihren Körper den Händen und den Blicken. Damit revolutioniert sie tatsächlich die Ordnung des Hofes, der prompt revoltiert. Gegen die Tradition, die den französischen Königinnen eine adelige

Friseuse zuweist, die einzig ihr Haupt berühren darf und ihre ehrenhafte Funktion im Regelfall ohne allzu viel Phantasie ausführt, beruft Marie Antoinette einen Friseur à la mode, den sagenhaften Léonard. Indem sie ihn nicht allein für sich in Anspruch nimmt, schützt sie seine Souveränität und gibt ihre Exklusivität auf. Der Modistin Rose Bertin, die gleichzeitig für die maîtresse en titre Mme du Barry arbeitet, räumt sie stundenlange Unterhaltungen ein. Sie versucht zu deren Gunsten sogar, die komplizierten Vorschriften zu durchbrechen, die den Zugang zu ihren Räumen regulieren. Alle Standesunterschiede kollabieren. Die Aristokratie wird ausgeschlossen, während Schauspielerinnen, die sich weniger durch ihre Künste als durch eine Reihe von reichen Liebhabern auszeichnen, und Modistinnen, die als Fachfrauen in den Künsten der Venus gelten, zugelassen werden. Von ihnen wird Marie Antoinette abhängig, ihnen gehört ihr Ohr. Völlig beliebig, nur ihren Capricen gehorchend, setzt sich die Königin über die rechtmäßigen Herrschaftsverhältnisse hinweg. Prompt fährt der großspurige Léonard sechsspännig wie der König selbst. Seine Hände will er für die Köpfe der Bürgerlichen nicht mehr schmutzig machen. Rose Bertin fühlt sich Prinzessinnen von Geblüt mindestens ebenbürtig. In einer grotesken Verkehrung der Machtverhältnisse, sagen böse Zungen, wird der Hof vom Ministerium für Musselin und Moden regiert. Mit der Habsburgerin von königlichem Geblüt aus einem der großen europäischen Herrscherhäuser zieht die Halbwelt in die heiligen Hallen von Versailles.

Der Körper dieser Königin repräsentiert damit nicht mehr die gottgewollte Ordnung, die zwar im Detail ausgestellt wird, aber das Detail immer auch in den großen kosmischen Zusammenhang stellt, sondern hängt tatsächlich an dem hervorragenden Können Einzelner und damit am modischen Detail, das in der Tat auf nichts anderes verweist als auf ihre künstlich kunstvoll hergestellte weibliche Schönheit. Der modische Körper, der sich zeigt, ist nur ihr Körper, von modebesessenen Lakaien aufgetakelt. Selbstreferentiell fehlt ihm jede transzendente Dimension. Wenn böse Zungen in Paris behaupten, die eleganteste Hure könnte nicht aufgedonnerter sein als die Königin, so kommt die schockierte Kaiserin in Wien zu demselben Ergebnis. In ihren Briefen tadelt Maria Theresia ihre jüngste Tochter und kritisiert, dass sie nicht wie eine Königin, sondern wie eine Schauspielerin aussähe. »Königin« und »Schauspielerin« sind absolute Gegensätze: Während der königliche Körper in Prunkentfaltung sein ideales Sein zum Ausdruck bringt, sind die Kleider der Schauspielerin je nach Rolle beliebig austauschbar, reine Verstellung, auf kein Sein verweisend. Was sie nach dem Verständnis der Zeit, in dem Schauspielerin fast ein Synonym für Hure ist, in Szene setzen, ist künstlich hervorgetriebene, verführerische Weiblichkeit. Marie Antoinette stellt die Anziehung ihres Geschlechts über den Glanz ihres Standes.[40]

Der Rückzug ins Trianon ermöglichte es Marie Antoinette schließlich, die wichtigste Aufgabe der Königin zu verweigern: ihren Körper als ikonisches Zeichen im Glorienschein auszustellen. Ganz dem Privatleben frönend, umgab sie sich mit Freunden, die nicht durch ihre Stellung innerhalb des Adels, sondern einzig durch ihre persönlichen Vorlieben für diese Gesellschaft prädestiniert waren. Im Trianon entwarf Marie Antoinette eskapistisch und dabei geschmacklich auf der Höhe der Zeit eine künstliche Gegenwelt, eine arkadische Landschaft als englischen Garten, komplett mit Ruinen von Robert Hubert. In dieser Idylle, in der jeder Ton mit dem anderen harmoniert, erschuf sie eine ästhetisierte Gegengesellschaft, in der, den Augen der Welt entzogen, einzig das Herz, nicht der Rang regieren sollte. Und sie ließ sich malen: nicht mehr im Glorienschein des Prunkes, sondern in einem weißen, durchscheinenden Musselinkleid, das nur noch Schleier vor der Seele ist, ganz intim.[41]

Von Anfang an war die Gattin Ludwigs XVI. in die Fußstapfen der Geliebten Ludwigs XV. getreten. Wie die Pompadour, die ihren Ehrgeiz darein setzte, jeden Tag eine neue Frisur zu tragen, war Marie Antoinette für die Exzesse ihrer Frisur zur nationalen Fabel geworden. Stiche zeigen sie schon ganz früh, noch in den Regalien eines zeitlosen, königlichen Hermelinmantels, zu denen der berühmte Pouf als auffällig modische Frisur in bizarrem Kontrast steht. Überhaupt ist ihr Beispiel verheerend: Die Frauen, die der Königin nacheiferten, würden sich für diese unglaublich teuren Frisuren, die sie gar nicht bezahlen könnten, prostituieren, sagte man. Heutige Prominentenfriseure haben sowohl die Starrolle des Léonard als auch dessen ruinöse Preise geerbt. Und so wie die Königin mit der Pompadour angeblich verband, dass beide nichts anderes im Kopf hatten als die Frisur, die sie darauf trugen, hatten Mme du Barry und Marie Antoinette dieselbe Modistin.

Marie Antoinette, Prinzessin aus dem Hause Habsburg, rückte durch ihre Modesymbolik in die Rolle der königlichen Favoritin. Mme du Barry bewies ihren Einfluss auf die Krone durch ihre maßlosen Ausgaben für Kleider und Juwelen. Marie Antoinette, die wie alle französischen Königinnen nicht in einer Gütergemeinschaft mit dem König lebte, konnte auf ebendiesen bedingungslosen Zugriff auf seine Börse zählen. Die Königin – und nicht mehr die Favoritin – stellt den Versailler Adel durch ihre Kleider in den Schatten; durch ihre glänzende Erscheinung beherrscht sie den Hof. Selbst ihre sündhaft teuren Launen erregen nie das Missfallen des Königs; wie die Favoritinnen genießt sie den unbeschränkten Kredit der Krone. Das Einrücken in diese Position konnte natürlich nur passieren, weil Ludwig XVI. keine Mätressen hatte. Was, wie Léon Bloy meinte, auch das einzig Bemerkenswerte an diesem König gewesen sei.

Die unheimliche Nähe zwischen Königin und Mätresse wird vielleicht im Petit Trianon am augenfälligsten. Der König hatte Marie Antoinette dieses Lustschloss 1774 geschenkt. Im kleinen Trianon hatten Ludwig XV. und dessen erste maîtresse en titre, Mme de Pompadour, ihre Feste gefeiert. Später war Mme du Barry ins Trianon eingezogen. Der Ort, den Marie Antoinette nun in Besitz nahm, war Ort der Lust des Königs. An ihm hing der Verdacht, dass der König sich selbst nicht beherrscht, sondern von seinen Trieben beherrscht wird. Weil Ludwig XV. durch Mme du Barry beherrscht werde, werde Frankreich – so die Schlussfolgerung, die in pornographischen Pamphleten gezogen wurde – von einer Hure regiert. Die Souveränität des weiblichen Geschlechts wurde im Petit Trianon der Marie Antoinette zum Alptraum: Hier war die Königin als lesbisch Liebende in der kollektiven Phantasie obenauf und usurpierte die Position des Mannes. Das Trianon mit seinem englischen Garten, seinen in Musselin – dem englischen Stoff – gekleideten Gästen und seiner verkehrten, tribadischen, nämlich deutschen Liebe wurde im Herzen Frankreichs zum Ort des feindlichen Fremden. Schon als Dauphine hatte sich Marie Antoinette im »deutschen Reitkostüm« abbilden lassen: mit Hose und Reitjacke im erotisch sportlichen Crossdressing. Sie ritt nicht im Damensattel, sondern bestieg das Pferd wie ein Mann. Die uns heute nicht mehr unbedingt einsichtige erotische Anziehung dieser Position war im 18. Jahrhundert durchschlagend: Rousseau verfiel Mme d'Houdetot, als er sie hoch zu Pferde, in der Dominaposition, offenbar zum Besteigen fähig, sah. In der tribadischen Liebe, dem deutschen Laster, machte dieses Obenaufsein des weiblichen Geschlechts das Petit Trianon in einer doppelten Perversion zu einem fremden Ort, zum Ort der Fremden. Und so war es Marie Antoinette, die Modekönigin, die Marie Antoinette, der Königin Frankreichs, den Weg zum Schafott gebahnt hat.

Nachdem es keine Königinnen mehr gab – und auch sonst alle Frauen aus Machtpositionen verdrängt waren, die die Männer jetzt republikanisch unter sich verteilten –; konnte Marie Antoinette als Königin der Mode gefeiert werden. Als eine Frau ganz nach dem bürgerlichen Geschmack ließ sie die Herzen höher schlagen: Schließlich hatte sie, die weiblichste aller französischen Königinnen, angeblich nichts als eine Frau sein wollen. Regieren wollte sie ohne Krone, wie Frauen regieren: durch Schönheit, Charme und Esprit. Als richtige Frau langweilte die gesamte politische und wissenschaftliche, kurz die öffentliche Sphäre sie tödlich. Ins Private verbannt, auf die bürgerliche, weibliche Rolle beschränkt, wurde sie harmlos.[42]

Im Nachhinein macht man vor dem für den Brüderbund, der dabei war, die Macht zu ergreifen, Phantasmatisch-Bedrohlichen dieser Konstellation, in der Mätresse, Königin und als Mutter des Dauphins potentielle Regentin in einer allmächtigen Position zusammenfielen, die Augen zu.[43] Gerade als diese ikonische Figur hört Marie Antoinette aber nicht auf, Designer von Yamamoto bis John Galliano und Alexander McQueen heimzusuchen.

Ausgestellte Weiblichkeit

Heute werden nicht mehr die Stände spektakulär inszeniert; spektakulär wurde Weiblichkeit. Sie wird mit zunehmender Besessenheit zum Medienspektakel schlechthin: Miss Italia, Miss World, Misswahlen überall und dauernd, American Idol, Germany's Next Topmodel. Längst sind Models zum Rollenmodell geworden. In Expertenrunden geben Sachverständige (männlich, alt, unansehnlich) Frauen (durch Schönheitsoperationen eigenartig alterslos) Tipps für Diäten und Work-outs, die ihr phantastisch spektakulär inszeniertes Aussehen, ihre Linie, ihre Figur konservieren sollen. Begierig nehmen die Damen die Ratschläge auf. Im Internet wird unermüdlich diskutiert, ob Beyoncés Givenchy-Outfit auf einem Galaempfang im Metropolitan Museum zu durchsichtig war, wie viel Fleisch frau beim Jahresabschlussball zeigen darf und ob der Schlitz von Michelle Obama bei ihren Proms nicht doch etwas zu hoch war? Modepolizistinnen küren die am besten und am schlechtesten angezogenen Frauen der Woche; alles dreht sich in fast obsessiver Dringlichkeit um die weibliche Linie. Muss sie ein paar Kilo verlieren oder darf sie ruhig zulegen?

Weibliche Rundungen oder lieber mehr Muskeln? Bei den Oscars, bei Pressebällen, bei Diners im Weißen Haus wird selbstverständlich angegeben, welchen Designer die Celebrity trägt. Über die Kleider der Männer, die vielleicht an ihrer Seite gezeigt werden und alle gleich aussehen, verliert man im besten Fall kein Wort. Das heißt selbstverständlich nicht, dass »Männlichkeit« keine Performanz wäre, Antimode keine Mode und der Mann kein Konsument. Das Ziel dieser Performanz ist bloß, dass sie sich selbst versteckt und als solche nicht in Erscheinung tritt, eben vollkommen natürlich wirkt. Weiblichkeit kann hingegen als Performanz ruhig auffallen und muss nicht naturalisiert werden. Menswear ist eben – keine Fashion. Was Frauen in der Öffentlichkeit darstellen, ist ihre Weiblichkeit, die mit der Mode synonym geworden ist. Dieser wird im tatsächlichen wie im übertragenen Sinne der rote Teppich ausgerollt, sie steht im Rampenlicht, wird begutachtet, kritisiert, gelobt, beneidet, imitiert. Frauen erscheinen, Männer sind.[44]

Was die Männermode anging, so gerieten die, die ihren Körper wie die Höflinge reizend zur Schau stellten, mit der Aufklärung und ganz und gar dann mit dem 19. Jahrhundert in den Ruch des Weiberhelden oder des Schwulen. Den einfach schönen Mann umweht bis heute ein Hauch von Lächerlichkeit. Männlichkeit, richtige Männlichkeit tritt von nun an betont antitheatralisch in Erscheinung. Weiberhelden und Schwule hingegen sind nicht Herren ihrer Erotik, sondern ihr unterworfen. Wer sich so herausputzt, wer sein Äußeres mit Parfüm und Schminke inszeniert, wer sich so flamboyant in Szene setzt, kann kein richtiger Mann sein. Die Frage, die die Männermode von nun an begleitet, ist nicht mehr die nach Prunk, Schönheit, Reiz oder Stand, sondern die nach dem Richtig-Angezogen-Sein. Distinktion besteht darin, Distinktion unsichtbar zu machen, augenfällig nicht ins Auge zu fallen. Die Männermode soll nun die Person und das Individuum unterstreichen, den Geschlechtskörper aber, den die höfische Mode betont hat, aufheben. Der Körper darf sich nicht mehr als schöner, sondern höchstens als starker, muskulöser, ganz männlich funktionaler Körper artikulieren – und das Zeigen dieses Körpers ist auch eher den Klassen vorbehalten, die einen solchen Körper zum Einsatz bringen: denen, die mit dem Körper arbeiten. Man kann in der männlichen Mode nur noch *ein* aristokratisches Moment des vollkommenen Höflings ausmachen, wie ihn Baldassare Castiglione zu Beginn des 16. Jahrhunderts gezeichnet hat: die *sprezzatura* nämlich. Vollkommene Grazie liegt darin, dass sie natürlich wirkt. Der gefällt, dem die Anstrengung des Gefallenwollens nicht anzumerken ist. Die männliche Mode, die Klassenmode blieb – white collar versus blue collar, Flanellhosen versus Bluejeans, Hemd versus T-Shirt – wird von nun an vom Schatten des fob, des fag, des gay, des Schwulen begleitet.

Frauen hingegen ziehen sich, was die Basiskodierungen angeht, prinzipiell klassenlos gleich an.[45] Der einzige Unterschied liegt in der Art der Zurschaustellung weiblicher Reize: Sexualmoral und nicht Klasse oder Berufsstand machen den Unterschied. Wird die männliche Mode vom Phantasma des Schwulen heimgesucht, dann die weibliche von dem der Hure. Die »erotischen Probleme« der Kleidung sollten nicht mehr abreißen, der Schatten der Prostituierten die Frauenmode von nun an nicht mehr verlassen. Dame und Hure bilden ihre Eckpfeiler. Die Männermode konstituiert sich mit dem bürgerlichen Zeitalter als Antimode im betonten Gegensatz zur all dem, was adelige Mode ausgemacht hat. Und im Gegensatz zu all dem, was weibliche Mode in der Moderne ausmachen wird. Prachtentfaltung und Körperbetontheit sind nun verpönt: Der bürgerliche Mann macht sich nicht zum Spektakel. Der Anzug wird zum ikonischen Zeichen, das die moderne Subjektnorm und die bürgerlichen Werte ausdrückt, indem er sich selbst unsichtbar macht. Männer sind nicht modisch.

Die Entwicklung der weiblichen Mode dagegen verfängt sich in einem Doublebind. Beherrschend bleibt als Tiefenstruktur das aristokratische Vorbild. Der weibliche Körper wird als schöner, als reizender, als geschmückter und geschminkter Körper zur Schau gestellt; er wird nach und nach erotisiert, von den lackierten Zehennägeln bis zu den glänzenden, offenen Locken. Gleichzeitig kämpft die Damenmode darum, endlich auch modern zu werden und das Stigma des Oberflächlich-Frivolen, des bloß Modischen abzuwerfen. Und um Kleider, in denen Frauen nicht immer bloß als Frauen in Erscheinung treten müssen und ihre Weiblichkeit, mehr oder weniger gelungen inszeniert, Thema Nummer eins bleibt. Für Nachrichtensprecher im Fernsehen – Inbegriff des Mainstream und Inkarnation der öffentlichen Person – gelten bei Männern und Frauen dieselben Körpernormen eines schlank trainierten, leicht gebräunten, gepflegten Körpers. Er rasiert, sie enthaart. Anders als die Männer aber zeigen die Frauen Farbe, sind offensichtlich geschminkt, haben getönte Haare und tragen Schmuck. Sie zeigen Haut: Dekolleté, Beine, Arme. Im amerikanischen Fernsehen ist der Einfluss der Aristokratie auf die Frauenkleider stärker geblieben; leuchtende, oft seidig glänzende Stoffe werden mit repräsentativem Schmuck, doppelten Perlenketten mit Diamant-Clutches und den dazu passenden Ohrringen getragen. Was Farben und Schnitte angeht, aber auch was Haarschnitt und Haarlänge betrifft, sind Frauen nicht so normiert wie Männer und zeigen wesentlich mehr Variationen. Sie können, um nur die offensichtlichste Möglichkeit zu nennen, Röcke oder Hosen tragen. Ihr Aussehen ändert sich leicht mit jeder Saison. Die Herren, nüchtern, tragen keinen Schmuck und sind ungeschminkt (oder jedenfalls nicht sichtbar); ihre Haare sind kurz geschnitten, und sie tragen gedeckte, stumpfe Anzüge, die, abgesehen von kleinen Details, eine erstaunliche Konstanz aufweisen. Einziger Farbakzent darf die Krawatte sein. Gar nicht weit haben sie sich von Philippe d'Orléans entfernt, der den Weg in die neue Zeit wies. Meilenweit entfernt sind sie dagegen von Casanova, der in dem Film *Die Nacht von Varennes* als Inkarnation des Ancien Régime auftritt: parfümiert und gepudert, mit Schönheitspflästerchen übersät und Rouge auf Lippen und Wangen, ganz in enganliegende Cremefarben gehüllt, stellte der alternde Mastroianni männliche Reize in den Vordergrund. Seine auffallende Erscheinung zog alle Blicke auf seinen Körper, seine Kleider.

Mode
–
modern

Die Beziehung zwischen Mode und Moderne hat man immer für selbstverständlich gehalten. Sie scheint durch die Wortwurzel selbst verbürgt: »mode« und »modernité«, Mode und Moderne.[46]

Friedrich Nietzsche hebt den Zusammenhang zwischen Mode und Moderne 1878 in der Aphorismensammlung *Menschliches, Allzumenschliches – Ein Buch für freie Geister* hervor. Er kann dies aber nur, indem er in einer Umwertung aller Werte das, was man bisher unter Mode verstand, auf den Kopf stellt. Während die Tracht, meint Nietzsche, hinterwäldlerisch rückständig örtliche Eigenheiten bewahre, drücke die Mode die Tugenden des modernen, aufgeklärten, industriellen Europas aus. Die Mode trennt nicht, sie vereinheitlicht. Ihr wahrer Charakter sei deshalb auch nicht der schnelle Wechsel, sondern die Beständigkeit. »Im ganzen wird also gerade *nicht das Wechselnde* das charakteristische Zeichen der *Mode* und des *Modernen* sein, denn gerade der Wechsel ist etwas Rückständiges und bezeichnet die noch *ungereiften* weiblichen und männlichen Europäer: *sondern die Ablehnung der nationalen, ständischen und individuellen Eitelkeit.*«[47]

Während diejenigen Männer, die reife Europäer sind, sich mit Siebenmeilenstiefeln zielstrebig auf das Ziel einer modernen Mode zubewegen, haben manche junge Männer, vor allem aber die Frauen noch einen weiten Weg vor sich. Strauchelnd hinken sie hinterher und verharren in einer anderen Zeit. Frauen und Dandys wollen sich hervortun, und diesen Willen zur Distinktion drücken sie in ihren Kleidern aus, während die männliche Kleidung auf Vereinheitlichung setzt. Der schnelle Wechsel der Mode, ihre Schwankungen, wie Nietzsche sagt – also ihr nach landläufiger Meinung eigentliches Wesen –, wird überholt sein, wenn auch die Stutzer, andere Dandys und die Frauen zu wirklichen Europäern gereift sind. In der endlich modernen, europäischen Mode drücken sich im Gegensatz zur Tracht weder Nation noch Klasse oder individuelle Schönheit aus. Ihren Motor sieht Nietzsche im pointierten Gegensatz etwa zu Mandeville nicht in Hochmut und Eitelkeit. Die Mode ist Nietzsche idealerweise nicht Mittel der Distinktion, sondern Mittel der Nivellierung. Anders gesagt: Es ist die Gleichgültigkeit gegen alles im landläufigen Sinne Modische, die distinguiert. Der reife europäische Mann, selbstredend ein Geistesmensch, zeigt in seiner Kleidung, dass er »arbeitsam ist und nicht viel Zeit zum Ankleiden und Sich-putzen hat, auch alles Kostbare und Üppige in Stoff und Faltenwurf im Widerspruch mit seiner Arbeit findet; endlich daß er durch seine Tracht auf die gelehrteren und geistigeren Berufe als die hinweist, welchen er als europäischer Mensch am nächsten steht oder stehen möchte.«

Dieser Gesamtcharakter der männlichen Mode – im Prinzip Inbegriff des A-Modischen – wird durch die, »die als europäische Menschen noch nicht reif geworden sind«, also durch die »Eitelkeit der jungen Männer, der Stutzer und Nichtstuer der großen Städte« gestört; sie bringen Veränderung in die Modelandschaft. Noch weiter sind die Frauen, die zu »den gelehrten und geistigeren Berufen« selbstverständlich keinen Zutritt hatten, von diesem modernen Modeideal der Nivellierung entfernt. Folglich unterliegt die weibliche Mode heftigsten Schwankungen. Wird die Einheitlichkeit der Männermode durch die Bestimmung des Mannes als eines Wesens, das sich geistiger Arbeit widmet – oder doch so tun möchte –, bestimmt, dann die Schwankungen der Frauenmode durch die »erotischen Probleme« der Kleidung. Die immer wieder anders beantwortete Frage, wie man den schönen Leib am glücklichsten inszeniert, treibt den Wechsel der Frauenmoden an. Vergeistigt die männliche Mode den Leib, dann ist die weibliche eine einzige Fleischbeschau. Jede kämpft gegen jede darum, das Fleisch für den Blick des Mannes reizend zu inszenieren. Ehrlich, halbehrlich Nacktheit in all ihrer jugendlichen Schönheit prunkend zeigen oder doch lieber raffiniert verschleiern? Hellsichtig hebt Nietzsche im Gegensatz zur formerfindenden, formgebenden, vereinheitlichenden Durchgeistigung der Männermode das Historistische der Frauenmode, ihren Exotismus und Anachronismus, ihren universalen Eklektizismus hervor, der keine souveräne, zeitgemäße Form findet. Frauenmode wird ihm zur Verkleidung, zu einem Jahrmarkt der Eitelkeiten. Sie ist ein orientalisches Gemisch aus zweiter Hand, in dem man »wieder einmal den Erfindungsgeist älterer höfischer Kulturen, sowie den der noch bestehenden Nationen, und überhaupt den ganzen kostümierten Erdkreis zu Rate gezogen und etwa die Spanier, die Türken, die Altgriechen zur Inszenierung des schönen Fleisches zusammengekoppelt« hat. Geborgt, aufgewärmt ist sie als manieristischer Flickenteppich, als Cento, die Antithese zu allem Modernen. Nietzsches Umwertung der Mode ist symptomatisch für die Ambivalenzen und Paradoxa, die den modernen Diskurs über Mode begleiten. Noch Le Corbusier echot im Wesentlichen Nietzsche, wenn er die leere Frivolität der Frauenmode gegen den Anzug als Inbegriff der modernen Bekleidung setzt. Mode hat keine Zukunft; in einer endlich demokratischen Gesellschaft wird sie überlebt sein.[48]

Der Diskurs über die Mode ist so seit dem Anfang der Moderne eigenartig gespalten. Es gibt Mode und Mode, oder auch: Menswear and fashion. Die männliche Kleidung, die allein der Norm des Modernen entspricht, definiert sich dadurch, unauffällig vom Stigma des Modischen nicht gezeichnet zu sein. Sie soll nicht das Kleid zeigen, sondern die Persönlichkeit unterstreichen. Undialektisch bestimmt sie sich durch Ausschluss des Spektakulären, das aristokratisch, dekadent, weibisch kodiert bleibt. In der männlichen Mode der Moderne, in der bürgerlichen Mode soll der Geschlechtskörper in der Persönlichkeit aufgehoben werden, die sich in das Kollektiv einordnen muss. Das ist die Bedingung des Zugangs zur Sphäre einer republikanisch-demokratischen Öffentlichkeit.

Natürlich deutsch

Die Frauenmode, darin sind sich die Zeitgenossen einig, bedarf einer Reform. Alle Zurschaustellung, aller modische Firlefanz soll abgelegt werden. Aber nicht das Aufgehen in einem funktionalen Kollektiv der Leistungsträger, sondern die Verkörperung des Naturschönen in einem weiblichen Individuum ist gefragt. Die Rhetorik des Nichtrhetorischen erfordert einen erheblichen rhetorischen Aufwand, dessen Raffinement darin liegt, unsichtbar zu bleiben. Vor der Revolution formuliert Lessing 1772 dieses gegen alles Französisch-Aristokratisch gewendete, neue Ideal der Bürgerlichkeit. So wie in *Emilia Galotti* die authentische Seelenliebe in der Ehe gegen die verführerisch sinnlich unwiderstehlichen Versprechungen des Lustschlosses mit seiner Mätressenwirtschaft stehen, so steht bürgerliche, natürliche Weiblichkeit gegen die lasterhafte, ränkeschmiedende, so macht- wie lustbesessene Künstlichkeit der Hofdamen. Die Bürgermädchen sollen sich nicht geschminkt, mit gepudertem und aufwendig gestecktem Haar, mit Juwelen geschmückt und korsettiert, sondern im natürlichen Schmuck der Natur zeigen: ein Kleid, »fliegend und frei«, das Haar in seinem »eignen braunen Glanze«, »Locken, wie sie die Natur schlug«, »mit einer Rose darin«.[49] Die Rhetorik des Antirhetorischen zeigt sich besonders schön in der Alliteration: »frei fliegend«. Dieses Schönheitsideal ist das genaue Gegenstück zum theatralischen Auftreten der Damen des Hofes, die ganze Seeschlachten auf dem Kopf balancierten und buchstäblich nach allen Regeln der Kunst aufgetakelt werden mussten; mit Leitern, meinen die Karikaturisten, wurden ihnen die Haare auf Rahmen gespannt und mit Kupiden geschmückt. Nichts an ihnen war »Locke, wie die Natur sie schlug«, alles Künstlichkeit, Kunst.

Krass konfrontiert Heinrich von Kleist nach der Revolution 1808 das ins Grotesk-Unheimlich verzerrte, widernatürliche Schönheitsideal der Aristokratie mit dem neuen Ideal der Natürlichkeit. Die aristokratische Kunigunde steht gegen das unscheinbare, aber tatsächlich viel glänzendere Bürgerskind Käthchen, natürliches Kind des Kaisers. Hinter einer gleißenden Fassade verbirgt Kunigunde die schwarze Seele einer fühllosen, giftmischenden Furie. Das Hemd des Käthchens hingegen ist durchsichtig auf die Reinheit einer schönen, liebenden Seele. Eine mit allen Mitteln der Kunst inszenierte Verführung, die intrigant nur ihre eigenen Machtinteressen fest im Blick hat, steht gegen selbstvergessene, unschuldig reine Herzensliebe. Kunigunde zieht alle Männer unwiderstehlich in ihren Bann. Huldigend liegen sie ihr zu Füßen. Wie ein heidnisches Idol lockt sie die Massen aus den Kirchen und fasziniert in einem alternativen Eroskult. Käthchen hat dagegen nur seine natürliche Schönheit zum Schmuck. »Putztisch und Spiegel«[50], an und vor denen Kunigunde ihr Leben verbringt, sind ihr unbekannt. »Funkelnd« und »glänzend« steigt das Käthchen nackt aus den Kristallfluten. Kunigunde, die naturbelassen wie der schiefe Turm von Pisa aussieht, ist ein von Kopf bis Fuß durch Ressourcen aus aller Welt und internationales Know-how gefertigtes Kunstprodukt: eine »mosaische Arbeit, aus allen drei Reichen der Natur zusammengesetzt. Ihre Zähne gehören einem Mädchen aus München, ihre Haare sind aus Frankreich verschrieben, ihrer Wangen Gesundheit kommt aus den Bergwerken Ungarns und den Wuchs, den ihr an ihr bewundert, hat sie einem Hemde zu danken, das ihr der Schmied aus schwedischem Eisen verfertigt hat.« Die intrigante, aristokratischen Kunigunde, die sich die Männer tyrannisch unterwerfen und aus dem starken Geschlecht das schwache machen will, wird vor aller Augen bloßgestellt, als Betrügerin entlarvt und unschädlich gemacht. Käthchen im Hemde, natürliches Kind des Kaisers, heiratet ihren Herzenskönig, dem sie mit Leib und Seele ergeben ist.

Der Orient im Herzen des Westens

Kleist trifft mit seinem Käthchen die Zeit, in der mit dem ausgehenden 18., dem beginnenden 19. Jahrhundert und dem Erstarken des aufstrebenden Bürgertums das Klassizistische über das Rokoko siegte. Diese Mode à la grèque ist mit dem Namen der geistreichen Mme Récamier, der großen Salonière des Directoire, verbunden. Sie trug die Chemise, ein helles, mit sehr hoher Taille unter der Brust zusammengehaltenes, fließendes Kleid. In Deutschland wurde diese natürlich schlichte Antike durch Luise von Preußen verkörpert. Karl Lagerfeld hat diesen strahlenden, puristischen Klassizismus in einer seiner letzten Kollektionen aufleben lassen. Bodenlang, oft schleppend, sollte das schmucklos elegante Chemisekleid die Antike wachküssen und die natürlichen Körperformen lieblich frei zeigen, die Rundungen und Schwellungen der Glieder anmutig umfließen. Die klassisch schlichten, weißen Musselinkleider sollten erst mit Restauration oder Biedermeier in einem zweiten Rokoko wieder Korsett und Turnüre weichen.

Technisch gesehen geschah für das Schneiderhandwerk durch diesen Klassizismus ein ungeheurer Umbruch. Die Stoffe wurden nicht mehr über stützenden Strukturen drapiert, sondern so geschnitten, dass sie den Körper umspielten. Nie waren sich Stoff und Haut so nah. Während die Mode des Rokoko mit Reifröcken, Paniers und Korsagen die spezifischen Geschlechtsmerkmale – schlanke Taille, breite Hüften, Busen – durch technisch-künstliche Elemente lockend übertrieben hatte, so zeigte der nicht mehr drapierte, sondern scheinbar frei fließende Stoff jetzt – so die Ideologie – den natürlichen Körper, der nur mehr Schleier vor einer schönen Seele war. Napoleon soll diese Ideologie in Tilsit beim Treffen mit Luise von Preußen auf den Punkt gebracht und gefunden haben, dass die Seele der

Königin ihrer Gestalt entspreche.[51] Weshalb er das Gespräch weg von der Politik, die in seinen Augen Männersache war, hin zu dem weiblichen Thema an sich, der Mode, leitete.

Verschleiert zeigte sich in dieser Mode jedoch weniger die schöne Seele; ins rechte Licht setzten diese Kleider das schöne Fleisch. Schon bald war sie als Nacktmode verschrien. Als die Damen, darin den Männern folgend, ihre Haare und Gesichter nicht mehr puderten, ihre Locken offen trugen und sich im Stil der bukolischen Antike kleideten, kamen sofort die erotischen Probleme der Mode auf den Tisch. Erst angezogen unwiderstehlich nackt war das Paradox, das diese Mode inszenierte. Bis ins 20., bis ins 21. Jahrhundert hat man von Vionnet über Alaïa die Schnitttechniken des *biais*, der die Formen weich modellierte und glänzend umspielte, vervollkommnet.

Diese Klassik hatte wenig mit Winckelmanns berühmtem Diktum von der »edlen Einfalt« und der »stillen Größe« zu tun. Einschlägig war eher Nietzsches Einschätzung des Beitrags der »Altgriechen, Spanier und Türken« zur Inszenierung schönen Fleisches. Die sinnlichen Südländer, nicht die vergeistigten und fortgeschritteneren Kulturen des Nordens hatten in dieser Renaissance der Antike ihre Finger im Spiel. Balzac hat das Reizend-Schamlose dieser Mode, das tatsächlich Angegossene, mit wenigen genialen Strichen skizziert: »Ein ziemlich kurzes Kleid aus indischer Baumwolle, das aussah wie ein feuchtes Tuch, unterstrich die Zartheit ihrer Formen.«[52] Wie nackt tanzt die schöne Mlle de Verneuil in diesem skandalösen Gewand, das alle ihre Reize entblößt, indem sie sie zu verbergen scheint. Noch knapper ist Tolstoi, der in *Krieg und Frieden* schlicht von der »nackten Helene« spricht. Dass das, was unter dem hauchzarten, federleichten Baumwollmusselin oder Batist zu sehen war, fleischfarbene Trikots waren, änderte nichts an der Kritik einer öffentlich zur Schau gestellten Nacktheit. Im Gegenteil: Das Trikot vervollkommnete den Körper bloß, korrigierte seine kleinen Fehler und verwandelte antiken Marmor in lebendiges Fleisch. Die Frage nach dem – verpönten –

Kult des Erotischen ließ die weibliche Mode nicht los. *Les merveilleuses,* also »die Wunderbaren«, wurden diese Trendsetterinnen der Zeit, mit ironischem Unterton genannt. Sie trugen den Karikaturen zufolge bei jedem Wetter nichts als dünnen Musselin mit farbigen Seidenschals und goldenen Sandalen, die sie in heidnische Priesterinnen verwandelten (Abb. 8). Diese Kleider waren nicht nur, was die klimatischen Bedingungen anging, lächerlich unpassend, meinten die Karikaturisten. Sie entblößten auch den Busen ganz unstatthaft; schlimmer noch: Sie modellierten Po und Schenkel der Damen, die sich eben wie in feuchte Tücher gewickelt aufs Schönste abzeichneten. Mme Tallien, die in der Pariser Oper im weißen, ärmellosen Seidenkleid ohne Unterkleid erschien, war Stadtgespräch. Die Frauen im Hemd glichen weniger den keusch tugendhaften Römerinnen auf den Gemälden Gérard Davids; das Augenmerk richtete sich vielmehr auf die stilvoll üppig-köstliche Entblößung.

Die Dialektik, die die Entwicklung der weiblichen Mode in der Moderne bestimmt, zeigt sich besonders schön an diesem Beispiel. Entgegen ihrem eigenen Selbstverständnis und Anspruch – nämlich ganz unverziert nicht beschönigend zu verstellen, sondern Schleier vor der Seele zu sein – legte die Mode der Moderne das Orientalische, arabesk Geschmückte und Verzierte, Geschminkte, Unzivilisierte oder Überzivilisierte, barbarisch Wilde, Archaische oder Dekadente, kurz, das Spektakuläre, nicht ad acta. Die Antike wurde im Gewand des Orientalischen wiedergeboren. Selbst eine Pionierin einer endlich modernen Frauenmode wie Coco Chanel wunderte sich nach ihren Venedigreisen, warum sich ihr alles, was sie anfasste, ins Orientalische wendete. Letzter Reflex dieses Orientalischen im Hause Chanel ist *Coco noir,* ein Duft mit schwerer, orientalischer Kopfnote, der 2012 auf den Markt kam. Er soll das Venedig Chanels heraufbeschwören.

Der aus dem einst maurischen Granada stammende, in Venedig, dem Byzanz des Westens lebende Mariano Fortuny hat dieser orientalischen Antike, die die Frauen in Säulen verwandeln sollte, mit samtigen Arabesken und funkelnden, gefältelten Seiden den letzten Schliff verliehen, den Marcel Proust in der *Suche nach der verlorenen Zeit* feiert. Das Kleid, das der Erzähler Albertine schenkt, »war mit morgenländischen Ornamenten überzogen, wie jene gleich Sultaninnen hinter durchbrochenen Steinvorhängen verborgenen venezianischen Paläste, wie die Einbände der Ambrosianischen Bibliothek, wie die Säulen mit den orientalischen Vögeln, die abwechselnd Tod und Leben symbolisieren und hier unzählige Male auf dem schillernden Gewebe von tiefem Blau wiederkehren«.[53]

Die Mode der Moderne überwand dieses Andere nicht, sie ließ es nicht zurück. Das Byzantinische, Orientalische, Asianische blieb meistens unter falschen Vorzeichen der »Befreiung« Antrieb der Mode. Dieses Andere war unbeschreiblich weiblich konnotiert; nicht nur Frauen, sondern auch Männer konnten es verkörpern. Wirkliche Männer allerdings, das Männliche an sich, hatten mit dieser Erotik als Kult und dem Kult der Erotik nichts mehr zu tun. Alles Kultische hat einen öffentlichen Charakter, und in der Öffentlichkeit hatte Erotik jetzt allenfalls als publikumsbezogene Privatheit einen Platz. Nur noch perverse Männer – keine freien, bürgerlichen Subjekte, sondern unterworfene, verweiblichte Lakaien und Invertierte, kurz, weibische Männer – machten sich selbst als erotisches Objekt zurecht. Vielleicht hat Proust das am schönsten gesagt, wenn er von der orientalischen Kolonie spricht, die die Homosexuellen in jeder Gesellschaft bildeten. Der unzivilisierte, dekadente Fremdkörper, die die Mode, die ihm selbstredend als weibliche Mode galt, in der aufgeklärten, westlichen Moderne bleibt, fasst Benjamin mit dem Begriff des Fetischismus. »Fetischismus« legt den Finger auf das Wilde, Unaufgeklärte der nicht zivilisierten, zurückgebliebenen Völker: »Es ist in jeder Mode etwas von bitterer Satire auf die Liebe. In jeder sind Perversionen aufs rücksichtsloseste angelegt. Jede steht im Widerstreit mit dem Organischen. Jede verkuppelt den lebendigen

Leib der anorganischen Welt. (...) Der Fetischismus, der dem Anorganischen unterliegt, ist ihr Lebensnerv.«[54]

Die weibliche Mode ist von der Dialektik zwischen Spektakulärem und Authentischem, zwischen Modischem und Modernem bestimmt. Auch wenn sie listig vorgibt, sich in Richtung Moderne zu entwickeln, tut sie das unter falscher Flagge. Der sogenannte Unisex hat die erotische Zurschaustellung des weiblichen Körpers vorangetrieben und damit den Unterschied zwischen Männern und Frauen, den die Mode macht, nicht etwa eingeebnet, wie das Wort nahelegt, sondern profiliert. Ostentativ zeigt die Damenmode in ihrer endlich modernen Variante ihre Nicht-Ostentation und hält den erotischen, den geschlechtlich markierten Körper im Spiel. Die Reform zu einer endlich modernen Mode will und will nicht gelingen. Die männliche Kleidung, die allein der Norm des Modernen entspricht, definiert sich dadurch, unauffällig vom Stigma des Modischen nicht gezeichnet zu sein. Sie soll nicht das Kleid zeigen, sondern die Persönlichkeit unterstreichen. Undialektisch bestimmt sie sich durch Ausschluss des Spektakulären, das aristokratisch, dekadent, weibisch kodiert bleibt. In der männlichen Mode der Moderne, in der bürgerlichen Mode soll der Geschlechtskörper in der Persönlichkeit aufgehoben werden, die sich in das Kollektiv einordnen muss. Das ist die Bedingung des Zugangs zur Sphäre einer republikanisch-demokratischen Öffentlichkeit. Wirkliche Antimoden gibt es deshalb vor allem und zuerst in der Männermode der Moderne. Das Modische an sich wird hier schon zum Skandal. Unter der Flagge der Mode, sagenhaft gestylt, machten diese Antimoden Körperpolitik gegen die Körperschaften, wie sie der moderne Anzug schafft. Stil, daran ließen sie keinen Zweifel, war ihnen wichtiger als alle Politik, und gerade dies war eine eminent politische Aussage gegen den republikanischen, von Männern verkörperten Staatskörper. Die *Incroyables*, zu Deutsch »Die Unglaublichen«, das männliche Gegenstück der Merveilleuses, waren die flamboyante Avantgarde der höchstmodischen Antimoden (Abb. 9).

Mit dem Sturz Robespierres in Paris gewannen sie 1794 Prominenz. Balzac brandmarkte die Maßlosigkeit dieser Mode als »barock«; das galt ihm als der Inbegriff des schlechten Geschmacks, des krassesten Danebenliegens.[55] Gegen die nüchternen, tugendhaften Bürger des Terrors setzten die Incroyables wie die Aristokraten auf Moschuswolken, dem sie auch ihren anderen Namen Muscadins, die Moschusduftenden, verdanken. Orientalischer geht es nicht, wurde doch dieser sprichwörtlich aphrodisierende Duft aus einer Drüse nahe den Geschlechtsorganen des Moschushirsches gewonnen. Bereits im Altertum kam er über Persien in den Westen. Unglaublich ornamentiert waren die enganliegenden Jacken der Muscadins – wie der aristokratische *juste au corps* – mit riesigen Kragen, dazu aristokratische Kniebundhosen mit Volantspitzen, die enganliegend viel Bein zeigten. Spektakulär trugen sie ihre wie im Ancien Régime gepuderten Haare lang an den Seiten und kurz im Nacken *à la victime* als Erinnerung an die Hingerichteten, denen zwecks leichteren Köpfens die Haare abgeschnitten wurden. Noch Mitte der 1790er-Jahre konnte sie ein solcher Haarschnitt ins Gefängnis bringen.

Antimode: Dandys

Inbegriff des Mannes, der Modepolitik gegen die republikanische Politik des aufrechten, mit beiden Beinen fest auf der Erde stehenden bürgerlichen Mannes ohne Schnickschnack macht, ist der Dandy. Im Gegensatz zu vielen männlichen Modetypen, deren Namen wir kaum mehr kennen – Macaroni, Fobs, Gecken, Stutzer –, ist der Dandy eine mythische Figur geblieben. Was macht den Dandy aus?

Der Dandy ist ein Mann, dessen Sinn und Bestimmung es ist, Kleider zu tragen. Er gilt als das Zugpferd der Mode, oder, um es moderner zu sagen, als Trendsetter. Das verdankt er seiner Stellung zwischen Aristokratie und Bourgeoisie, Weiblichkeit und Männlichkeit. Einerseits korsettiert sich der Dandy der Wespentaille und der Uhrglasform zuliebe wie die Aristokraten und vor allen Dingen die Frauen. Das Korsett avanciert im 19. Jahrhundert zum weiblichen Kleidungsstück par excellence. Kein bürgerlicher Mann käme auf die Idee, sich in ein Korsett zu schnüren. Andererseits gilt der vielleicht sagenhafteste aller Dandys, Beau Brummell, als Erfinder des modernen Männeranzugs. Nüchtern macht er der adeligen Mode der Höflinge postrevolutionär den Garaus. Er setzt nicht, mit Adolf Loos zu reden, auf den Appeal von »samt und seide, blumen und bändern, feder und farben«.[56] Wie der bürgerliche Mann – und im Gegensatz zum Aristokraten – schminkt sich der Dandy nicht. Er pudert sich nicht die Haare, die alten Zöpfe werden abgeschnitten. Beau Brummell trägt seine Haare à la Brutus, kurzgeschnitten und offen. Statt des aristokratischen Parfüms beschränkt sich der Dandy oft schlicht auf Wasser und Seife.

Wenden wir uns in Sachen Dandy einer unzweifelhaften Autorität zu – dem deutschen Professor –, und beginnen wir mit einem Zitat von Herrn Professor Teufelsdröckh: »A dandy is a clothes-wearing man«, »ein Dandy ist ein Mann, der Kleider trägt«, oder auch »ein Dandy ist ein Mann, der angezogen ist«. Professor Teufelsdröckh entstammt einem Text von Thomas Carlyle, nämlich dem *Sartor resartus* (wörtlich »Der wiedergeschneiderte Schneider«) von 1831.[57] Carlyle baut dort die Fiktion auf, es gäbe eine deutsche Studie von Professor Teufelsdröckh zum »Geist der Kleider«, auf Englisch »Clothes – Their origin and influence«. Dies sei die erste Studie, die jemals über Kleider geschrieben wurde. Es ist eine beißende Satire auf die deutsche Universität und im Übrigen eine Hegelparodie. Aber ein paar Sätze darin treffen die Natur des Dandys besser als vieles andere. Carlyle schreibt vor den berühmten Skizzen von Balzac zu Lucien de Rubempré oder Henry de Marsay; er schreibt vor Baudelaires Überlegungen zum Dandy in *Le peintre de la vie moderne* (Der Maler des modernen Lebens) von 1863 und vor

Barbey d'Aurevillys *Du dandyisme et de Georges Brummell* (Über das Dandytum) von 1889.

Soll man aus der Definition des Dandys als Mann, der Kleider trägt, schließen, dass alle anderen Männer, alle Nichtdandys im Adamskostüm herumspazieren und der Welt nackt vor Augen treten? Dem Kleidertragen kommt hier offensichtlich eine emphatische Bedeutung zu, die der nächste Satz erläutert: »ein Mann, dessen Geschäft, Amt und Berufung es ist, Kleider zu tragen«. Was den einen fast gleichgültige Notwendigkeit, ist Sinn und Zweck des Lebens des Dandys. Der Dandy lebt, um sich anzuziehen. Es ist sein Beruf, seine Berufung, sein Ein und Alles. Allen Wert der Welt legt der Dandy auf seine äußere Erscheinung. Diese völlige Hingabe an sein Äußeres, diesem Kult der Erscheinung schreibt Teufelsdröckh à la Carlyle eine religiöse Dimension zu. Den Dandyismus sieht er als Sekte. Der Dandy gilt ihm als »Zeuge und lebendiger Martyr zum Wert der Ewigkeit, der in Kleidern beschlossen liegt«. Carlyles abgründige Ironie stellt die übliche Werteskala auf den Kopf. Denn während der Märtyrer für seine Überzeugung mit seinem Fleisch und Blut einsteht, hängt der Modenarr sein Mäntelchen nach dem Wind. Nichts ändert sich schneller als die Moden, Inbegriff der Vergänglichkeit. Was heute der letzte Schrei, ist morgen schon vergessen und tot.

Schon in Carlyles beißender Satire hat der Dandy kein Sein an sich. Er interessiert sich nicht für glänzendes Silber und Gold, sondern lebt für den Glanz in den Augen anderer. Er heischt nur die Aufmerksamkeit des Betrachters. Sie mögen ihn verstehen oder missverstehen, Hauptsache, sie sehen ihn an. Dieses Begehren danach, nicht Subjekt, sondern Objekt des Blickes zu sein, ist eine interessante Verkehrung der Geschlechterverhältnisse, die unsere Kultur im Allgemeinplatz des *girls watching* fasst. Der Dandy sieht die anderen nicht; im Blick der anderen sieht er nur sich selbst. Wie eine Frau inszeniert er sich als Objekt des Blickes und überprüft als narzisstisches Subjekt die Wirksamkeit dieser Selbstinszenierung im fremden Blick.

Leer und gelangweilt, entäußert sich die Sekte der Dandys in eine makellos hergerichtete Körperlichkeit. »They body themselves out«, sagt Carlyle mit einer genialen Formulierung: Sie kehren sich vollkommen und vollkommen konventionell geistlos nach außen. Sie sind damit das Gegenteil dessen, was Nietzsche als den modernen Europäer definiert hatte: einen Mann, an dessen Kleidern man sieht, dass er Anderes und Wichtigeres im Kopf hat als die Kleider, die er trägt. Der Dandy lebt für das Spektakel seiner selbst, für den Schein allein. Er giert nach dem Applaus der Zuschauer. Doch der begehrte Blick des Publikums schweift selbst bei den ausgefallensten, eigenartigsten Dresscodes immer wieder ab: »Lord Herringbone mag sich von Kopf bis Fuß in Tabakbraun werfen – die Leute, die kein Auge für die feinen Unterschiede haben und mit gröberen Bedürfnissen beschäftigt sind, würdigen ihn keines Blickes.« Im Blick der anderen will der Dandy nicht geliebt oder bewundert werden; er will das Publikum überraschen und gibt gezielt dem aristokratischen Geschmack nach, durch Extravaganzen zu missfallen. Blasiert, ist er selbst dagegen niemals überrascht. Ohne das Auge der Öffentlichkeit kein Dandy. Albert Camus sieht im Dandy das Zerrbild des Existentialistischen. Er müsse sein Leben spielen, weil er es nicht leben könne: Inbegriff einer inauthentischen Existenz.

Zukunftsweisend: Der Dandy und sein Amt

Werfen wir noch einen kurzen Blick auf Charles Baudelaire, selbst ein großer Pariser Dandy. Den Dandy hat er als »schwarzen Prinzen der Eleganz« definiert. Der Dandy lebt und stirbt vor dem Spiegel: Das hat Baudelaire in *Mein entblößtes Herz* mit Blick auf den Narziss gesagt, der dem erotischen Begehren von Echo nicht nachgibt, weil er fatal in sein eigenes Spiegelbild verliebt ist. Er erkennt es nicht als solches und verzehrt sich vor dem Reflex seiner selbst in den Wellen. Der Dandy ist für Baudelaire letzte Ausprägung des Heldischen in Zeiten des Verfalls: ein Sonnenuntergang ohne Wärme, aber mit viel Melancholie. Eine solche Konstellation der Übergangszeit sieht Baudelaire zu allen Zeiten gegeben: der schöne Alcibiades aus Platons Gastmahl, Caesar, Catilina und selbst die von Chateaubriand in den Wäldern Nordamerikas entdeckten Indianer gelten ihm als solche Dandys.

Und doch ist Baudelaires Dandy kein Universaltyp, der immer und überall auftaucht. Er hat einen bestimmten, historischen, zeitgenössischen Nenner: »Der Dandy ist Symptom des Übergangs zwischen Aristokratie und bürgerlicher Demokratie; seine Zeit ist die Zeit, wenn die Demokratie noch nicht allmächtig geworden und die Aristokratie noch nicht ganz auf den Hund gekommen ist.«[58] Den Dandy zeichnet eigentlich nur eins aus: sein unbedingtes Begehren, anders als die anderen zu sein, die alle gleich sind. Dieses Anderssein bezieht er in einer Verkehrung der gängigen Wertevorstellungen ausschließlich auf das äußere Erscheinungsbild. In seinem Leben vervollkommnet der Dandy nichts anderes als seinen Lebensstil, der sich jenseits aller Innerlichkeit oder Leistung rein und ohne Rest im Äußerlichen niederschlägt. Das ist sein Beruf und seine Berufung. Ein Dandy hat keine Leidenschaften; weder das Geld noch die Frauen interessieren ihn. Seine Passion ist der bedingungslose Kult seines Selbst, der jede Minute seines Daseins ausfüllt. Reine Äußerlichkeit ist sein innerstes Wesen. Dandys bilden eine blasierte, eine hochmütige Kaste, sie sind eine »institution vague«. Oberflächlichkeit ist ihre Religion. Der letzten Frivolität – dem leeren Schein – hängen sie so bedingungslos wie absolut an: »Die strengste Ordensregel ist nicht weniger despotisch und wird nicht gehorsamer befolgt als diese Doktrin der Eleganz und der Originalität.«[59] Der Dandy, Überrest aus einer vergangenen Zeit, ist der letzte Heros in einem Zeitalter, das in der Demokratie alles Heroische in Vulgarität und berechnendem Eigennutz einebnet. Aber er ist ein Held ohne Aufgabe, für den es nichts mehr zu tun gibt: »un hercule sans emploi«, ein Herkules ohne Beruf und Berufung, nutzlos, aber umso prächtiger anzusehen. Dieses Herausstechen, dieses Sich-Abheben darf auf gar keinen Fall mit Bling-Bling erreicht werden, sondern nur mit diskretesten Mitteln. Absolutes Understatement soll maximale Aufmerksamkeit bringen. Der Dandy ist so das Gegenteil der mit Luxusmarken von Vuitton über Chanel wie mit Fetischen behängten und bestückten heutigen Gattinnen und Geliebten russischer Magnaten.

Als »Kaste«, als »Klosterorden« ist der Dandy als Gegenteil des bürgerlichen, männlichen Ideals bestimmt: einer Gemeinschaft freier, gleicher, selbstbestimmter und selbstbewusster Individuen, die als Familienoberhaupt Kinder zeugen und einem Berufsleben nachgehen. Gegenteil des bürgerlich utilitaristischen, platt-prosaischen Ethos ist der Dandy auch, weil er Geld und Zeit im Überfluss haben muss, also ganz sicher eines nicht tut: sich nützlich machen und einem bürgerlichen Beruf nachgehen. Der Dandy braucht kein Vermögen, aber einen unbegrenzten Kredit. Aus bürgerlicher Perspektive ist er unproduktiv und steril. Seine völlige Indifferenz gegen alles Akkumulationsdenken von Kapital zeigt sich in seinem gedankenlosen Verschwenden. Für nichts gibt er Unsummen aus. Der den Aristokraten abgeguckte Spielrausch, bei dem, ohne mit der Wimper zu zucken, riesige Vermögen verloren werden, die man gar nicht hat, ist das Gegenteil des bürgerlichen Arbeitsethos. Der klassische Dandy lebt auf der Flucht vor seinen Gläubigern und stirbt ruiniert, oft genug auch exiliert: Beau Brummell in Caen im Irrenhaus ohne einen Pfennig. Als Antityp des Bürgers ist der Dandy jedoch nicht einfach nur ein Möchtegernadeliger, ein Snob, sondern, meint Baudelaire, eine neue Form der Aristokratie: nicht des Geistes und sicher nicht des Herzens, sondern der Formvollendung.

Der Dandy kommt tatsächlich in ebendieser Umbruchzeit zwischen Aristokratie und Bürgertum in Paris auf: in den Revolutionswirren, wo er sich zwischen Adel und republikanischen Sansculotten positioniert. Der alte Adelige musste ähnlich wie der Dandy, aber doch ganz anders, nur repräsentieren: in einem schönen und schön geschmückten Körper vor aller Augen ein schönes Leben führen. Er repräsentierte die schöne Ordnung des Ganzen. Diese transzendente Dimension kippt nun in der Figur des Dandys in strikteste Immanenz. Wie der Adelige und anders als der Bürger hat der Dandy kein Privatleben – er lebt und stirbt vor dem Spiegel. Die Selbstdarstellung des Dandys gilt nichts anderem als dem immerwährenden Selffashioning, der völligen Entäußerung an eine vollkommene Oberfläche. Nötig für diesen Modekult ist selbstverständlich ein Körperkult, der strikteste Askese und Extremsport einschließt.

Ein Mann auf der Höhe der Zeit, dessen Körperkult nach vorne weist. Man denke an die gut trainierten Bikinikörper der Stars und Sternchen, die das Netz beständig vor Augen führt. Die Diät ist mittlerweile zur bestimmenden Lebensform breiter Bevölkerungsschichten geworden; selbst Männer werden anorektisch. Der Personal Trainer ist unter dem Motto »It doesn't matter how you feel, it only matters how you look« wichtigste Person des Haushalts von Hollywood und regelmäßiger Gatte in spe. Schon längst findet man ihn nicht mehr nur im Jetset; mittlerweile ist er längst bis in die Bourgeoisie vorgedrungen.

Der Dandy ist Symptom dessen, was bei Hegel das Ende der Kunstperiode heißt, und insofern eine imminent moderne Erscheinung. Hegel unterscheidet die antike von der christlichen oder der romantischen Kunst. In der antiken Kunst ist das Sein selig eingesunken in die sinnliche Darstellung. Ganz, vollkommen und wahr drückt die Form – Hegels Beispiel sind die antiken Statuen – das Wesen der Götter aus. Folgt man Hegel, so lag das Spezifische der klassischen Kunst darin, ideal zu werden, indem sie »die äußere Anschauung über die Zeitlichkeit und die Spuren der Vergänglichkeit weghebt, um die blühende Schönheit der Existenz an die Stelle ihrer sonstigen verkümmerten Erscheinung zu setzen«. In der klassischen Kunst, so Hegel, geht der Geist ganz im Sinnlichen auf, versenkt sich in die Leiblichkeit, zeigt die griechische Schönheit das »Innere der geistigen Individualität ganz in deren leiblicher Gestalt«, nämlich »im Äußeren ganz ausgedrückt und selig darin lebend«.[60]

Die romantische – oder christliche – Kunst hat ihre Urszene dagegen in der Inkarnation. Seine sinnliche Erscheinung drückt das Wesen des christlichen Gottes nicht vollkommen aus; man sieht den Menschensohn, aber nicht Gottes Sohn. In der romantischen Kunst ist die sinnliche Darstellung dem Sein nicht vollständig äquivalent. Es bleibt etwas, das sich der sinnlichen Darstellung entzieht. Am Anfang der romantischen Kunst liegt die Entäußerung eines Gottes in die Gestalt des Menschlichen; der Ursprung ihrer Darstellbarkeit liegt im Leiden des Menschwerdens. Die Form kann deshalb die Substanz nie und nimmer angemessen wiedergeben. Die Kunst der romantischen Kunst muss im Gegenteil nun darin liegen, »die äußere Realität als ein ihm (dem wirklichen Sein nämlich) nicht adäquates Dasein« zu setzen. In der romantischen Kunst, um es paradox zu formulieren, scheint diese Innigkeit als eine objektive Wahrheit der sinnlichen Erscheinung zum Trotz auf: durch eine Unvollkommenheit, die bis zur Nichtung gehen kann. Die romantische Ästhetik ist deshalb eine nicht ideale und im härtesten Fall negative Ästhetik. Gerade in ihren Unvollkommenheiten, ihren Fehlerhaftigkeiten, ihrem Makel scheint das Unzulängliche der sinnlichen Darstellung auf. Von daher rührt in der Moderne bekanntlich das Problem des Idealschönen, das wir, weil es über diese Unzulänglichkeit hinwegtäuscht, anachronistisch mit Hegel als Kitsch bezeichnen können.

Die Mode ist die Rückseite dessen, was bei Hegel die romantische Kunst, moderne Kunst, Kunst in Zeiten des Christentums heißt. Weil der Zerfall der romantischen Kunst in die Epoche der Moderne fällt, fällt der Mode zu dieser Zeit eine zentrale Rolle für die Bestimmung der Kunst in der Zeit des Verfalls, zum »Ende der Kunstperiode« zu. Die Kunst der Moderne arbeitet sich an der Nichtigkeit der sinnlichen Erscheinung oder besser dem der sinnlichen Erscheinung eingeschriebenen Mangel, seiner Zufälligkeit, Vergänglichkeit, seinem Nicht-ideal-Sein ab. Und eben das ist die Bedingung für die Mode der Moderne, die hemmungslos die sinnliche Erscheinung, mit der die Kunst ihre Not hatte, bejaht. Diese Erscheinung aber ist nun nichts anderes mehr als die hergerichtete Hülle, das Zerrbild idealer Schönheit, ein Zerrbild aber auch jeder Durchsichtigkeit auf ein Geistiges hin, von jeder Innerlichkeit so seelen- wie geistlos entleert. Der Inbegriff ihrer Affirmation – als Warenfetischismus, Verdinglichung – ist das Mannequin mit seinem leeren, spiegelnden, abwesenden Blick: die Modenschau. Vor-bild der Mannequins ist aber zweifelsfrei der Dandy.

Die Künstlichkeit der Mode narrt in ihrer vertrackten Schönheit die verflossene Sehnsucht nach Transzendenz. Von Beseelung sieht man hier, dass es sie nicht mehr gibt. Die formvollendete, polierte Oberfläche versiegelt gegen alle Transzendenz. Der Dandy wird damit zu einer Schlüsselgestalt nach Hegels Ende der Kunst. Das macht ihn zum einen so unendlich melancholisch, zum anderen so abgründig faszinierend. Das Ideal erscheint in ihm nur noch als Illusion eines vollkommen hergerichteten Moments, der seine Faszination aus seiner Flüchtigkeit zieht. Der Tod, die Vergänglichkeit alles Fleischlichen wird hier nicht mehr wie dereinst in der klassischen Statue aufgehoben und damit auf ideale Weise der Zeitlichkeit enthoben, sondern für die Dauer eines vollkommenen Augenblicks oberflächlich heroisch inszeniert. Von Seele, von Innerlichkeit aufreizend keine Spur.

Der Dandy erfindet diese bürgerliche Mode der vollkommenen Einfachheit – aber gleichzeitig trägt er dieses bürgerliche Kleid eben nicht bürgerlich, sondern aristokratisch. Der

Anzug ist ihm weder ikonisches Zeichen der Einschmelzung in die Institution, noch ist er ihm indifferente Maske vor einer besonderen, individuellen Innerlichkeit, die den Schutz des Uniformierten sucht. Der vollkommen, nämlich so gut wie unsichtbar inszenierte Schein der Scheinlosigkeit – das ist der Dandy in reiner Selbstreferenz. Es gibt keine Eigentlichkeit: Das ist die Botschaft des Dandys. Dahinter, darunter liegt weder eine schöne Seele noch der ewige Körper einer Institution. Der Dandy, Erfinder des modernen Männeranzugs, ist gleichzeitig die Erscheinung, die diesen Anzug in seiner Funktion radikal dekonstruiert, indem er nichts anderes tut, als ein Mann zu sein, der Kleider trägt: a clothes-wearing man. Hinter dem Schein, der alles ist, hinter dieser radikalen Affirmation der Oberflächlichkeit ist – nichts. Damit lenkt der Dandy alle Aufmerksamkeit auf das, was im bürgerlichen Anzug abstrahiert wird: auf seinen individuellen Körper und auf die Kunst der feinen Unterschiede. Im Anzug wird so sichtbar, was gerade in ihm gelöscht werden sollte: die Rhetorik des A-Rhetorischen.

Der Dandy überträgt das Prinzip der Frauenkleidung auf die Männerkleidung. Nur den Frauen wird nämlich noch eingeräumt oder, je nach Perspektive, aufgebürdet, allen Wert der Welt auf ihre Kleider zu legen. Während Weiblichkeit zu einer Sache von Künstlichkeit und Schein wird, stellen die Männer sich den eigentlichen Aufgaben und haben Besseres, Wichtigeres zu tun, als einen Gedanken auf ihre Kleider zu verschwenden. Die weibliche Mode ist modern geworden, indem sie nicht einfach die männliche Kleidung, sondern die Prinzipien der Dandymode in die Damenkleidung übertragen hat.

Dressed to kill: Gentlemen of Bacongo

Die überzeugendsten Dandys von heute sind schwarz.[61] Das bekommt einen besonderen Twist vor dem Hintergrund, dass schwarze Männer sich nicht primär über ihre Fähigkeit, den Familienunterhalt zu verdienen, definieren und darüber auch von den Frauen nicht definiert werden. Die bürgerliche Vorstellung, nach der sie einen Mann sucht, der ihr einen ansprechenden Lebensunterhalt bietet, und er eine Ehefrau und Mutter, die ihm den Rücken freihält, war nicht so universal erfolgreich wie der Anzug. Wie exotisch diese Vorstellung in afroamerikanischen Kreisen noch in den Dreißigerjahren war, illustriert ein Song von Alberta Hunter schlagend. »I got myself a little apartment, a dog and a cat and a working man«, singt die Blues-Sängerin – und das alles, ohne einen Finger zu rühren. In ihren Kreisen scheint ein Mann sich nicht hauptsächlich dadurch zu empfehlen, dass er ein erfolgreicher Brotverdiener ist und »es auf die Reihe kriegt«, seiner Frau einen angemessenen Lebensstil zu garantieren. Im Gegenteil: elaboriert versucht das Lied, dieses absonderliche Auswahlkriterium für die Partnerwahl plausibel zu machen. Die Sängerin selbst findet dieses von ihr hier angepriesene Kriterium für die Wahl des Mannes offensichtlich nicht besonders attraktiv. Die Verachtung für das schlecht gewählte Sexualobjekt klingt in der Reihung der Hunter an: der arbeitende Mann, der das Geld nach Hause bringt, bildet nach Apartment, Hund und Katze das jämmerliche Schlusslicht ihrer Besitztümer. Das Urteil der Frauen ist ob dieser skandalösen Partnerwahl vernichtend. »Murder« schreien die Freundinnen und bedauern oder belächeln die Sängerin, die doch nach gängigen, bürgerlichen, weißen Kriterien bei der Partnersuche so überaus erfolgreich war, ob ihres Unglücks. Sehen sie die beiden auf der Straße, wenden sie sich tuschelnd ab. Warum? »Er würde keinen Schönheitswettbewerb gewinnen und gut angezogen ist er auch nicht.« Wie konnte sie sich bloß so etwas Unansehnliches und Unelegantes – Apartment, unterhalten werden hin oder her – aussuchen? In diesen Kreisen scheint dem Mann die Rolle vorbehalten, die die bürgerliche Frau hat: er soll durch Eleganz und Schönheit an ihrer Seite glänzen. Was Hunters Sängerin sich leistet, ist das invertierte Nonplusultra der weißen Geschlechterordnung. Die Wichtigkeit solcher Überschreitung für die Mode ist gar nicht zu ermessen; es macht sie aus.[62] Durch Eleganz und Schönheit an wessen Seite auch immer zu glänzen, haben sich diese neuen Dandys, die sich Sapeurs nennen, zur Lebensaufgabe gemacht.[63] Der Geburtsort der Sapeurs ist Brazzaville im Kongo; aber in Paris, um die Metrostation Château d'Eau herum, und in Brüssel, den ehemaligen Hauptstädten des belgischen und des französischen Kongo, gibt es eine swinging Diaspora.[64] Sapeurs sind die Anhänger des SAPE: Société des Ambianceurs et des Personnes Élégantes, entstanden in den 1980er-Jahren als Reaktion auf die 1971 durch den kongolesischen Präsidenten Mobutu Sese Seko betriebene afrikanische Reauthentifizierung, die auch eine kleiderpolitische Seite hatte: Männern wurde es verboten, das Kleid der Kolonialherren, Anzug und Krawatte, zu tragen. Gegen diese Identitätspolitik setzten die Sapeurs auf den Anzug. Und wie Marie Antoinette entlarvten sie dabei en passant die Zurschaustellung der Macht als Maskerade.

Ihren Galaauftritt in der Literatur hatten die Sapeurs 2009 in Alain Mabanckous *Black Bazar*. Leidenschaftlich dreht sich die Welt dieser Männer um Manschetten und Krokodillederschuhe von Weston, um die hohe Kunst des Krawattenbindens, um die Magie des Dreiklangs der Farben. Um Cohibazigarren, um Versace, Ungaro, Yves Saint Laurent und Dior. Wie in allen Kulten geht es auch in diesem Kult des perfekten Auftritts um die reine Lehre und den wahren Ursprung: »Dass ich immer im Anzug herumlaufe, hat damit zu tun, dass man den ›Druck aufrechterhalten‹ muss, wie man bei uns in der Szene der *Demokratischen Repräsentanten der eleganten Seigneurs und*

Saubermänner, der sogenannten DRESS sagt, einer Erfindung aus unserer Heimat, die, wenn man von den unterschiedlichen Ansichten einmal absieht, im Viertel Bacongo in Brazzaville entstanden ist, in der Nähe des Kreisverkehrs beim TOTAL-Markt. Wir waren es, die die DRESS nach Paris exportiert haben, da soll mir keiner was erzählen, vor allem da es in letzter Zeit in den Straßen der Stadt der Liebe nur so von falschen Propheten wimmelt, sodass es manchmal schwierig ist, die Spreu vom Weizen zu trennen.«[65]

Mabanckous Held aus Brazzaville trägt als Mitglied dieses exklusivsten aller Clubs ausschließlich maßgeschneiderte Anzüge. Kleid ist Kult. Unser Dressman wohnt zu sechst in einem Zimmer, verdient sich mehr schlecht als recht das bisschen Geld im Schweiße seines Angesichts. Aber er hat so viele Koffer mit den begehrtesten Designerstücken dieser Welt gefüllt wie eine Diva auf größter Operntour. Er shoppt wie sonst eigentlich nur Frauen, bis er umfällt. »Ich will ja nicht angeben, aber meine Anzüge sind maßgeschneidert. Ich kaufe sie in Italien, genauer in Bologna, wo ich die Läden plündere, in jeder Boutique in den Bogengängen der Innenstadt einen Zwischenhalt einlege (...) Ich habe sechs große Schrankkoffer mit Anzügen und Schuhen – die meisten sind Weston aus Krokoleder, Anakonda- und Eidechsenhaut, aber ich besitze auch Church, Bowen und andere englische Schuhe.« Wie sie im Einzimmerappartment mit Frau und Baby unterbringen?

Was anziehen, bereitet Sapeurs wie Schauspielerinnen vor den Oscars größtes Kopfzerbrechen. Und stolz wie Pfauen auf und ab paradierend lassen sie sich dann in ihrer strahlenden Eleganz bewundern und spannen allen andern die Frauen aus: »Ich wusste nicht, welchen Anzug ich anziehen sollte. Ich hatte alle Koffer geöffnet, meine ganzen Sachen lagen verstreut auf dem Boden und auf dem Bett. Schließlich zog ich einen flaschengrünen Anzug von YVES SAINT LAURENT an, dazu bordeauxfarbene Weston. Sogar unser Araber von der Ecke kam aus seinem Laden heraus, als er mein Parfum roch. Aber warum soll ich mir die Blicke der Passanten entgehen lassen? (...) Ich richtete also meine Krawatte und strich mir die Hose glatt, sodass sie schön über die Schuhe fiel. Ich öffnete drei Knöpfe meines Sakkos, ein kleiner Trick, damit man meinen Christan Dior Gürtel bewundern kann.« Ihre Energie verwenden sie auf die hohe Kunst des Details: das richtige Binden von Krawatten, den passenden Ton der Strümpfe: »Sag mir, wie du deine Krawatte bindest, und ich sage dir, wer du bist – oder auf wen du stehst.« Wie die Dandys betonen die Sapeurs, dass nicht nur, was man trägt, sondern vor allem, wie man es trägt, entscheidend ist. Selbst eine schwarze Frau kann sich mit so einem Mann vor ihren Freundinnen sehen lassen. Die würden sicher nicht abfällig tuscheln wie die Frauen im Lied der Alberta Hunter, sondern vor Neid erblassen.

Exzentrisch, penetrant und oft lächerlich auffällig, schlicht unpassend sind die Sapeurs in jeder Hinsicht. Ihr Ein und Alles sind ihre Kleider, ihr Stil, den sie so ganz leben, dass sie dafür manchmal nicht essen. Ihre Art, sich anzuziehen, lässt sie nicht in der Menge untertauchen; sie hebt sie krass heraus. Das Außergewöhnliche, Exzentrische, absurd Luxuriöse lässt sie zum Spektakel werden. Und obwohl sie sich – fast – so kleiden wie ein Gentleman, sind sie dessen gerades Gegenteil. Ein Gentleman unterliegt in seinem Auftreten bekanntlich zwei Tabus: Er darf auf keinen Fall auffallen, und er muss so wirken, als habe er keinen Gedanken auf die Kleider, die er trägt, verschwendet. Sonst ist er ein Geck, ein Stutzer etc. Die Gentlemen aus Bacongo stechen einem unübersehbar in die Augen, weil sie völlig aus dem Rahmen fallen. Dass sie keinen Gedanken auf die Kleider, die sie tragen, verschwendeten – auf diese Idee kommt man beim besten Willen nicht. Sie sind, mit Carlyle zu sprechen, Männer, deren einziger Beruf und deren Amt es ist, Kleider zu tragen.

Ursprünglich waren die Sapeurs eine Elitetruppe der französischen Armee, die vielleicht auch in den Kolonien zur Erschließung des Landes eingesetzt wurde. Nicht von ungefähr hat die Bewegung einen kriegerischen Ursprung; schließlich sind die Sapeurs dressed to kill. Nach der französischen Eliteeinheit heißt »saper« auch unterminieren, unterwandern, zersetzen. Die Sapeurs aus dem Kongo jedenfalls ziehen wie jedermann einen Anzug an, bloß ziehen sie ihn wie die Dandys anders an. So zersetzen, unterminieren sie in ihrer unheimlichen Mimesis, überpräzisen Mimikry, die koloniale, bürgerliche Ordnung der Geschlechter und der Klassen.[66] Denn die Sapeurs verkleiden sich – als Kolonialherren. Den Kolonialherren – und deren neuester Version, den Reichen und Schönen dieser Welt – führen sie als ein Spektakel auf staubigen Straßen, zwischen den notdürftig zusammengehaltenen Blechhütten von Brazzaville oder auf Boulevards der schäbigen, armen Banlieues von Brüssel oder Paris auf. In Brazzaville haben sie genuinen Starstatus: Gewöhnliche Sterbliche betrachten sie, als wären sie von einem anderen Stern. Wie Prominente werden sie auf Feste eingeladen, deren symbolisches Kapital sie erhöhen. Diese bizarren Gestalten, die mitten in, ja aus der völligen Armut heraus einen absoluten Stilwillen entwickeln, sind Helden der Postmoderne. Geschmückt mit fremden Federn – dem Kleid des anderen – und unter falschem Namen – nicht ihrem eigenen nämlich, sondern dem der Designer – enteignen sie durch Aneignung. Als spektakuläre Fremdkörper bringen die Sapeurs den Kolonialherrn zurück auf die Bühne, die er geschlagen verlassen hat. Durch diese Verfremdung, diese Entstellung wirken die üblichen Männer in Anzug, deren funktionales Kleid keinen Blick auf sich ziehen sollte, plötzlich verkleidet.[67]

Fremdraum: *Die Welt im eigenen Haus*

War die Reform der Männermode ein im Mainstream durchschlagender Erfolg, gegen den so subtil wie konstant Randgruppen rebellierten – Incroyables, Macaroni, Dandys, Teds, Mods, Punks, Gothics etc. –, so war die bürgerliche Reform der Frauenmode, die die Rhetorik der Rhetoriklosigkeit anpries, nicht wirklich erfolgreich. Trotz vielbeschworener naturbelassener Authentizität konnten und wollten die Kleider der Frauen sich nicht vom Stigma des Modischen befreien. Es wollte und will der weiblichen Mode bis heute nicht gelingen, endlich modern, nüchtern, funktional zu werden. In den frivolen Rüschen, den dysfunktionalen Ornamenten, die dringend modernisierend überholt werden müssten, spukt die alte Aristokratie weiter, effeminiert dekadent. Die Frau verheddert sich – es ist den Modernisten ein einziges Ärgernis – in eitlen Nichtigkeiten. Setzten die Vorreiter der Moderne alles daran, sie vom Stigma des Modischen als Inbegriff des Unmodernen, nicht Reformierbaren, Unvernünftigen, Unzweckmäßigen, Überflüssigen, bloß Ornamentalen, schlicht Exzessiven zu befreien, so huldigen die anderen unbeirrt dem Idol der Weiblichkeit. Mode wird mit dem sinnlosen Hang zu oberflächlichen Frivolitäten und krankhafter Sinnlichkeit zur Domäne des Weiblichen schlechthin; ernsthafte Männer und emanzipierte Frauen haben Wichtigeres zu tun. Die moralischen Bedenken, die den Bemühungen zur Reform der Kleidung entspringen, reißen besonders in den protestantisch geprägten Ländern nicht mehr ab. Verzweifelt wird um die Geburt der neuen, der endlich modernen Frau gerungen.

Klassisches Beispiel für dieses Schwanken der Frauenmode zwischen »moderner, natürlicher, selbstbewusster Frau« und »künstlich hergerichteter Diva« ist das Duell Chanel versus Dior. Es trifft sich gut, dass auf der Seite der Künstlichkeit der von Nietzsche stigmatisierte Anachronismus der Mode ins Spiel kommt. Dior nämlich knüpft nach dem Zweiten Weltkrieg an die Entwürfe des House of Worth zwischen 1858 und 1895 an. Charles Frederick Worth, der von London nach Paris kam und bald von der Kaiserin Eugénie über Elisabeth von Österreich bis zu Sarah Bernhardt und der Gräfin von Castiglione die ganze Welt anzog, machte sich als erster Designer der Moderne einen Namen und Paris zum Mekka der Mode, in das die ganze Welt pilgerte. Der New Look, der nach dem Zweiten Weltkrieg die Stellung der Stadt als Zentrum der Mode festigte, war tatsächlich alt. Er gilt als Schulbeispiel für die die weibliche Mode charakterisierende, verschobene Wiederkehr des Bekannten und restaurierte mit seinen kurvenreichen Blütenfrauen all das, was die Frau der Belle Epoque ausgemacht und die moderne Frau abgelegt hatte: Bustiers, Korsetts, Hüftpolster und statt der die Röcke stützenden Gerüste meterweise Unterröcke. Gegen den flachen, trainierten Bauch der modernen Frau kam sogar das embonpoint des 18. Jahrhunderts wieder.

Kaum hatte Chanel durch eine Übersetzung des Herrenanzugs in die weibliche Mode endlich der funktional angezogenen Frau zum Durchbruch verholfen – mit den aufgesetzten Taschen zeigte das Chanelkostüm durchaus militärische Elemente –, kam Dior mit seinen Rauschröcken, Pfennigabsätzen und – horribile dictu – dem so ungesunden wie einengenden Korsett (Abb. 10a/b, 11). Selten ist eine Mode so begeistert einmütig aufgenommen worden; für ein Kleid von Dior kam wieder die ganze Welt nach Paris. Der wütende Ausbruch Chanels, die in dieser alten neuen Weiblichkeit nichts als die Verwirklichung von Tuntenphantasien sah, hat daran nichts geändert. Die Entwicklung in Richtung Moderne, Funktionalität und Natürlichkeit war um Lichtjahre zurückgeworfen. Es war ein Schlag ins Gesicht des alle moderne Ästhetik begründenden Dogmas »form follows function« und ein Indiz dafür, dass es mit dem endgültigen Durchbruch der neuen Frau nicht so leicht sein würde. John Galliano, der bis zu seinem jähen Sturz 2011 für vier Jahre Chefdesigner des Hauses Dior war, hat diesen Look schwindelerregender Weiblichkeit in den Fußstapfen von Charles Frederick Worth und Christian Dior wiederbelebt und diese, die Mode immer wieder heimsuchende Weiblichkeit der Belle Epoque durch Überzeichnung zur Burleske gemacht. Burlesk ist auch seine Selbstinszenierung als Herrscher der Mode, als verwackelter König gewesen.

Eine orientalische Kolonie

Das moderne, westliche Subjekt begreift sich als frei, selbstbeherrscht, selbstbestimmt, vernunftgeleitet. Es strebt nach Perfektion und ist fortschrittsorientiert. Das »orientalische« Subjekt wird im Gegensatz dazu als seiner Lust unterworfenes und andere despotisch unterwerfendes Subjekt gesehen, das gefallen und verführen will. Im sich eintönig wiederholenden Kreislauf der Lüste, im immer gleichen Kult des Erotischen kennt es weder Selbstbestimmung noch Entwicklung: Unterwerfend und unterworfen, findet es keinen Ausgang aus seiner selbstverschuldeten Unmündigkeit und ist weder aufklärungs- noch geschichtsfähig. Der Orient ist zum Inbegriff dieses Anderen der Moderne aufgebaut worden.[68] Den geschichtsmächtigen Europäern erscheint der Orient als stagnierend dekadent. Der Diskurs über die Mode macht diese zu einer solchen orientalischen Enklave: Tyrannisch fordert die Mode wie die orientalischen Herrscher Unterwerfung. Sie macht die, die sich ihr blind unterordnen und begierig jedem ihrer Fingerzeige folgen, zu ihren Sklaven. Jede Vorstellung von Selbstbestimmung ist ihr fremd. Sie setzt nicht auf die inneren Werte, sondern blendet durch Äußerlichkeit. Sie ist ein falscher Gott, der Anbetung fordert wie ein orientalisches Götzenbild.

Um endlich moderne, mündige, selbstbestimmte Bürger werden zu können, müssen die Frauen sich zuallererst von dieser Tyrannei der Mode emanzipieren, die sie zu Sexspielzeugen der Männer und die Männer zu ihren Sexsklaven macht. Mode macht die etymologische Wurzel des Subjekts gegen alle Versuche der Emanzipation wahr. Sie spricht jeder Vorstellung eines selbstbestimmten Subjekts als Rückgrat allen aufklärerisch-bürgerlichen Strebens Hohn. Bei allen flatterhaften Launen und dem dauernden Wechsel ist ihr jeder Fortschrittsgedanke, jede logische Formentwicklung fremd. Sie bildet einen eigenartigen, manchmal als bedrohlich empfundenen, manchmal heiß geliebten, meistens belächelten Fremdkörper im Herzen der Moderne. Obwohl Mode mit Weiblichkeit kurzgeschlossen wird, ist es entscheidend – und das wird oft vergessen – dass dieser Gegensatz von salopp gesagt westlich/männlich versus orientalisch/weibisch nicht mit dem »natürlichen« Geschlecht zusammenfällt. Die emanzipierte Frau auf der einen Seite, der Dandy, der homme à femme, der Modegeck, die Schwuchtel auf der anderen, durchkreuzen diese Opposition.

So paradox es erscheinen mag, Mode – das Modische in der Moderne – wird zum Anderen der Moderne schlechthin. Diesen grotesk unmodernen Rest, diesen feudal dekadenten Überhang ins bürgerliche Zeitalter gilt es, finden überzeugte Moderne, emanzipatorisch zu überwinden. Immer wenn es um die Reform der Mode und um eine endlich moderne Mode geht, geht es um den Auszug aus dem »Orient« in die Moderne.

Indifferent: A-Mode

Nun kann dieser antimodische wie auch der a-modische Impuls für die Entwicklung der Mode, durch und durch paradox, gar nicht überschätzt werden. Gegen Ende des 18. Jahrhunderts sieht die *Encyclopédie* den Antrieb zur Mode in dem Begehren, gefallen zu wollen, ja mehr als die anderen gefallen zu wollen. Und mehr zu gefallen, als man das in seiner schieren

Naturbelassenheit würde.[69] Das souveräne, moderne Subjekt weist beides fast empört von sich. Nie würde es zugeben, gefallen zu wollen. Und verachten müsste es sich selbst, würde es sich zu diesem Zweck auch noch nicht authentisch geben, wie es ist, sondern sich mit fremden Federn schmücken. Nur Zombies à la Berlusconi geben ganz unumwunden zu, dass sie alles, Schönheitsoperationen inklusive, auf sich nehmen, um den Frauen zu gefallen. Die bürgerliche, protestantische, nordische Welt, von der Nietzsche spricht, findet so etwas halbseiden. Es steht billigen Entertainern auf billigen Touristenschiffen in südlichen Gefilden zu.

Entscheidende Modeentwicklungen der Moderne verdanken sich der ganz und gar unhöflichen Behauptung des Gegenteils: Nicht um zu gefallen, sondern um sich optimal bewegen zu können, zieht man sich an. Und nicht um mehr zu erscheinen, als man ist, sondern um sein Selbst authentisch auszudrücken. Mode ist dann idealerweise in der Selbstauslöschung nichts als die Lösung eines Problems. Turnschuhe, bloß keine Hutschachteln. Leichtes, kleines Gepäck. Nichts, das knittert. Kleider, mit denen man sich schnell und frei bewegen kann. Keine gehbehindernden Bleistiftröcke mit High Heels. Schuhe, so bequem, warm und weich wie Pantoffeln, die dann aber immerhin noch selbstironisch UGGs heißen und genauso aussehen. Röcke und Anzüge, die nicht so eng geschnitten sind, dass sie nach einem etwas üppigeren Abendessen kneifen. Daher auch der globale Siegeszug der Sportkleidung, die funktional und deshalb praktisch ist. Die Umwelt wird nicht mehr als Bühne oder Salon begriffen, wo man erscheint und spielen kann, sondern als ein Parcours, den es zu bewältigen gilt. Im Extremfall wird die Stadt zum Dschungel, in dem man sich sicher und heil, schnell, wendig, unauffällig und gut geschützt bewegen möchte. Casual eben.

Dieser Pragmatismus steht in der langen Geschichte des republikanisch-männlichen Einspruchs gegen alles Aristokratisch-Weibliche, gegen alles Modische. Natürlich kann und wird dieser männliche Protest von Männern wie von Frauen artikuliert. Jedes Wertlegen auf bloße Äußerlichkeiten, jedes Zeremoniell wird dabei gründlich ausgetrieben. Zeremoniefeindlich scheint heute sogar das Fertigmachen für einen Ball zu sein. Frischgeschrubbt steigen die Leute in ihr Abendkleid, so wie sie sonst ihren Jogginganzug überstreifen. Man duscht, das schon noch, aber das ist ja weniger ein Schmücken als Hygienemaßnahme. Eine Dame, die sich im Taxi auf dem Weg zum Ball hinlegen muss, weil ihr Mugler, der sie zur Königin des Abends machen wird, so eng ist, dass sie darin schlicht nicht sitzen kann, ist heute kaum mehr vorstellbar. Vor allen Dingen nicht, dass sie dabei gute Laune hat. Die Jeans, die man in den Siebzigerjahren in der Badewanne auf knappste Passform brachte – auch nicht wirklich bequem, aber das war egal – haben jetzt Stretch: bequem und trotzdem eng. Anna Dello Russo, die verkündet, wirkliche Mode dürfe nicht bequem sein, kommt den meisten antiquiert vor.

Der Sohn einer Nachbarin weiß gar nicht mehr, was das heißen soll, sich zum Abendessen anzuziehen: Er sei doch in Sweatshirt und Shorts nicht nackt! Seine Mutter ist stolz auf den Sohn, der sich nicht eitel mit Äußerlichkeiten aufhält, sondern die inneren Werte im Blick hat. Wahrscheinlich isst er auch nicht zum Vergnügen, sondern nur, weil er Hunger hat.

Diese Haltung ist keine Form von Coolness – der Nachfolgeformation der höfischen sprezzatura: Um zu gefallen, darf man auf keinen Fall so wirken, als wolle man gefallen. Wie jeder weiß, muss man schon ziemlich viele Gedanken auf sein Äußeres verwenden oder äußerst routiniert sein, damit es so wirkt, als habe man keinen Gedanken darauf verschwendet, leger und cool zu wirken.

Die nicht gespielte, sondern fast aggressive Gleichgültigkeit gegen die äußere Erscheinung, die im Trend liegt, hat mit dieser Coolness nichts zu tun. Coolness ist ein Umgang mit Wirkung; diese Gleichgültigkeit verleugnet Wirkung um einer Essenz willen und führt zu einer eigentümlichen Stillosigkeit.

Der Anspruch, um seiner unverstellten Authentizität willen genommen zu werden, wie man ist, hat etwas merkwürdig Narzisstisches. Ebenso trotzig wie unelegant besteht man darauf, in höherer Mission unterwegs zu sein. Man hat Wichtigeres zu tun, als sich mit nichtigen Frivolitäten zu beschäftigen und kann keine Zeit damit verschwenden, dem anderen zu gefallen – oder ihn zu schockieren. Sich in ein ansprechendes Verhältnis zum anderen zu setzen, ihn zu amüsieren, zu reizen, auf Distanz zu halten, raumgebend und raumschaffend zu sein – das ist der Sinn von Mode.

Stattdessen droht die Stadt zu einer Anhäufung von Monaden zu werden, die sich gegenseitig im Weg stehen. Auf die Straße geht man nicht mehr, um zu sehen und gesehen zu werden, sondern um möglichst schnell möglichst weit und möglichst bequem voranzukommen. Ein weitgehend aus Sportkleidung zusammengesetzter no-style. Er weist alle Ästhetik weit von sich, und in seiner ätzend öden Pseudofunktionalität gelingt es ihm noch nicht einmal, richtig hässlich zu sein. Quadratisch, praktisch, gut: Goretex, Birkenstock, Signalfarben – man ist ja lebensfroh –, nur bloß nichts irgendwie Geschnittenes, das man mit modischem Firlefanz verwechseln könnte. Utilitaristisch flaniert man nicht, man besichtigt. Nur die Funktion, in die man sich tiefsinnig verzettelt, zählt.

Römische virtus, orientalischer Luxus

Das Brandmarken der Mode als weibisch effeminiert, dekadent, orientalisch-luxuriös, willkürlich-tyrannisch, ja despotisch-verstümmelnd, hat eine lange, west-östliche Geschichte. Die Ursprünge dieser Geschichte liegen in Rom und dessen republikanischen Werten. Im 18. Jahrhundert drehte sich alles politische Denken um die Restauration der römischen Republik, die die Französische Revolution dann auch in die Tat umzusetzen hoffte. So kann es nicht verwundern, dass es auch zu einer Wiederbelebung des Ideals tugendhafter republikanischer Männlichkeit kam, das schon im alten Rom von dem Gespenst zersetzender tyrannisch-orientalischer Weiblichkeit heimgesucht wurde. Am Ursprung Roms steht die Gegenüberstellung zweier Männertypen: richtiger und weibischer Männer, eben »Orientalen«. Diese orientalische Bedrohung der römischen *virtus,* der männlich-republikanischen Tugend und Tapferkeit, begleitete das Römische Reich wie ein Schatten. Und wie ein Schatten begleitet es die modernen Republiken, die sich als Nachfahren der römischen stilisieren.

Die purpurnen Seidenroben der römischen Senatoren machte Cato der Ältere zum Synonym für den Verfall tugendhafter Männlichkeit. Als Vorspiel kommender Tyrannenherrschaft – Purpur ist die Farbe des Herrschens – läuteten sie das Ende der Republik ein. Als sündhaft teurer Luxus aus dem Orient waren sie nicht nur ruinös, sondern verweiblichten sinnlich betörend, ostentativ protzend aufrechte Männlichkeit. Den Republikanern war dieses Modische, das schon damals im Zeichen des Orientalischen daherkam, suspekt. Die Orientalisierung von Männlichkeit, die grundsätzlich über Kleidung und Schminke inszeniert wird, ist Symptom von Dekadenz. Vergils Bibel des Kaiserreichs, die *Aeneis,* setzt alles daran, den Gründer der ewigen Stadt von solchem asiatischen Vorwurf reinzuwaschen.[70] Aeneas, eben der Mann, der nach Jupiters Wünschen über das »weltherrschaftsschwangere, kriegslärmerfüllte Italien« (IV, 229/230) herrschen soll, das den ganzen Erdkreis seinen Geboten unterwerfen wird, vertändelt ruhmesvergessen und seiner Lust unterworfen ganze Tage mit der karthagischen Königin Dido an der afrikanischen Mittelmeerküste im Liebesspiel. Von seinem eifersüchtigen Nebenbuhler Iarbas, der Dido heiraten wollte, wird der römische Held in spe als Inbegriff des Orientalen lächerlich gemacht: verweiblicht von Lust, die Haare mit Duftöl getränkt und mit Schleifchen geschmückt. Aeneas wird umstandslos zum Paris, zum eitlen »Weiberheld(en) mit Kastratengefolge, der um Kinn und öltriefendes Haar seinen phrygischen Kopfputz schlingt« (IV, 214–216). Das hat Jupiter sich nicht so vorgestellt. Er spricht ein unmissverständliches Machtwort, um diese schändliche Situation zu beenden und Aeneas wieder auf römischen Kurs zu bringen: »Naviget!«, »Segeln soll er!« (IV, 237)

Die nordischen, kriegsgestählten Gegner, auf die Aeneas später trifft, inszenieren sich – spartanisch, ist man mit einem Anachronismus versucht zu sagen – als ganze Männer, die schon als Babys zur Abhärtung von ihren Müttern in eisigen Gebirgsbächen gewaschen wurden. Sie beleidigen die Trojaner mit sexuellen Anspielungen als doppelt unterlegene, verweichlichte Asiaten (IX, 599), deren Handwerk der eiserne Krieg nicht sei. Dass sie keine Männer, sondern verweichlichte Weiber sind, verraten ihre prunkend farbigen, verzierten, mit Bändern und Schleifen besetzten Kleider: »Ihr aber liebt Gewänder, safrangelb und purpurschimmernd bestickt, liebt das Nichtstun, frönt dem Tanz, Euer Untergewand hat Ärmel, Bänder die Mütze, wahrlich, Ihr Phrygerweiber, Ihr seid keine Phryger!« (IX; 614–620) Ascanius, der Sohn des Aeneas, der keine Lust hat, als weibischer Asiate verlästert zu werden, jagt dem Schmäher einen Pfeil durch den Schädel. Vergil wischt den an der Männlichkeit der Römer geäußerten Zweifel sofort mit Blut vom Tisch; den Makel modischer Weiblichkeit lässt er nicht auf ihnen sitzen.

Lucan hingegen lässt Julius Caesar, den Herrscher über das Römische Reich, der siegreich aus dem Bürgerkrieg hervorgegangen war, in den er die Republik gestürzt hatte, zum Orientalen werden: Er verfällt Kleopatra, ihren durchsichtigen Seidenkleidern, ihrem funkelnden Geschmeide, ihren luxuriösen Gelagen. Nach der Selbstzerstörung aller republikanischen Werte bleibt dem Tyrannen Caesar nichts mehr von der römischen *virtus,* der männlichen Tapferkeit. Nicht nur er, auch das

Römische Reich, das fortan von einem Alleinherrscher tyrannisch regiert wird, ist damit orientalisch geworden.

Rose Bertins Grand Mogol

Mitten in Paris, im Herzen der Hauptstadt der Moderne, beginnt die Mode der Moderne in einem Raum der Fremde, einem Fremdraum. Dieser Raum ist das Gegenstück zu den modernen demokratischen Republiken: tyrannisch und despotisch, sinnlich, weibisch, a-ökonomisch im Luxus schwelgend, die Sinne betörend, jeder Vernunft unzugänglich und darauf bedacht, jeder noch so absurden Caprice zu Gefallen zu sein. Mit ganz und gar unlauteren Mitteln heischt die Mode Vorteile. Von vornherein eignet diesem Raum etwas Karnevaleskes; mit der Vernunft wird die Natur verkehrt. Nicht der Geist, sondern die Sinnlichkeit triumphiert. Nichts dreht sich mehr um die Sache des Allgemeinwohls, alles um eitle Nichtigkeiten. Nicht das Sein, sondern der Schein zählt. Wie Idole werden die Modemacher und die von ihnen kreierten Geschöpfe verehrt. In einer Gesellschaft, die dem Modus des Schauspiels, des Spektakels unterworfen ist, stehen alle Werte kopf.

Rose Bertin, Liebling Marie Antoinettes, eröffnete 1770 in der Rue St. Honoré das erste Modegeschäft der Moderne, den *Grand Mogol*. Colette eröffnete hier später ihren Make-up-Salon. Der angesagteste Mode- und Lifestyle-Treff der Neunzigerjahre, *Colette,* öffnete seine Türen nicht weit davon als Hommage an die Schriftstellerin, die für den ersten lesbischen Kuss auf der Bühne ausgerechnet im *Rêve d'Egypte* skandalträchtig wurde, aber vielleicht auch in Erinnerung an den *Grand Mogol*. Bertins *Großmogul* lässt vor unserem inneren Auge die Pracht des Orients aufleuchten. Ob der Name des Geschäfts nun bloß das Klischee eines in Luxus schwelgenden asiatischen Fürsten beschwört oder tatsächlich einen heute verlorenen, sagenhaften Diamanten aus dem Schatz des mongolischen Reiches meinte, ist fast gleichgültig. Mehr Orient geht nicht. In Rose Bertins Geschäft konnte man fertige Artikel kaufen: Morgenmäntel, Pantoffeln. Bis dahin hatten die Damen sich den Stoff aussuchen, dann schneidern und schließlich von der Modistin verzieren lassen müssen. Mit seinen Modellen von der Stange war *Le Grand Mogol* der Vorläufer der großen Kaufhäuser und wie diese ein gigantischer Erfolg. Hier traf sich von der Königin bis zu den schwerreichen Frauen der Financiers ganz Paris. Es war die Keimzelle des Spektakels einer in aller Öffentlichkeit inszenierten und zum Konsum angebotenen Weiblichkeit, die später in den Kaufhäusern erblühen sollte.

Der Name des Geschäfts *Le Grand Mogol* war natürlich der im 18. Jahrhundert ganz Europa beherrschenden Mode des Orientalismus geschuldet, die damit zusammenhing, dass aller Luxus aus dem Orient kam: Seiden und Gewürze, die kostbaren Farben, Edelsteine und ihr spezifischer Schliff, aber auch das weiße Gold, das Porzellan. Chinoiserien wie die Meißener Porzellane, das Teehaus im Potsdamer Park, die Lustschlösser in Nymphenburg, Brühl oder Pillnitz an der Elbe, legen davon beredtes Zeugnis ab. In »türkischem Kostüm«, mit Kakadu und Papagei im exotischen Gewächshaussetting, malte Tischbein seine Töchter. Mozart komponierte die *Entführung aus dem Serail,* Goethe schrieb den *West-östlichen Divan.*

Der Orientalismus ist bis heute ein durchgehendes Motiv der Frauenmode. An seinem Anfang stand etwas anstößig Unanständiges, ein öffentliches Ärgernis, ein Skandal. Ein Duft verkehrter Liebe – männliche Frauen, weibische Männer: *Chéri.* Das von der amerikanischen Frauenrechtlerin Amelia Bloomer 1851 vorgeschlagene Reformkleid wurde als »türkische Tracht« bekannt und galt seinen Feinden nicht als praktisch und vernünftig, sondern mit kürzeren Röcken, Hosen und korsettlos schlicht als unsittlich.[71] Mit der Hose maßten sich die Frauenrechtlerinnen Phallisches an und machten sich zu selbstbestimmten Subjekten des Begehrens. Das Orientalische steht auch am Beginn der neuen Silhouette, mit der Paul Poiret berühmt wurde. Poiret schaffte das Korsett ab und versuchte – damals allerdings ein Flop – die Pluderhosen der Orientalen, die als »Haremshosen« populär wurden, für Frauen einzuführen. Der rasante Erfolg dieser Hosen in den letzten Jahren hätte Poiret begeistert. Ohne den Orientalismus, der als historische Verkleidung für viele Kollektionen von Saint Laurent bis John Galliano zentral war, ist die Mode der Moderne schlicht nicht vorstellbar. Der letzte eindeutig orientalische Einfluss, der populäre Triumphe feierte, war der nackte Bauch der jungen Frauen, der uns bis vor kurzem zwischen T-Shirt und Jeans entgegenleuchtete. Vollkommen wurde das orientalische Setting durch einen den Bauchnabel zierenden, funkelnden Stein. Der Bauch als die in der orientalischen weiblichen Kleidung erotisch besetzte Zone drängte für einen Moment die westlichen erotischen Zonen, Dekolleté und Po, in den Hintergrund. Was im Westen traditionell als Leib streng verhüllt wurde, wurde zum ersten Mal entblößt.

Wenn ich von der Mode als einem orientalisch exotischen, als bedrohlich eingeschätzten Fremdkörper im Herzen der Moderne spreche, der alle ihre Werte zu zersetzen droht, meine ich jedoch nicht bloß diese Aneignung von Motiven. Es geht um mehr als orientalische Zitate, um mehr als Anekdotisches, um mehr als bloße Chinoiserien. Dieser Orientalismus ist vielmehr eine Struktur. Die Mode wird zu einer Kolonie im Innern erklärt, die zum ästhetischen und ethischen Ideal der Aufklärung und der Moderne quer steht. Als ein solches fremdes, dringend reformbedürftiges Moment taucht sie in den meisten Schriften zur Mode auf, die selten einmal Lobeshymnen singen, sondern fast immer zur Erneuerung der Mode aufrufen. *Reform* – das steht wie mit Flammenschrift über fast allen Modetraktaten.

Abb. 1:
Jakob Seisenegger,
Kaiser Karl V. mit Hund, 1532

Abb. 2:
Jean-Léon Gérôme,
Le général Bonaparte au Caire, um 1867

Abb. 3:
Albrecht Dürer, *Paumgartner-Altar: Die Geburt Christi,* um 1500, Detailansicht des rechten Flügels

Abb. 4:
Hyacinthe Rigaud, *Louis XIV en costume de sacre,* 1701

Abb. 5:
Pierre-Auguste Renoir,
Madame *Henriot en travesti*,
um 1876

Abb. 6:
Pierre-Auguste Renoir,
La Parisienne, 1874

Abb. 7:
Élisabeth Vigée-Lebrun,
*La reine en robe de Gaulle,
Marie Antoinette en
chemise,* 1783

Abb. 8:
Isaac Cruikshank, *Parisian Ladies in their Full Winter Dress for 1800*, 1799

Abb. 9:
Incroyable aus der Serie *Incroyables et Merveilleuses*, Zeichnung von Horace Vernet, 1814 veröffentlicht von Pierre de la Mesangere

Abb. 10 a und b:
Klassisches Tweed-Kostüm von Chanel, 1954

Abb. 11: Entwurf aus Christian Diors Kollektion »Ligne Corolle« (später bekannt als »New Look«) von 1947

Abb. 12: Amtseinführung von Barack Obama am 20. Januar 2009. Michelle Obama trägt Isabel Toledo

Abb. 13:
Designer Marc Jacobs und Architekt Peter Marino bei der Eröffnung der Ausstellung »Louis Vuitton – Marc Jacobs« im Pariser Musée Des Arts Décoratifs im März 2012

Abb. 14:
Dior Homme, Sommerkollektion 2007

Abb. 15: Staats- und Regierungschefs der EU-Mitgliedsstaaten beim EU-Gipfel in Brüssel 2011

Abb. 16: Yohij Yamamoto, Winterkollektion 2012

Abb. 17: Comme des Garçons, Sommerkollektion 1997 (»Dress meets body, body meets dress«)

Abb. 18: Comme des Garçons, Winterkollektion 1984

Abb. 19:
Torso einer tanzenden Mänade, sog. Dresdner Mänade, Römische Nachbildung einer Statue des Skopas aus dem 4. Jh. v. Chr.

Abb. 20:
Kleid von Madeleine Vionnet, 1931

Abb. 21:
Lanvin,
Winterkollektion 2009

Abb. 22:
Alexander
McQueen,
Winter-
kollektion 2001
(»What a
Merry-Go-
Round«)

Abb. 23: Alexander McQueen, Sommerkollektion 2001 (»VOSS«)

Abb. 24:
Alexander McQueen,
Sommerkollektion
2009 (»NATURAL
Dis-tinction,
Un-natural Selection«)

Abb. 25:
Alexander McQueen,
Sommerkollektion 2009
(»NATURAL Dis-tinction,
Un-natural Selection«)

Abb. 26:
Alexander McQueen,
Sommerkollektion 2009
(»NATURAL Dis-tinction,
Un-natural Selection«)

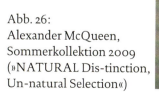

Abb. 27:
Maison Martin
Margiela,
Sommerkollektion
2009

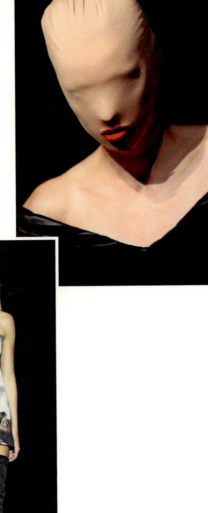

Abb. 28:
Maison Martin Margiela,
Sommerkollektion 2008

Abb. 29:
Maison Martin Margiela, Sommerkollektion 2008

Abb. 30:
Maison Martin Margiela, Sommerkollektion 2007

Abb. 31:
Maison Martin Margiela, Sommerkollektion 2007

Rousseaus Harem mitten in Paris

Dass das Modische zum Gegenbegriff all dessen wird, was das moderne Subjekt als modern bestimmt, kann man bei Jean-Jacques Rousseau und Charles Baudelaire verfolgen. Die beiden für die Bestimmung der Ästhetik in der Moderne zentralen Autoren bewerten dasselbe – nämlich die offensive Zurschaustellung von Künstlichkeit – diametral unterschiedlich. Für beide ist das Sich-schön-Machen, das Sich-Herausputzen eine apotropäische Geste. Das Artefakt, als das die Frau sich herstellt, fasziniert Baudelaire und lässt Rousseau die von Schrecken geweiteten Augen auf sie heften. Besser, man senkt sie ganz schnell, ehe es um einen geschehen ist.

Jean-Jacques Rousseau wächst in der calvinistischen Republik Genf auf, um dann in das aristokratisch-postkatholisch geprägte Frankreich zu kommen. Sein Blick auf das von ihm verdammte und verabscheute Paris ist deshalb so kostbar, weil es der skandalisierte Blick eines Fremden ist. Das Einzige, was Genf und Paris – diese beiden Gesellschaftstypen, die man sich konträrer gar nicht vorstellen kann – verbindet, ist die Sprache. Selten wird einem die Fremdheit der vorrevolutionären Ordnung so klar vor Augen gestellt. Hier ist von der modernen, bürgerlichen Geschlechterordnung, die uns als das Natürlichste der Welt erscheint, keine Spur. Private und öffentliche Sphäre sind nicht getrennt. Von einem Ausschluss des Weiblichen aus der öffentlichen Sphäre und von allen öffentlichen Belangen kann nicht die Rede sein. Wir sind meilenweit von einem polaren Geschlechtermodell, das Weiblichkeit im besten Fall mit Herz, Männlichkeit mit Vernunft assoziiert, entfernt. Die Frauen des Ancien Régime regieren souverän; als Freie sind sie nicht ihrem Geschlecht unterworfen, ihrem Ehemann untergeordnet und in einer publikumsbezogenen Privatheit auf reproduktive und repräsentative Funktionen beschränkt. Den Raum des Privaten und der Familie, dessen Intimität es zu wahren gilt, gibt es noch nicht. Die eheliche Liebe muss noch erfunden werden. Ehe, meint Rousseau, sei in Paris ein Zusammenschluss von Junggesellen und Junggesellinnen. Und als Junggesellen und eben nicht als Ehemann und Ehefrau leben sie auch. Keine Rede von ehelicher Treue oder, moderner formuliert, fruchtbarer Heterosexualität im monogamen Paar. Promiskuität, aber auch Keuschheit werden nicht als Perversion angesehen, sondern als Norm. Die Männer sind noch nicht zu Menschen und alle Menschen nicht zu Brüdern geworden; die Frauen sind noch nicht auf ihre Rolle als Ehefrau und Mutter beschränkt.

Nicht umsonst hat Denis Diderot Rousseau, der diese Zustände geißelt, nicht als Aufklärer, sondern als Sektierer beschrieben. In Paris findet Rousseau das Sündenbabel, von dem ihm zu Hause als Inbegriff aller Korruption gepredigt wurde. Rousseau erleidet, würde man heute sagen, einen Kulturschock. Das Ancien Régime beschreibt er als Reich der Galanterie, in dem die Frauen unumschränkt herrschen, weil die Männer ihnen zu Gefallen seien. Rousseau definiert die Pariser Gesellschaft seiner Zeit als orientalischen Gegenraum zur ländlich-patriarchalischen Schweiz und zur reinen Republik Genf. Paris wird ihm aber auch zum Gegenraum seines politischen Ideals: zum Gegenraum einer tugendhaften römischen Republik, in der es nach Rousseaus Gusto so spartanisch wie möglich zugehen sollte.

Mit einem Harem vergleicht Rousseau die Pariser Salons, in denen sich die Geschlechter in einer erotisch aufgeladenen Atmosphäre mischen. Allein der Eros regiert und alle antike *virtus,* alle patriarchalische Natürlichkeit wird zersetzt. Allmächtig herrschen hier im Zeichen der Rhetorik die Frauen – durch Schminke, überreizende Kleider und schönes Wortgeklingel –, und um aufrechte Männlichkeit ist es geschehen. Als bloßes Lustwerkzeug der Frauen, denen die Männer nach deren

Willen zu Gefallen sein müssen, werden sie zu Eunuchen. Die natürlichste Natur wird in diesem Ort pervertiert: Frauen werden zu Idolen oder Männern, Männer zu Eunuchen oder Frauen.

Es ist Rousseau, der die Angst der Entmännlichung durch die orientalischen Sitten am klarsten formuliert. Paris steht unter dem Primat einer orientalischen, ungezügelten Lust – der Frauen. Diese unbeherrschte Lust ist den Männern fatal. Der orientalische Raum, als den Rousseau Paris sieht, ist ein Raum, in dem das selbstbestimmte und selbstbewusste, natürliche und vernünftige, identische Individuum der Moderne unter die Räder kommt. Unter der Herrschaft der Frauen kommt es zu einer Perversion des Natürlichen schlechthin, gegen die die Stimme der Natur zu verkünden Rousseau nicht müde wird: zu einer Verkehrung der natürlichen Ordnung der Geschlechter. Der Harem droht von Paris aus in vom Orientalischen noch unberührte Räume einzudringen. Orientalismus ist ein ansteckender Virus, dem keine republikanische Männlichkeit standhalten kann. Selbst im gründlich reformierten Genf greift das Weibische um sich: Auch dort gibt es bereits Männer, die sich wie Frauen anziehen. Junge Herren mit flötender Stimme, höhnt Rousseau, zeigen sich mit Sonnenschirmchen und anders als der aufrechte Bürger nicht in locker geschnittenen, in gedeckten Farben gehaltenen Jacketts aus Wolle, sondern in den bunten, enganliegenden Seidenjäckchen der Aristokratie.

Rousseau beschreibt das vorrevolutionäre Paris, damalige Welthauptstadt, als eine Gesellschaft des Spektakels. Das Spektakel, das aufgeführt wird, ist Weiblichkeit: *women on display.* Die Frauen, ganz Herrinnen der Lage, sind als Huren verkleidet. Diese Weiblichkeit, fingerdick aufgetragen und im Reifrock, ist Maskerade. Nicht nur bei Rousseau in der zweiten Hälfte des 18. Jahrhunderts ist die Hure die Frau, die in der Mode den Ton angibt und deren Mode nachgeahmt wird. Auch bei den Kulturkritikern Eduard Fuchs und Adolf Loos zu Beginn des

20. Jahrhunderts wird das so sein – aber die Frau im bürgerlichen Zeitalter tut das aus diametral entgegengesetzten Gründen zu der Frau in der aristokratischen Epoche.[72]

In Paris, so Rousseau, ist es nicht mehr der Luxus, der die Mode der tonangebenden, herrschenden Schicht von den unteren Klassen trennt. Der Hof hat von goldbesetzten, schweren Seidenbrokaten absehen müssen. Würde man auf Prunk und Protz setzen, überflügelte die Finanzbourgeoisie den Geburtsadel sofort. In Paris sind, anders als etwa in Italien, die herrschenden Klassen nicht mehr die reichsten. Statt auf Geld als Distinktionsmittel zu setzen, um sich von den unteren Klassen abzusetzen, muss sich der Hof etwas anderes einfallen lassen. In Paris tragen alle, Bürgerinnen wie Adelige, dieselben leichten Stoffe, die sie, auf Reinlichkeit bedacht, oft wechseln. Alle sind sie nicht in Samt und Seide, sondern einfach in die viel preiswertere Baumwolle gehüllt. So könnte man die Herzogin nicht mehr von der Bürgerin unterscheiden, wenn, ja wenn die Herzogin sich nicht wie eine Hure anziehen und schminken und sich wie ein Mann, ja wie ein Soldat benehmen würde. Um unnachahmlich zu sein, entblößen die Damen von Welt den Busen und legen fingerdick Rouge auf. Nicht sie senken die Augen, sondern sie zwingen die Männer dazu, die Augen zu senken. Kühn ist ihr soldateskes Auftreten, das sie Junggesellen und Abenteurern aller Art abgucken. Bürgerinnen, deren schamhafte Weiblichkeit Rousseau als natürlich setzt, können ihnen deshalb nicht nacheifern. Die krasse Zurschaustellung sekundärer Geschlechtsmerkmale dient, anders als man annehmen könnte, keineswegs als Lockmittel. Wenn Frauen herrschen, ist sie reines Distinktionsmittel. Weil sie de facto wie Männer herrschen, verkleiden sie sich als Huren. »Aus Angst, mit den anderen Frauen verwechselt zu werden, ziehen sie ihren Rang ihrem Geschlecht vor und ahmen die Freudenmädchen nach, um unnachahmlich zu sein.«[73]

Das Schauspiel, das in aller Öffentlichkeit gegeben wird, ist schamlose Weiblichkeit, narzisstisch mit sich und der

Wirkung der zur Schau gestellten Reize auf den männlichen Zuschauer beschäftigt. Gegen diese spektakuläre Weiblichkeit stellt Rousseau eine »richtige«, zwar genauso inszenierte, aber betont unspektakuläre Form von Weiblichkeit. Sie nennt er »schamhaft«; die Natur selbst schreibt sie vor. Frauen, darüber macht Rousseau sich keine Illusion, haben kein Sein. Ihr authentisches Wesen ist das Nichts des Scheins, das Theater. Dass die Frau nicht eigentlich ist – eine Glücksbotschaft für Derrida[74] –, ist für Rousseau der nackte Schrecken. Für ihn ist Weiblichkeit Inszenierung, in der die Frau sich selbst zur Puppe macht, sich schminkt und schmückt. Im Sinne der Natur allerdings – oder besser im Sinne des Überlebens der Männer und der Sache aller – muss die eigene Inszenierung ausgelöscht werden. Weiblichkeit und mit ihr die Mode muss verbannt werden, Frauen müssen zu Müttern werden. Im Hause übt sie die sanfte Herrschaft des Herzens aus, damit Männer authentisch sein und ungestört die Sache aller, die *res publica,* vertreten können.

Giacomo Leopardi, Mode als Dekadenz pur

Im Geiste Rousseaus sieht Giacomo Leopardi in seinem 1824 erschienenen satirischen Dialog zwischen Mode und Tod Mode als Dekadenz pur. Mode und Tod sind einen Pakt eingegangen. Gegen das klassische, lateinische Prinzip *mens sana in corpore sano* verformt die Mode so tyrannisch wie barbarisch im allgemeinen Wahn rigoros die Körper. Die Metamorphosen, denen sie absurd gnadenlos alles unterwirft, sind nicht zum Leben, sondern zum Tode. Kunstfertig macht sie die Menschen nicht schön, sondern verstümmelt sie: Schuhe quetschen die Füße ein, Korsetts nehmen den Atem und treiben die Augen aus dem Kopf, schon den Babys wird der Schädel verformt, um langgestreckter zu wirken. Grundsätzlich ist man zu warm oder kalt angezogen. Die Mode treibt die Menschen dem Tod scharenweise in die Arme: Bar jeder Vernunft auch im Winter nur in feinen Musselin gehüllt – Leopardi bezieht sich auf die neoklassischen Moden des ausgehenden Empire –, sind die Frauen so dünn angezogen, dass sie sich Fieber, Erkältungen, Lungenentzündungen und ganz buchstäblich den Tod holen.[75] Kurz, alles wird unternommen, um den Körper so gründlich wie langfristig zu verletzen, zu entstellen und krank zu machen. Mode ist so maßlos wie unangemessen. Als künstliche Verformung von Natur, als tödliches Prinzip ist sie Verfall schon im Leben: dekadent im wahrsten Sinne des Wortes. Als Prozess der Verformung steht die Mode gegen das Lebensprinzip selbst. In seiner Modesatire macht Leopardi keinen Unterschied zwischen den »zivilisierten« – Korsett und Musselin – und den »barbarischen« – Schädelformung der Babys – Praktiken der Mode. Universal herrscht tyrannisch die gleiche dekadente Barbarei.

Baudelaires Eroskulte

Baudelaires kurzes Aperçu zu Schminke und Mode im *Peintre de la vie moderne*, seiner Schrift zur Ästhetik der Moderne von 1863, macht mit Rousseaus Vorstellung natürlicher Schönheit, Einfachheit und Bescheidenheit kurzen Prozess.[76] Es ist der einzige hier behandelte Text, der Mode und Schminke und die damit einhergehende Idolatrisierung begeistert feiert. Erst die kunstvoll künstliche Inszenierung macht die Frau zum Idol und die Öffentlichkeit zum Ort eines barbarisch-orientalischen Eroskultes. Im Gegensatz zu Rousseaus paarzentrierter, bürgerlicher Herzensgemeinschaft und seiner männlich republikanischen Blutsbrüderschaft ist Baudelaires Ideal ein erotischer Kult, schwindelerregender Rausch der Großstadt.

Im Gegensatz zur zweiten Hälfte des 18. Jahrhunderts, in dem Adelige und Bürgerliche Rouge und Puder auflegten und ihr Gesicht mit Schönheitspfläsrerchen, die gleichzeitig erotische Botschaften waren, verzierten, schminkten sich anständige Frauen im zweiten Kaiserreich nicht. Mit dem Sieg über die Aristokratie war im Bürgertum bis ins 20. Jahrhundert hinein alle Schminke verpönt. Die Revolution hatte mit dem Adel auch Puder, Rouge und Mouche besiegt. »Reispuder« galt noch Zola als Kurzformel für leichte Mädchen. Sich zu schminken war nun Schauspielerinnen und Prostituierten vorbehalten, die sich nachgerade durch Rot, Weiß und Schwarz definierten: Rouge für Lippen und Wange, hellen Puder für einen schneeigen, ebenmäßigen Teint und schwarzen Kajal für die Augen. Bis heute hat diese Farbentrias den französischen Look geprägt: heller Teint, klar rote Lippen und dunkle Augen.

Nach Baudelaires Willen, der sich damit frontal gegen das bürgerliche Schönheitsideal stellt, soll Weiblichkeit sich nicht als Inszenierung auslöschen, sondern als Artefakt in Erscheinung treten. Mode und Schminke sind keine Künste, die unsichtbar die Natur unterstützen, sondern eine erhabene Überformung, oder – als Seitenhieb auf den gründlich reformierten, calvinistischen Bürger der Republik Genf – »Reformation«, Neuformung von Natur. Deswegen – weil die geschminkte Frau anders, intensiver, übernatürlich ist – erstaunt und bezaubert sie. Das Subjekt der Mode bei Baudelaire sind Frauen und Künstler. Es ist ein Lob von Kunst und Kunstfertigkeit, von Künstlichkeit, der nichts ferner liegt, als natürlich wirken zu wollen. Die, die keine modernen Subjekte sind – die sogenannten Wilden und die Kinder –, verstehen die offensive Zurschaustellung von Künstlichkeit oder anders gesagt: den Sinn des Auftakelns besser als die selbsternannten Kulturmenschen, die ein solches Gefallen am Bling-Bling nur als unzivilisiert abtun können. In der Liebe des Kindes, in der Liebe des Wilden zu bunten Federn, glänzenden Stoffen und künstlichen Formen zeigt sich ihre tiefe Abscheu gegen alles Natürliche. Die Primitiven teilen diese

Abscheu mit den Frauen und dem wahren Künstler. Baudelaire feiert das Schminken und die Mode als trickreiche Zauberei, die Natürliches in Übernatürliches überführt und zerbrechliche Schönheit göttlich macht. Die Frau wird dank dieser künstlich kunstvollen Tricks zur vergötterten Diva. Nie ist die Aufgabe der Frau, die verehrt werden will, so schön gefasst worden wie von Baudelaire, der Gold, Anbetung und Idol kunstvoll reimt: »idole, elle doit se dorer pour être adorée.« »Das Idol, die Frau, muss sich vergolden, um als solches angebetet zu werden.« Dior hat versucht, es ihm in seiner Parfümreklame nachzutun: »*J'adore*«, *Dior* und hat dazu die vergoldete Frau gleich mitgeliefert. Als Idol, als Priesterin, als Statue wird die Frau zum kunstreich hergestellten Götzenbild, das aus der Ordnung des bloß Menschlich-Natürlichen dank menschlicher Schöpferkraft herausfällt und die Anbetung der geblendeten Sterblichen erfährt. Der hier von Baudelaire besungene Götzendienst ist Kurzformel alles Orientalischen schlechthin, dem jede neue Reformwelle Herr zu werden suchte.

Zolas babylonisches Paris

Zolas *Au Bonheur des Dames* (Das Paradies der Damen), der Roman, der die Entstehung der großen Warenhäuser in Paris im Zweiten Kaiserreich zum Thema hat, bringt den neuen Warenkult als die Religion der Moderne, nämlich als katholisch-orientalischen Eroskult auf den Punkt. Nie war so viel Stoffrausch. Zola schildert die Entwicklung hin zum Prêt-à-porter und beweist ein untrügliches Gespür für die Wichtigkeit der Reklame, die die Mode heute zum Medienspektakel gemacht hat. Die flächendeckende Tapezierung durch Modekampagnen von H&M, Benetton, Mango, Calvin Klein, C&A – Unterwäsche zu Weihnachten, dem Fest der Liebe – ist aus dem Innenraum unserer Städte nicht mehr wegzudenken. Zolas

Konsumtempel ist ein Freudenhaus, ein Frauenhaus, dessen krampfartige Zuckungen Paris bis in die Grundfesten erschüttern. Der Reichtum des Universums versickert hier ruinös. Aus dem *Grand Mogol* Rose Bertins ist ein Bazar geworden, der sich ganze Stadtteile einverleibt. Der Taumel des Konsumrauschs macht die Hauptstadt der Moderne zu einem neuen Babel. Kapitalismus, sagte Marx, ist Götzendienst und hat mit Vernunft wenig, mit Rausch und Religion alles zu tun. Zola gibt dieser Religion der Moderne einen weiblichen Index. Mit seinem Fetischbegriff schöpft Marx aus dem Vokabular der Kolonisatoren. Sie bezeichneten »primitive«, »wilde« und »barbarische« Völker, die ihren menschengemachten Göttern übernatürliche Fähigkeiten zuschreiben, als fetischistisch. Zola beschreibt sein Kaufhaus nicht weniger exotisch als menschenfressenden Baal und Moloch. Er macht es zu einem Ort moderner Tempelprostitution, in dem Weiblichkeit zur Ware und Ware weiblich wird. Die moderne Konsumgesellschaft kritisiert Zola auf der Folie der orientalischen erotischen Kulte, wie sie die Mythenforschung seiner Zeit faszinieren, als weibische, verheerende Idolatrie: Baal, Moloch und die Phalluskulte der Großen Mutter. Im Warenhaus geht es um nichts anderes als um das schwindelerregende, ruinöse Spektakel der Weiblichkeit, um die modische Selbstinszenierung der Frau. Das Warenhaus ist antiker Venustempel, Kathedrale und modernes Bordell in einem. Gold und Sex werden im Zeichen des Orientalischen austauschbar.

Mit dem modernen Kapitalismus und dessen Globalisierung bis in die Kolonien hinein herrscht nicht etwa die Moderne in zivilisatorischer Mission im Orient, sondern umgekehrt droht der Orient die Moderne zu beherrschen. Nicht Frankreich erobert die Kolonien, sondern die Kolonien erobern Paris. Das Kaufhaus wird zum *kósmos*, zu Weltordnung, Schmuck und Staat; in ihm werden alle Werte der Moderne im Herzen der Moderne pervertiert. In prometheischer Manipulation ist es eine ganz und gar künstliche, mit viel Kunstfertigkeit geschaffene Welt, in der die Nacht zum Tag wird, ein Mittsommernachtsrausch unter einer trügerischen Mitternachtssonne. Selbst der Himmel von Paris wird in der gleichnamigen, himmelblauen Seide »ciel de Paris«, Verkaufsschlager des *Bonheur*, zur Ware verdinglicht.

Das Warenhaus ist ein orientalischer Markt, ein Bazar; zwei barbusige Frauen zieren das Firmenschild. Barbusigkeit war – man denke nur an Delacroix – mit den Frauen des Harems assoziiert, die im Gegensatz zu den Europäerinnen keine Korsagen trugen und unter den dünnen Seiden nackt waren. Dass man seine Vernunft an der Tür dieses Lusttempels abgibt, wird schon dadurch klar, dass die Schaufensterpuppen, umweht vom warmen Hauch des Begehrens, das die Stoffe bläht und sie belebt, anstelle des Kopfes ein Preisschild tragen. Lust, Gier und Rausch machen Vernunft und Moral den Garaus. Dunkles Objekt der Begierde ist Weiblichkeit, und die, die diese Weiblichkeit begehren, sind die Frauen. Dieser Tempel ist ein spektakuläres Spiegellabyrinth des Self-fashioning, in dem das Begehren nach verführerischer Weiblichkeit zu Gold gemacht wird. Die Kundinnen verausgaben sich völlig in einem Kaufrausch, in welchem Konsum und Koitus verschmelzen. Das Warenhaus ist Tempel eines schamlosen Liebeskultes; die Ausstellung der Waren ist tatsächlich ein Striptease. Das zitternde Begehren nach Seiden und Spitzen, das die Frauen vor Verlangen seufzend erblassen lässt, nimmt Züge des Liebemachens an, coram publico. Das öffentliche Leben wird zum *public intercourse*. Anstelle des unzugänglichen Tabernakels thront hier der entblößte Alkoven im Allerheiligsten, wo eine Transsubstantiation ganz eigener Art stattfindet. Fleisch wird in einem orgiastisch-steril-ruinösen Lustrausch in Stoff verwandelt. Wo Fleisch war, soll Stoff werden: samtige Schenkel, satinschimmernde Busen, seidenweiche Arme. Lüstern-wollüstig wird alles Gold dazu verwendet, sich in das Idol der Weiblichkeit zu verwandeln. Beherrscht wird dieser Raum orgiastischer Prostitution von einem Adonis mit Goldaugen. Dieser Kapitalist ist kein kühler Geschäftsmann, sondern ein Spieler, ein Manipulator, ein Dekorateur, der in seiner Zweigeschlechtlichkeit etwas vom heidnischen Gott hat, der Frauenfleisch frisst. Er bringt den Sex auf die Bühne der Großstadt. Unwiderstehlicher Herr über diese Prostitution tauscht er, Herr über Stoffe und Frauen, Liebe gegen Geld.

Das Kaufhaus ist antirepublikanischer Ort der tyrannischen Despotie. Männer verfallen den Frauen, die, selbst Sklaven ihrer Lüste, zu Despoten werden. Alle Gegensätze werden umgestoßen: öffentlich versus privat, anständige Frau versus Hure, Natur versus Kunst, ja selbst das Natürlichste der Welt, das Geschlecht, wird invertiert. Männer werden weibisch, Frauen männlich. Frauen verlassen den ihnen zugewiesenen Ort, das Haus, und treten in die Öffentlichkeit. Tatsächlich waren Kaufhäuser die einzigen Orte, wohin die Frauen unbegleitet gehen konnten. Wie schon bei Rousseau ist dieser Einbruch des Weiblichen in die Öffentlichkeit mit einer generellen Herrschaft eines verheerenden, orientalischen Lustregimes gleichgesetzt, in dem alle Ordnung zerfällt.

Am Ende stürzt eine nüchterne, vernünftige, liebende Maria, jungfräuliche Kindsmutter, immun gegen alle Verführungen spektakulärer Weiblichkeit, das blendende Idol vom Thron und beendet den Tanz um das Goldene Kalb. Mit dem ganzen Froufrou der Weiblichkeit hat sie nichts am Hut. Gold und Sex, durch den Stoff, aus dem die Träume sind, die Weiblichkeit, geleitet, werden in einer Tränenwoge geläutert. Die neue Maria erlöst von dieser so allbeherrschenden orgiastischen wie verheerenden Ökonomie, die wie ein Moloch alles verschlingt und im taumelnden Tanz um hinreißende Weiblichkeit alles in Schutt und Asche legte. Die Extravaganzen der Mode sind dieser vernünftigen, jungfräulichen Mutter fremd. Den orientalischen Gott bekehrt sie zu den wahren bürgerlich-patriarchalen, völlig unspektakulären, eben modern westlichen, produktiven Werten: Haushalt, Ehe und Familie. Reformiert, wird Adonis zum so treusorgenden wie gutverdienenden Familienvater.

Die
feinen
Unterschiede
und der
kleine
Unterschied

Simmel: Maske oder Kompensation?

Grob haben sich bei den Versuchen, das Phänomen Mode zu erklären, zu analysieren und zu interpretieren, über die bloße Empirie der Trendforschung hinaus zwei Richtungen herausgebildet. Die einen betonen die *feinen* Unterschiede, bei den anderen dreht sich alles um den *kleinen* Unterschied. Für die Anhänger der feinen Unterschiede will sich der Mensch als soziales Wesen vor den anderen auszeichnen, von den anderen abheben, unter ihnen hervorstechen und ist insofern unabhängig von seinem Geschlecht Modemensch, *animale modicus*. Die anderen sind sich mit Vivienne Westwood darin einig, dass er vor allen Dingen Geschlechtswesen ist. In der Kleidung, so Westwood lapidar, geht es um den erotischen Reiz: »Fashion is always about sex.« Bleibt die Frage nach Mode und Moderne. Für die Modetheoretiker der feinen Unterschiede ist der politische Umbruch von der absoluten Monarchie zu demokratischen Republiken oder konstitutionellen Monarchien nicht grundlegend. Er ändert nichts Grundsätzliches am Distinktionsbegehren, sondern gibt ihm lediglich einen anderen Zug. Die anderen setzten um die Zeit der großen Revolution auch eine Revolution der Mode an, die mit dem Verhältnis der Klassen das Verhältnis der Geschlechter in der Moderne grundsätzlich verändert hat.

Die Modetheorie der feinen Unterschiede ist mit dem Namen Georg Simmel und seinem Essay *Die Philosophie der Mode* von 1905 verbunden; sie erfreut sich nach wie vor großer Beliebtheit, hat durch Pierre Bourdieu eine Zuspitzung erfahren[77] und ist in letzter Zeit Allianzen mit der Systemtheorie eingegangen. Es ist ganz wesentlich die Beschreibung von Mode als Klassenphänomen.[78] Mode gewinnt mit der Ablösung von relativ starren Ständegesellschaften durch dynamischere Klassengesellschaften an Fahrt. Anders als der Stand ist die Klasse nicht gottgegeben; anders als die Standeszugehörigkeit ist die Klassenzugehörigkeit flexibel. Klassen drücken in ihrer Kleidung nicht ihr Sein, sondern ihr Anderssein aus. Die Moden erblühen deshalb voll in den modernen Großstädten. Indem die Mode verbindlich vorgibt, wie man sich anzuziehen hat, verbildlicht sie die Logik der Demokratien: Alle sind im Prinzip gleich, und doch ist jeder verschieden. Alle sind frei, da niemandem per Gesetz vorgeschrieben wird, was anzuziehen ist. Und doch halten sich alle an die Mode, weil sich alle als Teil einer Gesellschaft verstehen. Die Mode trennt und verbindet. Sie ermöglicht es den Klassen, sich voneinander abzusetzen und dem Einzelnen, sich durch seinen Stil zu unterscheiden. Die Mode, kann man mit Ferdinand de Saussures berühmter Unterscheidung sagen, gibt mit ihren wechselnden Vorgaben die Sprache *(langue)* an, die jeder beherrschen muss, um darin seine individuelle Redeweise *(parole)* ausbilden zu können. Mode ermöglicht Uniformität *und* Individualität. Der Mode folgend angezogen geht man in der Menge auf, und doch distinguiert sich jeder einzelne durch feine Unterschiede, ohne aus dem Gesamtbild herauszustechen und so die Gleichheit zu verletzen. Der persönliche Stil bildet sich vor dem Hintergrund einer durch die Mode geregelten Konformität. Die Mode kann sogar zur Maske werden: Das Individuum versteckt sich hinter der zur Schau getragenen Konformität, um seine Eigenart besser schützen zu können.

Das den schnellen Wechsel der Moden antreibende Prinzip ist die Nachahmung. Die unteren Klassen wollen sich wie die oberen anziehen, das Dienstmädchen wie seine Herrin aussehen; man spricht vom Trickle-down-Effekt. Als Zugpferd, Bahnbrecherin, Motor der Veränderungen sieht Simmel die Halbwelt, eine seltsam ortlose Klasse, deren Wesen in parasitärer Nachahmung liegt. Sie verkörpert das Prinzip der Differenz und rebelliert gegen alles Bestehende. Nach Simmel verfolgt

Mode kein ihr innewohnendes ästhetisches Ideal, dem man sich mehr oder weniger annähern könnte und das sich mit der Zeit vervollkommnet. Sie ist in ihrer Formensprache willkürlich. Ihre formalen Variationen sind so bedeutungs- wie sinnfrei und dienen einzig dem Zweck, Distinktion zu ermöglichen. Erst als reine Unterscheidung, als pures Anderssein, werden Kleider im wahrsten Sinne des Wortes durch das Abstreifen jeder Zweckmäßigkeit modisch.

Der kleine Unterschied, der für die andere Modetheorie zentral ist, spielt hier eine nur marginale Rolle. Die Frauen sind dann der Mode besonders zugetan, wenn das ihre einzige Möglichkeit ist, den allgemein menschlichen Wunsch nach »Auszeichnung und Herausgehobenheit« zu befriedigen. Wird ihnen die den Männern eingeräumte Möglichkeit individueller Entfaltung etwa im Berufsleben nicht eingeräumt, so toben sie sich in der Mode aus. Mode wird dann Kompensation für diese Unmöglichkeit, Distinktion auf anderen Gebieten zu erreichen und führt zu den »extravagantesten und hypertrophsten« Kleidermoden. Wird beiden Geschlechtern wie in der italienischen Renaissance Möglichkeit zur individuellen Auszeichnung gegeben, zeigen Männer und Frauen dasselbe Modeverhalten. Die emanzipierte Frau der modernen Gesellschaften, die nach der gleichen »Differenziertheit, Personalität, Bewegtheit« strebe, wie sie den Mann auszeichnet, betone deswegen immer ihre Gleichgültigkeit gegenüber der Mode. Im Umkehrschluss kann man folgern, dass eine Gesellschaft eine umso größere Geschlechtergerechtigkeit erreicht hat, je ähnlicher Männer und Frauen in ihrem Modeverhalten sind.

So elegant der Essay ist, so wird man doch das Gefühl nicht los, dass hier ein Blinder über die Farben schreibt und Mode für Simmel ein Buch mit sieben Siegeln bleibt. Das mag an einem impliziten Festhalten an den Begriffen Sein und Schein liegen. Im Prinzip will Simmel diesem Gegensatz den Rücken kehren, wenn er die Mode nicht als Ausdruck eines Seins, sondern als reines Prinzip der Differenz begreift. Doch der nicht überwundene Gegensatz von Sein und Schein kommt an die Oberfläche, wenn Simmel von der Halbwelt spricht, die aus dem Pariaexistenzen auszeichnenden »Haß gegen alles (...) gefestigt Bestehende« ihrem Zerstörungstrieb nachgibt und auf ständigen Wechsel drängt. Ihr Wesen, kann man sagen, ist Unwesen: nichts als Mimikry an die Welt. Zum anderen zeigt er sich an der Art und Weise, wie Simmel das unterschiedliche modische Verhalten der Geschlechter sieht. Den Frauen, meint Simmel, wird die Mode zur Kompensation, zum Vehikel, sich abzuheben, weil ihnen andere Möglichkeiten der Selbstverwirklichung nicht eingeräumt werden. Auch die Mode als Maske, als Schutz für die Besonderheit der – männlichen – Persönlichkeit, ist Symptom für den Fortbestand dieser Opposition, die eigentlich zurückgelassen werden sollte. In der Simmel'schen Theorie ist die Mode gerade keine Form der Darstellung, sondern reines Handeln. Ihr Prinzip ist die Unterscheidung. Mode ist nichts als die reine Bewegung dieser ständigen Absetzung: einer Klasse von der anderen, eines Individuums vom anderen. Aber dabei bleibt es bei Simmel nicht; es gibt im Menschen etwas anderes, etwas, das aller Differenzierung entzogen scheint. Es ist das eigentliche Sein, die Persönlichkeit, die Seele, die durch den Schleier der leeren Konvention vor der »nivellierenden Vergewaltigung«, die die Mode ist, verhüllt wird. Solch eine Persönlichkeit besitzen nach Simmel allerdings nur besondere Personen, und die sind ihm zufolge männlich. Unter dem Paradigma der Distinktion, die unabhängig vom Geschlecht funktioniert, bleibt also jedenfalls für diesen historischen Moment am Anfang des 20. Jahrhunderts das männliche Sein und der weibliche Schein. Das männliche Sein versteckt sich hinter dem Schein, der die Mode ist. Die Frauen, denen zu manchen Zeiten – wie gerade zur Zeit Simmels – das Sein verwehrt wird, toben sich im Schein aus. Dann verliert die Mode das Maß und wird »extravagant«, »hypertroph«: übersteigert, überzogen, abnorm und abwegig. Ein durch nichts mehr einzuholender Überschuss. Den Motor der Mode macht Simmel jedoch gerade im Begehren der Halbwelt nach solchen immer neuen, abwegigen, übersteigerten Nichtigkeiten aus. Ebendies scheint ihr wesenhaftes Unwesen.

Veblen: Industriekapitäne und Trophäengattinnen

Für den französischen Philosophen Edmond Goblot zeichnet sich die bürgerliche Klasse dadurch aus, dass die Männer es sich leisten, ihre Frauen nicht arbeiten zu lassen. Diese Arbeitsteilung der Geschlechter definiert den Klassencharakter der Bourgeoisie. Die Muße der Frauen ist Statussymbol, das die Frau zur Dame, den Mann zum Herrn und Bürger macht. Die bürgerliche Frau spielt die Rolle der Adeligen: Sie kümmert sich als Hausfrau nur um die Organisation des Haushalts und lebt sonst mondän ihren Vergnügungen. Der Mann, der immer arbeitet und sich nur wenige Unterbrechungen leistet, gönnt sich diesen Luxus. Folglich sucht der junge Mann einen Beruf, der ihn in die Lage versetzt, die Frau an seiner Seite auszuhalten, um ihn so zum Herrn zu machen; die junge Frau sucht einen Mann, der ihr ein Leben als Dame bieten kann. Daraus ergibt sich die bürgerliche Kleiderordnung, die ihn nüchtern asketisch vor allem Schmückenden zurückschauern lässt, während ihre Garderobe den Glanz des Adels bewahrt.[79]

Was für Goblot die Grundlage der modernen, bürgerlichen Gesellschaften ist – der Bürger lässt seine Frau nicht arbeiten –, das ist für den amerikanischen Soziologen und Ökonomen Thorstein Veblen nur ein Durchgangsstadium. Veblen betont nicht die für die Bourgeoisie fundamentale Arbeitsteilung der Geschlechter, sondern konstruiert 1899 in seiner *Theorie der feinen Leute* eine großbürgerliche Klasse, in der parallel zum Adel beide Geschlechter nicht arbeiten. Diese *leisure class* ist für die Entwicklung und Stellung der Mode zuständig, die in einer Demokratie selbstbestimmter Individuen keinen Ort hätte. Im Prinzip wiederholt sich in der Modekritik des puritanisch-republikanischen Moralapostels Veblen die Kritik Rousseaus am Ancien Régime: Eine parasitäre, unproduktive Klasse von Müßiggängern nimmt dabei die Rolle des Adels ein. Und wie der Adel bei Rousseau ist diese Klasse in Veblens Sicht der Dinge so barbarisch wie dekadent. Im Herzen der Moderne geht es zu wie bei denen, die schon die Frühe Neuzeit als das Gegenbild zur aufgeklärten Moderne entworfen hat: wie bei den primitiven Wilden.[80] Der Industriekapitän, der seine aufgetakelte Frau wie eine Trophäe auf der 5th Avenue paradiert, benimmt sich genauso wie der Kwakiutlhäuptling, der die aus dem Kampf mitgebrachten Trophäen im Triumphzug herumführt. Wie Marx mit der Rede vom Warenfetischismus beschreibt Veblen mit dem Begriff des Geltungskonsums (conspicious consumption) das Herz des modernen Kapitalismus als eine »wilde, barbarische, unzivilisierte« Praxis, bestimmt von Verdinglichung und Fetischismus.

Bourdieu wird, an den Ethnologen Marcel Mauss angelehnt, ebenfalls den Blick auf das Fremde und das Eigene richten, um hier denselben Aberglauben zu finden wie bei den Wilden, den Orientalen – oder eben den Katholiken, dem »inneren Orient« Europas. Wie bei Veblen ist auch bei Bourdieu die Mode ein herausragendes Beispiel, diesen Aberglauben vorzuführen und wenn möglich durch die Analyse zu entzaubern. Die *griffe*, der Name des Modemachers, der dann vergoldet wird, ist Bourdieus probatestes Beispiel. Denn als einen Akt der Zauberei, wie schon der Titel des Aufsatzes sagt, versteht Bordieu die fetischistische Aufladung des Namens des Designers.[81] Die Selbstverblendung der Moderne soll durch solche Kritik erhellt, ihre Selbsterkenntnis befördert werden. Wie bei Veblen, Marx und Zola mischt sich das Katholische im Zeichen des Magischen, Abergläubischen mit dem Primitiven, dem Wilden, dem Barbarischen und dem Dekadenten: Trophäen und Fetische, Priester und Transsubstantiation, Kult und Magie.

Veblens Kritik liegt die Opposition von Klartext oder *plain speech* und schmückender Rhetorik zugrunde. Gegen die einfache, ungeschmückte, eigentliche Rede von Protestanten und Pietisten wird die mit dem Jüdisch-Orientalischen assoziierte verführerische Magie von verziertem Wort und verzierter Ware gestellt. Nüchterne Vernunft steht gegen blendende Verführung.[82] Die versklavende Barbarei der Mode, die den andern tyrannisch darauf reduziert, in seinem gezeichneten Fleisch nichts als die Abzeichen seiner Leibeigenschaft zu tragen, gerinnt bei Veblen zum orientalischen Bild par excellence: den abgebundenen, verkrüppelten Füßen der Chinesinnen. Was den Chinesen der verkrüppelte Fuß, ist den Europäern der hohe Absatz und das Korsett.

Im Konzept des Geltungskonsums sieht Veblen die Perversion des vernünftig handelnden Homo oeconomicus. Das produktive Leistungsbürgertum bezichtigt die Klasse der Rentiers, das Erwirtschaftete protzig zu vergeuden und ihre Lebensform auf Kosten anderer zu einer verschwenderischen Kunstform zu stilisieren. Diese Verschwendung ist jedoch nur scheinbar nutzlos: Sie ist de facto interessengeleitet, nützt Status und Prestige. »Die Wendung der Kultur gegen die Utilität geschieht um der unmittelbaren Utilität willen.«[83] Obwohl die Klasse der Müßiggänger sich und ihren Reichtum den modernen Prinzipien des Kapitalismus verdankt, bleibt sie in ihrer eitel-frivolen Vergeudungssucht für Veblen feudales Relikt. Ex negativo bekräftigt Veblen in der Beschreibung dieser Klasse die Werte des modernen, produktiven, selbstbestimmten – antimodischen – Individuums. Seine Aura verdankt Veblen nicht zuletzt diesem von ihm konsequent gelebten antimodischen Statement: Seine mit Wäscheklammern an den Hosen befestigten dicken Wollsocken sind legendär. Die Mode ist eigentlich nur in der leisure class – und besonders bei den Frauen dieser Klasse – zu Hause. Als Relikt bleibt sie Ausdruck von eigentlich feudalem, katholischem Unterworfensein des Subjekts und als solches vor allen Dingen Zwang. Diener, Priester, Frauen sind diesem Zwang zur Selbstbehinderung durch die Kleider unterworfen. Wenn also auch für Veblen die Mode zuallererst Klassenmode ist, dann ist anders als bei Simmel eigentlich nur *eine* Klasse modisch: nämlich die »feudale« Klasse der *robber barons*, die an den so barbarischen wie anachronistischen Werten der Aristokratie hängt. Statt zu arbeiten, vergnügt sie sich. Und das noch nicht einmal zum Spaß, sondern um symbolisches Kapital anzuhäufen. Statt zu produzieren, lebt sie vom leeren Schein. Statt Zukunft zu gestalten, ist sie Parasit. Statt an der Gleichheit und Freiheit aller zu arbeiten, unterwirft sie sich andere: Diener, Frauen, Priester. Wie im finsteren Mittelalter macht sie sie zu Leibeigenen. Und wie die Aristokratie stellt sie diese Unterwerfung öffentlich für jeden erkennbar aus. Nirgends wird diese Leibeigenschaft offensichtlicher als in der »zweiten Haut«, der Kleidung: in den Livreen der Diener, im Rock der Priester, im Korsett der Frauen. Auch wenn die Männer dieser Klasse in blütenweißen, sorgfältig gebügelten Hemden, mit Zylinder und Lackschuhen klar die Arbeit, die in ihre Kleider eingeht, ausstellen und in ihren Kleidern auch zeigen, dass sie nicht zur Arbeit gemacht sind, so unterwerfen sie ihren Körper doch keinem Zwang.

Die unterschiedliche Kleiderordnung der Geschlechter hat in Veblens Perspektive nichts mit dem Hervortreiben erotischer Reize, sondern schlicht etwas mit Machtdemonstration, mit Status und Prestige zu tun. Überhaupt glänzt der Eros bei Veblen durch Abwesenheit. Was die Männer reizt, ist nicht primär die Zurschaustellung erotischer Signale; vielmehr suchen sie das vollkommene Repräsentationsobjekt zu Zwecken optimaler Distinktion. Als Luxusobjekt gleichen sich die Frauen den Waren an. Um es mit Clint Eastwood zu sagen: »Lieber als mit einer ordinär aufgedonnerten Tussi möchte doch jeder mit einer Lady in Chanel ausgehen.« Mehr Klasse heißt weniger offensichtlicher Sex-Appeal. In der patriarchalisch geprägten leisure class haben die Frauen einzig die Aufgabe, die Zahlungsfähigkeit und Kreditwürdigkeit des Haushalts so deutlich wie möglich zu bezeugen. Ihre einzige wirtschaftliche Funktion liegt darin, vor aller Augen Geld und Energie zu verschwenden. Als jemand, der mit Fleiß verschwendet, ohne zu produzieren, ist die Frau der lebendige Beweis eines Lebens in Muße. Diese Befreiung von allem Zwang zur Erwerbstätigkeit muss die Ehefrau als erste Dienerin des Hauses dadurch zeigen, dass sie ihrem Körper Zwang antut.

»Der hohe Absatz, der Rock, der unpraktische Hut, das Korsett und die Verachtung für jegliche Bequemlichkeit, die ganz offensichtlich alle zivilisierten weiblichen Kleider kennzeichnet, beweisen durchweg, daß die Frau auch im modernen Leben – wenigstens de facto – noch immer Hab und Gut des Mannes ist. Die einfache Ursache für all die Muße und all den Aufwand, den die Frauen betreiben, liegt in dem Umstand begründet, daß sie Dienerinnen sind, denen bei der Differenzierung der wirtschaftlichen Funktion die Aufgabe zufällt, die Zahlungsfähigkeit ihres Herrn zur Schau zu stellen und zu bezeugen.«[84]

Der weibliche Körper ist ein durch die Mode so behinderter, ja gar verkrüppelter Körper, dass er, offensichtlich zur Arbeit unfähig, vor aller Augen demonstriert, dass er unterhalten werden muss. Je schneller die Moden wechseln, je aufwendiger sie sind, umso vielfältiger die Möglichkeiten für den Mann, in der Frau an seiner Seite seine Finanzkraft zu demonstrieren. Stellvertretend inszeniert sie ein Leben in Luxus und Muße. Als erste Dienerin seines Hauses gehört sie zu seinen mobilia. So wie ein Maserati stellt sie seine finanzielle Potenz aus.

Diese vulgärprotzigen Zeiten sieht Veblen im Schwinden. Die Zugerichtetheit des weiblichen Körpers zu sichtbarer Arbeitsunfähigkeit, als deren erstes Instrument stets das Schnürmieder genannt wird, nimmt um die Jahrhundertwende im Zuge der Reformkleidbewegung tatsächlich ab. Veblen sieht darin keine grundsätzliche Verschiebung im Geschlechterverhältnis, die etwa mit dem Ausgang aus dem Patriarchat und der Emanzipation zu tun hätte. Es hat schlicht etwas mit der Konsolidierung der leisure class zu tun. Die neue Bequemlichkeit der weiblichen Mode ist einzig darin begründet, dass alle wissen, dass in dieser Klasse kein Mensch mehr arbeiten muss, um leben zu können. Es ist so selbstverständlich, dass es deshalb nicht mehr von den dieser Klasse angehörenden Frauen offensichtlich zur Schau gestellt werden muss. Es geht auch raffinierter. Der exquisite Geschmack gibt viel Geld nicht protzend, sondern möglichst unauffällig in äußerstem Raffinement so aus, dass nur noch Eingeweihte den Unterschied sehen. Die begehrteste Frau ist die, die dieses Raffinement verkörpert. Das ändert nichts daran, dass die Frau als im wahrsten Sinne des Wortes »investiertes«, eingekleidetes Objekt das wichtigste Investment des Hauses ist und verdinglicht Statussymbol bleibt. Veblen vermerkt schließlich noch eine eigenartige Lust – einiger Männer, die er als effeminiert beschreibt – daran, Kleider zu tragen, die sie wie die der Frauen in ihrer Beweglichkeit einengen. Wie Dienern, Frauen und Priestern scheint auch den Homosexuellen die Emanzipation zum modernen Subjekt verwehrt.

Flügel: Was die Mode streng geteilt

Die andere große Ausprägung der Modetheorien hat als grundlegende Kategorie das Geschlecht und als ihre zentrale Opposition die von Mann und Frau. Manchmal, nicht immer, geht es hier nicht um Macht, sondern um Lust. Hier werden Geschichten erzählt, die die Entwicklung der Ästhetik und die Entwicklung der Gesellschaft aus einer der Mode inneren Logik vorwegnehmen. Perspektiven werden entworfen, gesellschaftliche oder ästhetische Ideale proklamiert. Die Mode ist in diesen Beschreibungen Privileg oder Bürde der Frauen geworden. Anders als von reinem Distinktionsstreben getrieben, drückt die Mode in diesen Theorien etwas aus. Sie ist die Sprache der weiblichen Reize. Die ästhetische Entwicklung der Mode ist von der Veränderung der Geschlechterverhältnisse abhängig. Mit dem Voranschreiten der Emanzipation – der verstärkten Teilhabe der Frauen am Arbeitsmarkt und am öffentlichen Leben – würde sich die Frauenkleidung der zweckmäßigen Herrenmode annähern und endlich modern werden. Während Simmel die Mode als Moment der Differenzierung für anthropologisch gegeben hält, aber durch Moderne und Demokratie befördert sieht, parallelisiert John Carl Flügel witzig die »große französische Revolution« mit der »großen männlichen Entsagung«. Am Anfang unserer Moderne kommt es zu einem entscheidenen Bruch in der Modegeschichte:

»Um diese Zeit herum kam es zu einem der bemerkenswertesten Ereignisse in der ganzen Geschichte der Kleidung, unter dessen Einfluss wir noch immer stehen. Längst ist ihm nicht die gebührende Aufmerksamkeit geschenkt worden. Die Männer verzichteten auf all die glänzenden, heiteren, raffinierten und abwechslungsreichen Formen des Schmückens. Das überließen sie von nun an den Frauen. Das männliche Schneiderhandwerk wurde jetzt zu einer nüchtern strengen, asketischen Kunst. Unter Modegesichtspunkten ist es nicht übertrieben, von der ›Großen Männlichen Entsagung‹ zu sprechen. Der Mann gab den Anspruch auf, für schön gehalten zu werden. Ihm ging es nur noch darum, nützlich zu sein. Wenn Kleider für ihn überhaupt noch von Bedeutung waren, dann war es höchstes Ziel seiner Bemühungen, korrekt angezogen zu sein. Bis zu diesem Zeitpunkt hatten Männer und Frauen um glänzendes Auftreten gewetteifert. Das einzige Vorrecht der Frauen war das Dekolleté und anderes, erotisches Zurschaustellen des tatsächlichen Körpers. Von diesem Zeitpunkt an bis zum heutigen Tag kamen nur noch Frauen in den Genuss des Privilegs, sogar die Kleider betreffend allein im Besitz von Schönheit und Prächtigkeit zu sein.«[85]

Kurz, die Herren verzichten auf das Attribut, das sie doch im Namen tragen: die Herrlichkeit. Die bürgerliche Gesellschaft konstituiert sich, Flügel zufolge, durch diese »große männliche Entsagung«. Fast alle Leute, die sich mit Mode beschäftigen, beschreiben dieses Phänomen nicht als einen Verlust an Lust für die Männerwelt, sondern als ein ästhetisches, stilistisches, ja moralisches Plus. Ästhetische Trends wie die Neue Sachlichkeit unterstützten diese Argumentationslinie noch. In dieser Perspektive bleibt dann die Frauenmode anachronistisch, unvernünftig, hässlich absurd, übertrieben, hypertroph, oversexed. Nicht so Flügel. Er sieht in der Mode der Moderne den Verlust eines Privilegs und eine den Männern abverlangte, schmerzhafte Sublimationsleistung. Die Heraufkunft des bürgerlichen Zeitalters führt zu einer Verkehrung der bisherigen Kleiderordnung. Ursprünglich, so Flügel, waren Frauen das bescheidenere, schamhaft angezogenere, bedecktere und Männer das stärker geschmückte, in seiner Kleidung stärker erotisierte Geschlecht. Männer gockelten herum; herrlich paradierten sie. Von dieser – primitiven – Ordnung der Dinge gibt es noch bedrohte Rückstände: »Selbst die heiterste, weibliche Garderobe reicht nicht an die Farbenpracht mancher militärischer Uniformen heran. Dasselbe gilt für die Talare, bevor Frauen sie trugen.«[86] In den modernen Gesellschaften hat sich das radikal verkehrt: Die Frauenkleidung jedenfalls im Zivilleben ist jetzt sehr viel schmückender, üppiger, aufgeputzter, prunkender, aufwendiger, auffälliger, kurz: herrlicher als die Männerkleidung. Die Revolution besiegelt das Ende der Gleichheit der Geschlechter in modischen Dingen. Hatten grob gesprochen bis zur Revolution Männer wie Frauen das Privileg genossen, anziehend mit ihren körperlichen Reizen zu prunken, so bleibt das nach der Revolution den Frauen vorbehalten.

Flügel führt das zum einen auf einen psychoanalytischen und zum anderen auf einen politischen Grund zurück.

Während die Frauen ihren ganzen Körper erotisch besetzten, sei die erotische Besetzung beim Mann auf das männliche Geschlecht fokussiert. Die Frauen genössen deshalb die Zurschaustellung ihrer Reize mehr als die Männer, sehe man von dem direkten Zeigen des Geschlechts ab. Für Frauen sei es folglich schwerer, den ihren ganzen Körper betreffenden Narzissmus zu sublimieren und die Zurschaustellung ihrer Reize zu unterdrücken.

Den Verzicht des Mannes auf Zurschaustellung seiner erotischen Reize durch die Kleidung erklärt Flügel jedoch letzten Endes nicht durch eine anthropologische Konstante – keine erotische Ganzkörperbesetzung –, sondern durch die politisch-gesellschaftliche Entwicklung. Das neue, demokratische Prinzip der Gleichheit wird nur in der Männermode befolgt. Weil jetzt alle Menschen Brüder geworden sind, gleichen sich die Männer in der Mode tatsächlich an. Männer verzichten jetzt – um der Gleichheit willen – anders als die Aristokraten darauf, sich durch ihre Kleidung in körperlicher Schönheit auszuzeichnen.

Mit leisem Bedauern stellt Flügel fest, dass die Zeit der Rad schlagenden Pfauen mit dem Ende der Herrschaft der Aristokratie vorbei sei. Das neue Ideal der Brüderlichkeit verlange nicht mehr nach Kleidern, die den Unterschied zwischen den Ständen betonen, sondern nach Kleidern, die Gleichheit durch größere Uniformität suggerieren. Das habe zu einer Vereinfachung der Männerkleidung geführt, da man sich einen für alle erreichbaren Standard habe angewöhnen müssen. Anders als der aristokratische Mann stellt der bürgerliche Mann nicht sein Sein zur Schau, sondern definiert sich über seine Leistung. Hatten die herrschenden Klassen bis zur Revolution gar nicht daran gedacht zu arbeiten, so wurde die funktionale Einfachheit der Kleider jetzt durch das neue Ideal des arbeitenden Mannes befördert.

Die männliche, moderne Kleidung ist also auch für Flügel Ergebnis einer Sublimationsleistung. Durch die relative

Uniformität der Kleidung, so meint er, fühlten sich die Männer einander tatsächlich verbundener. Das liege weniger daran, dass ein ähnlicher Kleidungsstil an sich zu größerer Nähe führe. Vielmehr träten durch den Wegfall des Kleiderwettbewerbs Konkurrenz und Sexualneid in den Hintergrund. Der männliche moderne Kleidungsstil zielt auf unauffälliges Einfügen und nicht auf körperlich erotisches Hervorstechen: keine Zickenkriege jedenfalls auf diesem Terrain. »Nehmen wir irgendeinen gesellschaftlichen Anlass. Die Männer, öde uniform in schwarz und weiß, verkörpern die Prosa des Lebens, wie ein Schriftsteller mal gesagt hat (obwohl dieser düstere Anzug durchaus seine Bewunderer hat). Aber wenn es an Romantik fehlt, so gibt es auch keinen Neid, keine Eifersucht, keine kleinlichen Triumphe, Niederlagen, Überlegenheiten, Gemeinheiten, wie sie die zweifellos romantischere Abwechslung und Heiterkeit der weiblichen Garderobe mit sich bringt.« Macht es für sie Sinn, unendlich viele verschiedene Kleider zu haben – bloß um nicht zweimal mit demselben Kleid auf einer Party erwischt zu werden –, so ist es für ihn überflüssig, viele verschiedene Smokings zu besitzen, weil man den einen doch nicht vom anderen unterscheiden kann. Und während es das Drama schlechthin ist, wenn zwei Schauspielerinnen bei den Oscars dasselbe Kleid von, sagen wir Valentino tragen, so würde es vermutlich noch nicht einmal auffallen, wenn George Clooney und Brad Pitt einen Smoking vom selben Schneider hätten. Bei den Oscars werden die Namen der Designer, die die Männer tragen, noch nicht einmal genannt. Bei den Frauen wissen alle, wer was trägt. Wenige wissen, von wem Obama seine Anzüge machen lässt; fast alle haben davon gehört, dass Michelle Obama bei seiner ersten Amtseinführung ein Kleid von Isabel Toledo trug (Abb. 12).

Die den Männern aufgebürdete Entsagung, in der neuen, nüchternen und zweckmäßigen Kleidung auf jede Zurschaustellung zu verzichten, geht aber, Sublimation hin oder her, nicht ohne Verschiebung vonstatten: Aus dem Gefallen daran, beschaut und begehrt zu werden, wird ein Begehren danach, zu beschauen und zu begehren. Vor allem aber stellt der bürgerliche Mann – Flügel nähert sich Thorstein Veblen – die Reize und das Raffinement seiner Begleiterin quasi stellvertretend aus. »Ein Mann ist stolz, wenn er in der Öffentlichkeit von einer schönen oder gutangezogenen Frau begleitet wird. Obwohl dieser Stolz in sich komplex ist, so ist ein Element doch sicher die stellvertretende Zurschaustellung, die ihm so erlaubt wird.« Mir nichts, dir nichts treten aber neben diese Frauen, die sich schmücken, um als Schmuckstücke der Männer in Konkurrenz zu treten, andere Frauen, denen Flügel den steinigen Weg der Entsagung vorschreibt oder besser vorhersagt. Den Frauen, die stärker am Arbeitsleben teilhaben wollen, ist das Opfer vorherbestimmt, das die Männer schon lange gebracht haben. Auch sie werden um der Allgemeinheit willen ihren Narzissmus aufgeben und sich nüchterner, einheitlicher und zurückhaltender kleiden müssen. Flügel ist nicht immer so resigniert. In optimistischeren Momenten hat er gegen diese aus seiner Perspektive zu starke Unterjochung der modernen Gesellschaften durch das Über-Ich eine Kleiderreform vorgeschlagen. Diese zielte darauf, Männern das Privileg ihrer Herrlichkeit zurückzugeben. Sie sollten zeigen, was sie hatten, um für die Frauen anziehender zu werden. Kleider sollte man mit dem Ziel anziehen, sie auszuziehen: weniger Leistung, mehr Sex.

Anders als Simmel geht Flügel davon aus, dass die Moderne nicht das System Mode als eines von Konformität und Distinktion nur beschleunigt hat. Für Flügel ist es mit der Umwälzung des Gesellschaftssystems zu einer Umwälzung des Modesystems gekommen. Er legt den Finger auf ein Problem, das bis heute von seiner Aktualität nichts verloren hat. Erotische Zurschaustellung scheint mit einer Rolle im öffentlichen Leben der Demokratien nicht vereinbar. Augenscheinlicher Narzissmus geht mit dem Errichten von Institutionen, die das Zurücktreten ins Glied fordern, nicht zusammen.

Fuchs und Loos:
Femina feminae lupa

Für den Kulturwissenschaftler Eduard Fuchs hat die weibliche Mode jedenfalls in der bürgerlichen Ära nur einen Zweck: die erotischen Reizwirkungen des weiblichen Körpers herauszuarbeiten. Den Siegeszug der westlichen Mode sieht er in dem mir zirkulär erscheinenden Phänomen begründet, dass die »Rassemerkmale« der Europäerinnen gleichzeitig die erotischen Reize par excellence seien: der hohe, hervorstechende Busen, die schmale Taille und die langen Beine. Eben die arbeite die Mode heraus. Das Korsett macht die Taille schmaler und treibt den Busen hervor. Die Absätze verlängern die Beine. Für die Frauen sieht Fuchs an dieser Zurschaustellung überhaupt nichts Narzisstisch-Lustvolles. Ihrer eigenen Lust tut die Frau überhaupt nichts zuliebe. Sie handelt rein funktional. Bei dem ganzen Stoffrausch geht es schlicht ums nackte Überleben. Und warum? Weil die Frau im bürgerlichen, ganz und gar männlich beherrschten Zeitalter anders als zu Zeiten der Monarchie, die Fuchs für weibisch hält, nicht zur Herrschaft kommen kann. Sind monarchische Gesellschaften de iure patriarchalisch, so sind sie de facto Weiberherrschaften. Republiken hingegen, die de iure zur Geschlechtergerechtigkeit tendieren, bleiben de facto Männerherrschaften. Frauen sind deshalb in modernen, demokratischen Gesellschaften der brutalen Logik des weiblichen Konkurrenzkampfs um die Gunst und das heißt das Portemonnaie des Mannes darauf angewiesen, auf dem Heiratsoder Sexmarkt gegen ihre Konkurrentinnen zu bestehen. Nur so kommen sie schließlich zu einem Ernährer. Nolens volens und mangels Alternativen wird die Ehe für die Frauen zur Versorgungsinstitution, in der nach dem darwinistischen Prinzip des *Survival of the fittest* nur die erotisch Attraktivsten überleben.[87] Weil der Mann der Finanzkräftigere ist, wählen nicht die Frauen, sondern die Männer nach ihren erotischen Vorlieben.

Die Frau macht erotische Versprechungen, um sie auszumünzen. Ihr Ziel ist es, vom Mann als erotisches Objekt gewählt und dann unterhalten zu werden. Den Luxus erotischer Interessen kann sie sich nicht leisten.

Die weibliche Mode ist so keinesfalls willkürlich, sondern folgt mit strengster Gesetzmäßigkeit diesem Ziel. Und ist deshalb nicht harmonisch schön, sondern schreiend auffällig, ja meistens schamlos grotesk weder einem Vernunft- noch einem ästhetischen Argument zugänglich. Der Frau kann es nur darum gehen, dem Mann ins Auge zu fallen, aus der Menge der andern hervorzustechen, unwiderstehlich anzuziehen. Deshalb ist Mode nach Fuchs immer Hurenmode, weil es den »Venusdienerinnen« durch pausenlose Einübung gegeben sei, die weiblichen Reize – Hüften, durch hohe Absätze ins Wiegen gebracht, und Busen, durch das Korsett hervorgetrieben – marktgerecht ins Licht zu setzen. Die Mode folgt deshalb der A-Ästhetik des Manierismus: Sie sucht nicht die schöne Norm, sondern das Bizarre, das Abweichende, Herausstechende. Sie richtet sich nicht an den gebildeten Geschmack, sondern an die niedrigsten Sinne.

Die Frauen sprechen nicht durch die Blume, sondern lassen unverblümt Schnitte und Stoffe sprechen. Nichts ist so schamlos vielversprechend wie die Mode; nonstop appellieren die Kleider mit ihren sinnlichen Verführungen an den ganzen Mann. Kurz, die Mode ist das »wichtigste und erfolgreichste Hilfsmittel im weiblichen Existenzkampf«; sie dient dazu, den »Hochzeitsschleier zu erbeuten«.[88] So wie sich die Mode den Frauen in ihren geheimsten Regungen und Wünschen in diesem gnadenlosen Ringen anschmiegt, das Frau in einem darwinistischen Kampf ums Dasein gegen Frau stellt, so unterwirft sie der Logik von Herr und Knecht folgend rachsüchtig alle Frauen ihren geringsten Capricen. Auch bei Fuchs erscheint die Mode, die nur Sklaven und Tyrannen, aber keine freien Subjekte zulässt, als das Andere der Moderne: als allmächtiger Götze.

Obszön grotesk, anachronistisch unreformierbar,

hoffnungslos zurückgeblieben findet auch der Wegbereiter der modernen Architektur Adolf Loos um 1900 die weibliche Mode und bezeichnet sie als ein »gräßliches Kapitel der Kulturgeschichte«.[89] Sie verstößt gegen sämtliche ästhetischen Prinzipien der Moderne, wie sie Loos als Wegbereiter der Neuen Sachlichkeit definiert. Rein ornamental, ist sie nichts weniger als ein ästhetisches Verbrechen. So schamlos wie skrupellos appelliert sie, gnadenlos schwanzfixiert, an das Tier im Mann. Aber das ist, Kulturkrankheit, eben leider nicht mehr gesund, sondern pervers. Sonst wären alle Menschen nackt. Schuld an all diesem moralischen wie ästhetischen Elend ist, folgt man Loos, die Geschlechterordnung der Moderne; ohne Recht auf freie Arbeit ist die Frau verdammt, Geschöpf der Wollust des Mannes zu sein. Ihr einziges Mittel im Kampf der Geschlechter ist die »Liebe«, deren Grund die Begierde ist. Ohne den Mann, durch den sie ganz bestimmt wird, ist die Frau nichts. Solange Frauen nicht mit Männern konkurrieren können, sondern um Männer konkurrieren müssen, solange sind alle Versuche, die Frauenkleider nach den modernen Kunstprinzipien zu reformieren, zum Scheitern verurteilt. Ist der Motor der Männerkleidung die Distinktion, die sich paradox gerade dadurch auszeichnet, dass man sich den anderen vollkommen angleicht, dann wird Frauenkleidung durch die wechselnden sexuellen Vorlieben der Männer bestimmt. Nach dem Masochismus die Pädophilie: von der Domina-Mode zur Kindfrau.

So streng, meint Loos, wie zu seiner Zeit hat die Mode die Geschlechter nie geteilt. Denn während es in der männlichen Mode darum geht, im Herzen der Kultur in der kulturell herrschenden Schicht um keinen Preis der Welt aufzufallen, muss es den Frauen darum gehen, den Männern um jeden Preis ins Auge zu stechen. Während er sich chamäleonartig an die richtige Umwelt anpasst und durch seine Kleidung nichts als striktesten Konformismus ausdrückt, wird sie zum Lockvogel. Wie Veblen sieht Loos das Los der Frau darin, nicht selbstbestimmtes Subjekt, sondern fremdbestimmt unterworfene Dienerin zu sein. Als feudales Relikt ist sie wie alle Diener – die Priester als Diener des Herrn, die Könige als erste Diener des Staates und die zum Gehorsam verpflichteten Soldaten – gehüllt in Gold, Samt und Seide, geschmückt mit Bändern, Federn und Farben. Den Weg in die Moderne, den die Männer schon lange als freie Subjekte gegangen sind, kann sie erst gehen, wenn auch sie die Kleidung als Ornament abgelegt hat. Erst dann hat sie eine Chance, nicht mehr passiv reizendes Schmuckstück zu sein, das sich der Mann ans Revers heftet. Erst wenn Frauen sich nicht mehr als Sexobjekte auf dem Heiratsmarkt anbieten müssen, sondern den Arbeitsmarkt als produktive, selbstbestimmte Subjekte betreten können, hat die Frauenmode eine Chance, endlich modern zu werden. Bis dahin ist es noch ein weiter Weg, auch wenn die Radfahrerin, zwar noch berockt, aber immerhin fußfrei, die Richtung weist, die Loos mit lyrischer Intensität und der von den Reformern bevorzugten Kleinschreibung beschwört: »Nicht mehr die durch den appell an die sinnlichkeit, sondern die durch arbeit erworbene wirtschaftliche unabhängigkeit der frau wird eine gleichstellung der frau mit dem manne hervorrufen. Wert oder unwert der frau werden nicht im wechsel der sinnlichkeit fallen oder steigen. Dann wird die wirkung von samt und seide, blumen und bändern, feder und farben versagen. Sie werden verschwinden.«[90]

Fuchs und Loos sehen den Mann in Bezug auf die Frau anders als Veblen nicht als Klassenwesen, sondern als Geschlechtswesen. Sie interessieren sich nur für die Frau im Bett, nicht für die Frau als Mittel der Distinktion. Sie ist ihnen Sexobjekt, nicht Statussymbol. Verkennt Veblen ganz den erotischen Aspekt der Mode, so übersehen Loos und Fuchs den der Distinktion.

Der feine Unterschied im kleinen Unterschied

Sehen wir uns, um dieser Frage auf den Grund zu gehen, die moderne comédie humaine *Mad Men* an. Die Frau ist, um es auf eine Formel zu bringen, über ihren Status als Sexobjekt Statussymbol. Die Frau reizt, die es sich leisten kann, auf direkten Sex-Appeal zu verzichten, und es nicht nötig hat, ihre Reize an den Mann zu bringen. Als schön und attraktiv – oder jedenfalls als unüberbietbare Statussymbole – gelten in unseren Gesellschaften vielleicht weniger die Frauen, die als Sexbomben ihre erotischen Reize ins rechte Licht rücken, als diejenigen, die auf die ostentative Zurschaustellung weiblicher Reize demonstrativ, möchte man sagen, verzichten: Audrey Hepburn, Catherine Hepburn, Anna Magnani. Auch in der weiblichen Mode ist nicht immer mehr mehr, sondern oft weniger mehr. Gerade dieser Verzicht auf Zurschaustellung, die subtile Durchkreuzung der Frau als Sexobjekt, macht den Wert des Statussymbols aus. Die zu offensichtliche Spekulation auf dem Fleischmarkt, die wie im Zweiten Kaiserreich den Sexmarkt öffentlich inszeniert, war lange Zeit von der Bühne unserer Großstädte verschwunden. Jetzt gibt es Orte, an denen sie massiv wiederkehrt: das Grill Royal in Berlin etwa. Die meisten von uns finden das vulgär. Die männliche Entsagung hat um der Distinktion willen so weit zu gehen, dass im Objekt seiner Wahl klar wird, dass man eben nicht nur testosterongesteuert ist.

Betty Draper, so bösartig wie treffend von dem jüdischen Stand-up-comedian in *Mad Men* Miss America genannt, ist perfekte Ehefrau und unüberbietbares Statussymbol, weil sie guterzogen ladylike sich stilistisch von Grace Kelly zu Jackie O. entwickelt. Anders als Joan Harris hält sie keine überbordend üppigen Kurven wie in einer Peepshow in die Kamera. Joan hat Liebhaber und prostituiert sich schließlich für viel Geld, findet aber keinen Mann, der sie unterhält, während Betty Draper schließlich als Frau eines Senators tatsächlich so etwas wie Landesmutter wird. Das Plus von Bettys Reiz für den Heiratsmarkt liegt darin, dass sie keine korsettartige Unterwäsche trägt – Triumph, Maidenform –, ihr Busen folglich nicht wie ein Missile in die Landschaft ragt und ihr Po sich nicht in Form gebracht üppig unter dem Rock abzeichnet. Ihre Anziehung verdankt sie, gut trainiert und schlank, ihrer Disziplin und ihrer Erziehung. Unübersehbar ist sie Tochter aus besserem Haus. Sie singt nicht mit fürchterlichem amerikanischen Akzent zum Schifferklavier Chansons, sondern spricht für amerikanische Verhältnisse ziemlich fließend Italienisch. Schlank, blond, trägt sie keine den Po eng modellierenden Röcke, sondern Hosen – Reithosen, Caprihosen, Slacks – oder die bauschenden Petticoats des von Dior lancierten New Look. Sie arbeitet selbstverständlich nicht, sondern wird von ihrem Mann standesgemäß unterhalten. Als Verkörperung der modernen, amerikanischen Frau und Mutter repräsentiert sie all die Werte, für die es sich zu arbeiten lohnt.

Die Klasse liegt auch heute noch klar darin, sich eben nicht mit der kurvenreichen Blondine, hochhackig und rotlackiert, in einem zu engen Kleid von Juicy Couture zu zeigen, sondern mit einer Frau, die sich den Luxus leisten kann, es nicht offensichtlich auf einen Mann abzusehen. Männer, die den primitiven Reizen des Sexsymbols nachgeben, und, wie es mal so schön hieß, »Sklaven ihrer Lüste« werden, gelten als wenig distinguiert. Als solcher, als Sklave der jugendlichen Reize einer Sekretärin, inszeniert sich in *Mad Men* der Beau Sterling. Seine Versklavung tut er dadurch kund, dass er ihr auf der Hochzeitsparty als Schwarzer angemalt ein Ständchen bringt. Ohne jede Klasse, seiner Klasse untreu, hält ihn jeder für einen Narren: einen unreifer Mann, der seinen Kleinjungenphantasien nachgegeben hat und einer Liebe auf Augenhöhe nicht standhält.

Unisex
oder
Cross-
dressing?

Die Mode wird aus der Mode kommen

Bei aller Unterschiedlichkeit zeichnet die hier vorgestellten Ansätze eine Bestrebung zur Reform der Mode, ja zur Abschaffung des Modischen aus. Von Zola über Nietzsche bis Loos zeigen sich alle als modekritisch bis modefeindlich; sie hoffen auf ein Verdämmern der Mode. Ausnahmen sind Baudelaire und Goblot; nur diese beiden nehmen entschieden die Partei der Mode und damit die Partei eines Paradierens von Weiblichkeit, egal ob Männer oder Frauen dies tun. Baudelaire ergreift die »orientalische« Partei, in der er Frauen, Künstler und Dandys vereint sieht, Goblot findet, dass die Männer der Bourgeoisie ästhetisch nicht eben den allerbesten Eindruck machen. Ein bisschen mehr von dem jetzt nur noch bei den Frauen anzutreffenden Begehren nach Eleganz und Schönheit würde ihnen ganz gut stehen. Modelust wird beiden Geschlechtern neben Baudelaire und Goblot nur von Flügel zugestanden; bei den anderen erscheint es als ein weiblich-weibisches, ruinöses Laster, das durch Mütterlichkeit zu heilen ist – Zola – oder das den mittelalterlichen, nein schlimmer, kapitalistisch-orientalischen Geschlechterverhältnissen der Moderne geschuldet sei. In dieser Perspektive ist es nicht Lust, sondern schieres Nützlichkeitsdenken, bittere Notwendigkeit, die die Frauen zu einer exzessiven Mode drängt – aber abgesehen von der Nicht-Mode der Geistesmenschen ist nach dieser Lesart alle Mode exzessiv. Wie Leibeigene, fast wie Märtyrer bis ins Fleisch gezeichnet, müssen die Frauen die Kreditfähigkeit ihres Herrn aller Welt vor Augen führen. Oder sie können aufgrund der unemanzipierten Verhältnisse nicht anders, als sich wie Prostituierte an den Meistbietenden zu bringen. Eine anders nicht zu erklärende und nicht zu entschuldigende Lust wird dem aufgeklärten Diskurs einverleibt, der sich redlich bemüht, noch im scheinbar Überflüssigsten, Unsinnigsten, Abartigsten das wohlverstandene und deshalb letzten Endes vernünftige Eigeninteresse eines utilitaristischen Subjekts auszumachen. Simmel sieht die übertriebene Liebe zur Mode – das ist fast ein Pleonasmus – als schlechte Kompensation für mangelnde Möglichkeiten von Selbstverwirklichung, die man den Frauen im Moment verweigert. Selbst Flügel fürchtet, dass auch die Frauen in den sauren Apfel der Sublimation werden beißen und um der allgemeinen Sache willen Verzicht auf Modelust werden leisten müssen. Würden sich die Verhältnisse ändern, könnten, müssten, dürften Frauen endlich wie Männer sein. Es geht, kurz gesagt, um die Emanzipation von der Mode. Der Götze ist zu stürzen, an die Stelle von unterworfenen, fremdbestimmten Tyrannen und Sklaven sollen selbstbestimmte Individuen treten. Der Auszug aus Babylon wird vorhergesagt. Rudi Gernreich sagt das lustiger: Die Mode wird aus der Mode kommen. Heißt: Mode wird bleiben.

Klar ist, dass dieser Auszug nicht stattgefunden hat. Entgegen allen Vorhersagen von Nietzsche bis Loos und Flügel, entgegen allen Beschwörungen von Unisex ist es nicht zu einer teleologischen Entwicklung der Frauenmode hin zur Männermode gekommen. Ebendiese Entwicklung hin zu einer endlich modernen, funktionalen, den Körper im Kollektiv verschmelzenden a-rhetorischen Mode sollte nach diesen Autoren der weiblichen Emanzipation auf dem Fuße folgen oder ihr gar voranschreiten. Ohne sich in Fragen zu verstricken, ob und wie weit die Emanzipation gelungen ist, ist es offensichtlich, dass sich Frauen auch heute im Hinblick auf ihre körperlichen Reize nicht so anziehen wie die Männer. Seit Nietzsche haben sich die Verhältnisse nicht wirklich geändert. Die jungen »Nichtstuer der Großstädte«, damals Dandys oder Stutzer genannt, und die Frauen legen noch immer allen Wert der Welt auf ihre sich schnell verändernde, von Anachronismen aller Art beherrschte Kleidung, deren erotische Dimension unübersehbar ist. Sie haben das von Nietzsche propagierte europäische Ideal der männlichen Geistesmenschen, die in ihrer Kleidung zeigen, dass sie Wichtigeres zu tun haben, als sich darum zu kümmern, was sie tragen, und denen es darum geht, sich korrekt in die Norm zu fügen, klar nicht erreicht. Die Mode – da reicht ein kurzer Blick in jede Bahnhofsbuchhandlung – ist eine weiblich beherrschte Domäne geblieben. Ein paar Modeseiten in *Esquire* und *GQ* machen noch keinen Sommer. Für Modefachleute ist das so klar, dass eine ideale Geschichte der Mode von 1971 bis heute gar nicht daran denkt, auch nur ein einziges männliches Defilee abzubilden.[91]

Puderkriege

Trotz metrosexueller Männer und Dior Boys einerseits – unser Pendant zu Nietzsches Stutzern –, trotz einer den Unisex scheinbar vorantreibenden Mode von Chanel, Jil Sander und Céline andererseits ist es immer noch das weibliche Geschlecht, das sich zum Schmuckstück macht. Nimmt man mit Baudelaire die Schminke als Indiz für babylonische Zustände, dann war die Moderne nie orientalischer als heute. Am augenfälligsten wird dies in den sorgfältig und kunstvoll geschminkten weiblichen Gesichtern, die wie Theatermasken von den Plakatwänden der Großstädte blicken. Um sich dieser Ikone anzunähern, wird viel unternommen.

Die Schönheits- und Wachssalons, Maniküre- und Pediküreketten, die endlosen Regale mit Make-up, künstlichen Nägeln und atemberaubenden Wimpern gehören mittlerweile so fest zum Bild moderner Großstädte wie die elektrische Straßenbeleuchtung. Haartönungen von Platinblond bis Tiefschwarz, Gels und andere styling devices fehlen in keiner mittleren Drogeriekette. Das iPad hat einen virtuellen Schminkkasten im Programm, mit dem man Teint, Lidschatten, Wimperntusche, Lippenstift, Haarschnitt und Haarfarbe in unendlichen Varianten an unendlich vielen Gesichtern ausprobieren kann.

Seit dem berüchtigten Rouge Noir von Chanel, das Nagellack zum Kult werden ließ, lackiert sich die Mehrheit der Frauen vom Teenager bis zur Großmutter so unermüdlich wie vielfarbig Fuß- und Fingernägel – das ganze Jahr hindurch und jeden zweiten Tag neu. Variatio delectat. Die Farbpalette hat von nixenhaft schillerndem Grün über gefährlich funkelndes Knatschblau bis zu brüllendem Orange und Quietschgelb das volle Spektrum des Regenbogens eingestellt. French Manicure findet hingebungsvolle Anhängerinnen. Viele tragen ganze Miniaturkunstwerke auf den zu diesem Zwecke eigens präparierten Nägeln. Um den letzten Schlammschrei von Chanel (limited edition) sollen sich die Fans regelrecht geschlagen haben. Ganz so weit haben es die falschen Wimpern noch nicht gebracht, aber sie holen auf. Mögen manche es hierzulande noch mit Wachstums-Boostern für die natürlichen Wimpern probieren, klimpern unsere amerikanischen Schwestern ganz selbstverständlich mit den wesentlich preiswerteren, doch effektiveren künstlichen Wimpern. *There is always lipstick on a rainy day* – dieser Trost mag unseren Großmüttern frivol vorgekommen sein. Wir greifen viel entschiedener in den Schminkkasten. Das begeisterte Schminken widerlegt die These vom Unisex. Es ist auch einer der Momente, der den Komplex des Orientalisch-Idolatrischen am deutlichsten betont. Genauso wie man die Mode von Restaurationszeit und Biedermeier als ein zweites Rokoko bezeichnet hat, könnte man in Bezug auf die Entwicklung der Schminke im späten 20. und frühen 21. Jahrhundert von einem dritten Rokoko sprechen.

Die großen Modehäuser machen ihr Geld nicht mit dem Verkauf ihrer Mode, sondern mit dem Verkauf von Parfum und Make-up. Metrosexuelle Männer mögen von Kernseife und

Wasser abgekommen sein, das Raffinement von duftenden Duschgels, Deodorants, Rasierwässern, Gesichts- und Handcremes entdeckt haben und sogar dem Eau de Toilette nicht mehr abgeneigt sein. Ihre Körperpflege steht dennoch nicht wesentlich im Zeichen des Schmückenden – eben der Schminke –, sondern der Pflege.

Natürlich nehmen auch Männer Hand- und Fußpflege in Anspruch. Natürlich benutzen sie Styling für die Haare. Viele polieren ihre Nägel. Und es gibt auch Moden in Bezug auf die männliche Körperbehaarung. Er lässt sich nicht nur den Rücken und die Brust enthaaren, sondern folgt wie die Frauen ausgeklügelten Schamhaarritualen: komplett, brazilian etc. Hin und wieder trifft man in den sogenannten kreativen Berufen Männer, die sich die Haare färben – oder die Augen mit einem Kajal zum Funkeln bringen und die Nägel lackieren. Aber das ist vernachlässigenswert im Verhältnis zur Selbstverständlichkeit, mit der der überwältigende Teil jeder weiblichen westlichen Bevölkerung tagaus, tagein nicht nur zu pflegenden Cremes greift, sondern einen Parfümspritzer hinters Ohr setzt, Make-up aufträgt, Rouge auflegt, die Wimpern tuscht, die Nägel lackiert, die Augen mit einem Lidstrich betont und die Lippen nachzieht. Sich zu schminken oder nicht zu schminken ist zu einem der Hauptunterschiede zwischen Männern und Frauen geworden. In der Öffentlichkeit ist das leicht zurechtgemachte weibliche Gesicht – Puder, Lippenstift, Wimperntusche – die Norm.

Den ersten Puderkrieg, als den man die Französische Revolution auch bezeichnen kann, zettelte das Bürgertum gegen die Aristokratie an. Gegen die gepuderten Haare und gepuderten Gesichter des Hofes stellte man natürlichen Teint und natürliche Haarfarbe. Nicht nur Schleifen und Bänder, Samt und Seide, bunte Federn und leuchtende Steine, sondern auch alles im 18. Jahrhundert so sündhaft teure wie üppig aufgetragene Rouge, der Puder und die Schönheitsflecken wurden für beide Geschlechter zum Tabu. Für Männer sind sie es bis heute geblieben. »Anständige« Frauen, denen alle Frivolitäten in Sachen Kleidung zugestanden wurden, überließen das Schminken bis zum Anfang des 20. Jahrhunderts den öffentlichen Frauen. Mit Reispuder, Rouge und schwarzumrandeten Augen zeigten sich nur Schauspielerinnen und die Damen der Halbwelt. Anfang des 20. Jahrhunderts wussten Marken wie Max Factor, Helena Rubinstein, Elizabeth Arden und Revlon, unterstützt durch Hollywood, den zweiten Puderkrieg für sich zu gewinnen – diesmal allerdings nur für die Frauen. Erst jetzt wurde das schwache Geschlecht richtig schön und Weiblichkeit nicht mehr nur auf der Bühne oder im Film, sondern im öffentlichen Raum inszeniert. Im Zweiten Weltkrieg wurde das Make-up in Amerika und England als »Kriegsmalerei« getragen. Lippenstifte hießen *Victory* oder *Patriotic Red*. Seit Anfang des letzten Jahrhunderts haben das weibliche Gesicht und der weibliche Körper einen spektakulären »Puderschub« erfahren.[92]

All das passierte nicht widerstandslos. Die nationalsozialistische Einrede gegen rote Lippen und angemalte Nägel war nur die prominenteste: So etwas stünde der südlichen, orientalischen Frau und allen so überfremdeten Kulturen wie den Franzosen, nicht aber der deutschen, nordischen Frau. Gegen das orientalisch-jüdisch Modische, das künstlich reizend Zurechtgemachte setzte man nordische natürlich-unverdorbene, eben ungeschminkte Klarheit. Der Sex-Appeal des jüdischen Kosmopolitismus, die elegante, geschminkte, mit Schmuck und Pelzen behangene Dame war nichts für daheim. Darin waren sich übrigens aufrechte Kommunisten und Nationalsozialisten einig. Der Revolutionsklassiker von Eisenstein, *Panzerkreuzer Potemkin*, von 1925 zeigt die Dekadenz der Bourgeoisie durch ein eben solches geschmücktes und geschminktes Weibchen in Pelzen, Seiden und Stöckelschuhen – Lustwerkzeug und Luxusartikel. Dagegen stehen die selbstredend ungeschminkten mütterlichen Frauen aus dem Volk. Die nationalsozialistische Propaganda sah es ähnlich: Deutsche Frauen waren kein frivoles

Spielzeug, das nichts als sein Vergnügen im Kopf hat. Sie hatten es nicht nötig, sich aufzutakeln, um ihre innere Leere zu überschminken.

Eigenartig überlagert wird dieser Kulturkampf um das Make-up durch die Diskussion über »aphroditische« und »nordische« Arten der Liebe. Um es mythologisch auszudrücken: Demeter, der nährenden, natürlich fruchtbaren, erdverbundenen, ganz und gar heimischen Erdgöttin steht das blendende Idol der Aphrodite gegenüber, der Göttin, die, mit Marlene Dietrich zu reden, nur lieben kann. Die sexuell aufgeschlossene Demeter, Ehefrau und Mutter, redet unprüde einer vernünftigen Fruchtbarkeit das Wort. Dagegen steht die öffentliche Frau, die zerstörerische Geliebte oder Kindfrau, die ihren Lüsten unterworfen die Männer zu Lüstlingen macht, sie unterwirft und aussaugt: die Femme fatale, der promiske Vamp, selbstredend geschminkt und hochmodisch.

Den zweiten Puderkrieg hat zweifelsfrei die »orientalische« Fraktion gewonnen. Die Neue Welt war an diesem Sieg maßgeblich beteiligt. War sich schön zu machen vor der Revolution ein Privileg der Männer und Frauen des Adels und der sehr wohlhabenden Schichten gewesen, so war es im 20. Jahrhundert für alle Frauen zu haben. Amerika brachte das Make-up demokratisch für jedermann an die Frau.

Von der Arabeske zur Funktion: Sind Frauen die neuen Männer?

Die Geschichte der Mode wird so erzählt, dass sich die Frauenmode der Moderne einem im Prinzip antimodischen Impuls verdankt, der vom Weiblichen hin zum Männlichen, von der nutzlosen, nur schmückenden Arabeske zur strikten

Funktion, vom Künstlichen zum Authentischen ginge. De facto ist die Mode hier sehr viel listiger vorgegangen.

Ein einfaches Beispiel für diesen in unseren Erzählungen von der Mode ungebrochen antimodischen Impuls, der doch nie verfolgte, was er zu verfolgen vorgab, ist nicht nur das kleine Schwarze. Einfacher noch zeigt sich das am kleinen schwarzen Jackett von Chanel, das unlängst von der französischen *Vogue* gefeiert wurde. In ihm sind die Frauen, wurde aufatmend festgestellt und als Schritt in die richtige Richtung gefeiert, endlich ähnlich uniformiert wie die Herren im Anzug. Das kleine schwarze Jackett reduziere, so wurde es angepriesen, den Aufwand, den man um die Garderobe treiben muss. Man kann es zu jeder Tag- und Nachtzeit tragen. Es passt zu jeder Gelegenheit. Im Büro ist man damit genauso gut angezogen wie zum Cocktail danach. Auch im Kino oder in der Oper ist es nicht deplaziert.[93]

Mit dem kleinen schwarzen Jackett, so scheint es, ist die Damenmode der viel praktischeren Herrenmode wieder einen Schritt näher gekommen. Wie die Herren, die überall im Anzug hingehen können, ist die Dame im schwarzen Jackett jetzt auch überall richtig angezogen. Wie die Männer braucht sie sich nicht mehr für jede Gelegenheit umzuziehen. Aber liegt der Witz hier nicht tatsächlich darin, immer richtig angezogen zu sein, weil man bereits auf den ersten Blick ersichtlich Chanel trägt? Dass Chanel zu *dem* Modefetisch schlechthin geworden ist, der Dior und alle anderen Marken in den Schatten gestellt hat, davon erzählt auch Elfriede Jelineks Stück *Die Straße. Die Stadt. Der Überfall*. Nicht also die Uniformierung der weiblichen Körper in einen Kollektivkörper scheint mir dadurch erreicht – denn das kleine schwarze Jackett kann und darf natürlich nur von Chanel sein, beides ist gewissermaßen synonym geworden –, sondern die Aneignung des Namens der Mode schlechthin: ein echtes Chanel.

Ein schönes Beispiel für den Erfolg des anti-modischen, emanzipatorischen Narrativs liefern die Ratgeber *How to dress for success.* Die Rezepte des an der männlichen Norm gewonnenen Richtig-angezogen-Seins werden auf die Frauen übertragen, damit sie sich auf dem Arbeitsmarkt als Konkurrentinnen gegen die Männer behaupten können. Paradoxerweise ist das Kriterium, ob sie richtig angezogen sind, bei Frauen anders als bei Männern nur das richtig dosierte Zurschaustellen von Sexyness: nicht zu viel Weiblichkeit. Gepflegt, aber die Schminke soll nicht als solche auffallen. Zu viel Farbe, zu viel Ornament, zu viel Schmuck ist immer ein Fehler. Der Fingernagel als Kleinkunstwerk, die mit Federn geschmückten und mit bunten Strähnchen verzierten Haare gelten als wenig empfehlenswert. Sich nicht als Schmuckstück auszustellen, sich nicht aufzutakeln und herauszuputzen, zu schminken und zu schmücken, sich keinem künstlichen Zwang zu unterwerfen, sondern sich natürlich einfach und zweckmäßig nüchtern, bequem, schlicht und völlig selbstbestimmt gleichgültig gegen jedes Modediktat anzuziehen, propagieren diese Ratgeber als Ideal. Es ist direkt aus der bürgerlichen Männermode übernommen. Richtig angezogen ist man, wenn die Kleider nicht ins Auge stechen. Die Funktion der Kleider geht idealerweise darin auf, das Äußere, den Körper und seine Besonderheiten, zum Verschwinden zu bringen und einzig die Persönlichkeit, das Individuum und seine inneren, authentischen Werte zu unterstreichen. Am besten ist man angezogen, wenn sich keiner daran erinnert, was man trägt. Auffallen darf lediglich, in wie vollkommener Weise man nicht auffällt. Den Körper als bekleideten unsichtbar zu machen, ist, glaubt man solchen Ratschlägen, das Geheimnis richtiger Kleidung, die eben nicht lächerlich modisch, nicht kindisch ewig weiblich ist, sondern bloße äußere Hülle. So wird das Individuum nicht verstellt, sondern der Kern der Persönlichkeit unterstrichen. Gut angezogen ist man, wenn man nicht so wirkt, als entfremde man sich an die Mode. Sonst ist man eine bloße Modepuppe oder ein Modegeck. Be yourself, sei ganz du selbst, ist dann auch der Werbespruch, auf dessen Zugkraft viele Designer vertrauen. Man soll nicht so wirken, als ob man sich der Mode unterwirft, sondern sich selbstbestimmt anziehen. Kein reflexives Verhältnis zu sich selbst, keine Entfremdung, in der man sich mit anderen Augen sieht, sondern authentisches Bei-sich-Sein soll durch die Kleidung zum Ausdruck gebracht werden. Die vollkommene Naturalisierung der Kleidung, die Rhetorik der Rhetoriklosigkeit, ist das Ziel in der bürgerlichen Ära.

Dass diese Ratgeber dennoch auf die erotische Inszenierung allein des weiblichen Körpers bezogen bleiben, macht nicht nur das nie ausbleibende Abraten von Spaghettiträgern klar. Was als offensiv erotisch und deshalb als Tabu gilt, variiert nach kulturellem Kontext. Die *toe cleavage* etwa, der Spalt zwischen den Zehen, der bei einem tiefen Schuhdekolleté in Ballerinas oder Pumps sichtbar wird, hat in Europa noch keinen Hund hinter dem Ofen hervorgelockt. In den USA wird davon im Büro entschieden abgeraten. Er gilt in Europa nicht als erotisches Signal, der neben dem allfälligen Fußfetischismus einen anderen Spalt, den zwischen den Brüsten im Dekolleté, ankündigt. Überhaupt scheinen Europäer, was den Fuß angeht, weniger erregbar. Riemchensandalen sind an heißen Tagen im Büro durchaus zulässig, während die Amerikaner bei weiblichen nackten Zehen, selbst wenn sie rosa lackiert sind, rot sehen. Auf keinem europäischen Flughafen würde eine Dame, die offene Blahniks trägt, der Business Class verwiesen. Dagegen wird sie jede amerikanische Stewardess, ohne mit der Wimper zu zucken, in die Economy Class setzen: Nackter Zeh ist nackter Zeh. Einig hingegen ist man sich diesseits und jenseits des Atlantiks, dass Spaghettiträger, tiefe Ausschnitte und hohe Schlitze, kurze Röcke und steile Absätze nicht ideal sind. Auf keinen Fall den Eindruck erwecken, man stünde nicht mit beiden Beinen fest auf dem Boden. Wenn das Spiel zwischen Stoff und Haut das strukturelle Moment ist, das die Damenmode von der Herrenmode unterscheidet, dann ist der klassische Satz »Bloß nicht zu viel Fleisch, das macht angreifbar« wohl die Kurzformel für diese negative Bezogenheit auf die »weibliche« Art und Weise, sich anzuziehen. Die Ratgeber tendieren dahin, Weiblichkeit in Pragmatik auszulöschen: Frauen sind weniger eitel als Männer, die trotz aller zur Schau getragenen Nüchternheit nicht frei von Hahnenkämpfen und Gockelei sind. Ganz pragmatisch, nicht eitel auf sich selbst, sondern auf die Sache bezogen, sind Frauen deshalb effizienter und effektiver. Bunt sind sie dem Leben zugewandt, das sie fröhlich meistern. Bloß kein Glamour, bloß keine Damenhaftigkeit, die signalisiert, dass man nicht richtig zupacken kann. Angela Merkel verkörpert diesen Look vollkommen.

Für Männer ist es einfacher, sich für den Erfolg anzuziehen. Die Ratgeber für Männer ziehen die erotischen Reize erst gar nicht in Betracht. Nirgends liest man, man solle keine zu engen Hosen gar ohne Unterhose tragen, die das Geschlecht erahnen lassen. Geschlecht und Kleid sind kein Thema. Die *don'ts* beziehen sich so gut wie nie auf das Vermeiden des Zurschaustellens anziehender Männlichkeit, sondern auf Klassengrenzen und Aktivitätsfelder. Nackte Zehen in Sandalen sollten im Büro nicht wegen ihrer unwiderstehlichen Sexyness nicht gezeigt werden, sondern weil sie einem anderen Tätigkeitsbereich – Freizeit – und einer bestimmten Klasse – dem Kleinbürgertum – zugerechnet werden. Richtig angezogen sein wird ohne den Umweg über den geschlechtlich mehr oder weniger exponierten Körper über die Klasse definiert. Von Shorts oder kurzen Hemden wird nicht deshalb abgeraten, weil man damit das Augenmerk auf seinen unwiderstehlichen Sex-Appeal, seine hinreißenden Beine oder seinen muskulösen Oberkörper lenken würde, sondern weil es der falsche, spießige, schrebergärtnerische Dresscode ist. Es sei denn, man ist auf den Bermudas, wo man selbst im steifsten Businessszenario besagte Shorts tragen darf. Pullover und Jeans sind ebenfalls nicht anzüglich, sondern schlicht *casual* und deshalb bei der Arbeit zu vermeiden. Das Goldkreuzchen im Brusthaar eines bis zum Bauchnabel aufgeknöpften Hemdes wird eher als Geschmacksfehler beurteilt. Obwohl das ein Grenzfall ist. Dass auch Männer – ganz selten einmal – viel zu viel Männlichkeit ausstellen, zeigt die Jahrzehnte zurückliegende, aber bis heute mythische Landung von Jacques Lang auf dem Pariser Flughafen Charles de Gaulle. Der französische Kultusminister stieg in goldschimmernden, fast durchsichtigen Hosen aus dem Flugzeug. Konnte er sich offenbar leisten. Das wäre für die meisten Männer in jeder Hinsicht fatal.

Sexy Unisex

Entgegen allen Selbstentwürfen in Richtung Moderne ist die weibliche Mode dem Unisex nicht geradlinig gefolgt. Sie hat bloß vorgegeben, der Männermode zu folgen. Augenscheinliche Augenwischerei. Denn de facto hat sie in dieser Übersetzung den Geschlechtsunterschied gerade nicht aufgehoben, sondern durch Übertragung der klassischen erotischen männlichen Zone in die weibliche Garderobe profiliert. Überhaupt wird die Frauenmode erst durch die Übertragung der vormodernen männlichen Attitüde, das offensive Zurschaustellen, sexy. Die Unisexmode ist so alles andere als Unisex. Sie unterstreicht im Gegenteil gerade das, was die Geschlechter trennt: Denn während die Männer im bürgerlichen Zeitalter ihren Körper nicht mehr erotisch zur Schau stellen, definiert sich die weibliche Rolle gerade darüber, dass sie ebendies tut. Der vermeintliche Unisex verschärft den Gegensatz Mann/Frau.

Besonders überzeugt im Genre des Unisex hat Jil Sander, die nach Chanel vielleicht die prominenteste Pionierin einer endlich modernen Frauenmode geworden ist. Mit puristischen, tadellos sitzenden Hosenanzügen und Kostümen ist sie Königin eines minimalistischen, perfekten Business Style. Ähnlich wie Chanel trat Jil Sander unter dem Motto an, die Frauen wie die Männer nicht künstlich, sondern »natürlich« anzuziehen. Ihr Erfolgsgeheimnis liegt darin, das Weibliche nicht einfach wegzubügeln und im Männlichen untergehen zu lassen, sondern die Nichtbetonung zu unterstreichen. Jil Sander wurde weniger von Geschäftsfrauen denn von den Ehefrauen der Geschäftsmänner oder anderen, wie es so schön heißt, betuchten Damen gekauft. Zwar mag man in diesen Kleidern berufstätig aussehen. Vor allem sieht man darin durch die unübersehbare Qualität von Stoffen und Verarbeitung unendlich wertvoll aus – und das ganz ohne »samt und seide, blumen und bänder, feder und farben«. Die Rolle der Ehefrau konnte man so hinter sich lassen und die der selbständigen Frau überstreifen, ohne sie sein zu müssen. Jil Sanders Hosenanzüge und Businesskostüme schmiegen sich weich fließend dem Körper an, dessen Linien sie schmeichelnder nachzeichnen, als das noch der bestgeschnittene Herrenanzug aus dem edelsten Tuch tut. Auch dem aus der Herrenkleidung völlig verbannten Spiel von Haut und Stoff geben sie raffiniert, man möchte sagen, verschleiert, Raum. Jil Sander war so vielleicht der ideale Kompromiss in der Darstellung von Weiblichkeit in protestantisch bürgerlich dominierten Ländern am Ende des letzten Jahrhunderts. Denn einerseits legt sie klassisch alles Chichi ab und suggeriert die unabhängige, berufstätige, selbständige Frau. Man hat es absolut nicht nötig, auf dem Heiratsmarkt an den Mann zu kommen. Um das symbolische Kapital des Haushalts ins rechte Licht zu setzen, hat man inzwischen raffiniertere Formen entwickelt, als sich als Frau, die ausgehalten wird, anzuziehen. Ohne deshalb männlichen Uniformismus an den Tag zu legen. Mit Jil Sander inszeniert man die edle Betuchtheit eines schlicht unbezahlbaren Körpers.

Weiblichkeit an die Macht

Frauen, die ihren Mann stehen, leisten es sich neuerdings, sich ganz als Frau anzuziehen. Damit deutet sich eine Kehrtwende im Businesslook oder überhaupt im öffentlichen Erscheinungsbild von Frauen an, die sich gegen den bisher vorherrschenden Trend Unisex vor allem in der Berufskleidung richtet. Die französischen weiblichen Führungseliten tragen im Berufsleben nicht mehr Hosenanzug oder Kostüm, sondern offensiv ein Kleid. Sie reklamieren somit für sich das Recht, eine Weiblichkeit zeigen zu dürfen, die ihre Autorität nicht in Frage stellt. Sie ziehen sich als Frau an und haben trotzdem etwas zu sagen. Das scheint in Frankreich, wo man dem Weiblichen in der Öffentlichkeit selbstverständlicher einen Platz einräumt als in Deutschland, einfacher zu sein. Anders als der Hosenanzug oder das Kostüm, die aus Übertragungen und Anpassungen der weiblichen an die männliche, bürgerliche Mode hervorgegangen sind, ist das Kleid das weibliche Kleidungsstück par excellence. Es bleibt unhintergehbar weiblich kodiert. Daran haben alle Anstrengungen, es für einen unauffälligeren Businesslook zu entdramatisieren, wenig geändert.

Allerdings beobachtet man auch hier ein Einerseits/Andererseits, arbeiten doch im Moment so gut wie alle »modernen« Designer an ebendieser Vereinbarkeit von »Autorität« und »Weiblichkeit« – kein Kinderspiel, wie ein Blick auf die Politikerinnen zeigt. Um als Businesskleidung zu taugen, muss dieses urweibliche Kleidungsstück mit Macht und Autorität aufgeladen werden. Am erfolgreichsten tut das im Moment vermutlich Phoebe Philo für Céline. Dafür müssen andere Autoritätszitate als der schon weidlich ausgeschlachtete Businessanzug her. Obwohl auch der gerade wieder im Stil von Marlene Dietrich, Yves Saint Laurent oder poppig im Stil der Sechziger weiblich neubelebt wird.

Bleiben ältere Modelle, die männliche Autorität verkörpern. Manchmal müssen sie ausgemottet werden: Richterroben, Universitäts- und Pastorentalare. Sie kommen in Schwarz und, was die Richterroben angeht, in leuchtendem Rot daher. Die schweren, bis zum Boden fallenden Stoffe hüllen Männer nicht in Hosen, sondern in Falten. Sie haben den Charme des Abgelebten und drücken doch Corporate Identity aus.

In den letzten Kollektionen von Céline oder auch von Raf Simons für Jil Sander ist man hier fündig geworden. Raffiniert passen sie diese männlichen Talare und Roben in das Schema des weiblichen Kleides ein. Eine schwarze Bluse aus schwerem Crêpe de Chine, einem Seidenwollgemisch, mit weiten Ärmeln und Bändern, die was von Beffchen haben, schließt hüftig an einen matt glänzenden, etwas gummiert wirkenden, kurzen, gerade geschnittenen Rock an. Die Bluse schwankt zwischen dem Oberteil eines Talars und der klassischen Crêpe-de-Chine-Bluse mit großer Schleife einer Society-Lady. Ohne aus dem Rahmen zu fallen, bildet der Rock das Gegengewicht zum seriösen Oberteil.

Raf Simons hat in seiner letzten Kollektion für Jil Sander fast sakrale Roben geschneidert. Aus schwerem schwarzen Seidensatin umfallen sie den Körper, durch ein Unterkleid gehalten, wie einen Schrein in vollkommener Unberührtheit. Kein Pastor könnte makelloser verhüllt auf der Kanzel stehen. Einziges Gegengewicht ist die durch ein unfertig wirkendes, rechteckiges, auch nicht so elegant gesäumtes Dekolleté hervorgetriebene Leiblichkeit. Gerade durch den nicht gekonnt und fast zufällig wirkenden Ausschnitt, der die erotische Kodierung des klassischen Dekolletés verschiebt, wird die individuelle Körperlichkeit unterstrichen.

Dressman

Die Opposition von weiblich/männlich wird, man sieht es, in der weiblichen Mode raffiniert und gründlich zersetzt, ohne dadurch aufgehoben zu werden. Die vermeintliche Aufhebung verschärft den Gegensatz noch. Wie sieht es auf der männlichen Seite aus? Wie klar der bürgerliche Dresscode für Männer immer noch funktioniert, hat vielleicht am lakonischsten Yohji Yamamoto auf den Punkt gebracht. Er eignet sich auch deshalb als Zeuge für dessen scheinbar klassisch ewige Beständigkeit so gut, weil er einer der Designer ist, der ebendiesen Code am entschiedensten ausgereizt und verschoben hat. Bei den Frauenkollektionen, sagt Yamamoto, ist er immer nervös. Denn der unvorhersehbare Moment, in dem das Kleid auf den Körper trifft, entscheidet darüber, ob die Magie der Erotik funktioniert. Vor Männermodenschauen hingegen »bin ich nicht wirklich nervös. Nicht weil das Entwerfen für Männer einfacher wäre. Im Gegenteil. Es ist sogar schwieriger, weil man bei Männerkleidung schnell an Grenzen stößt. Es gibt nur eine begrenzte Zahl von Kleidungsstücken, Jacke, Hose, Hemd. Damit lässt sich nur schwer spielen. Bei Frauenkleidern dagegen ist die Gestaltungsfreiheit grenzenlos.«[94] Dass daran, dass Männer sich so anziehen, wie sie es tun, eine ganze Welt hängt, bringt Yamamoto vielleicht etwas zu optimistisch auf den Punkt: Würde der Präsident der Vereinigten Staaten einen Männerrock von Yamamoto im Oval Office tragen, gäbe es keine Kriege mehr, glaubt er.[95]

Männer mögen jetzt hin und wieder Röcke tragen; Kleider tragen sie nicht. Diese »Männerröcke« kommen wie der Kilt, den Jean Paul Gaultier und Alexander McQueen salonfähig machen wollten, aber auch wie die Röcke Yamamotos, nicht aus der Kleidung der Frauen, sondern aus der der Krieger. Sie sind ein urmännliches, archaisches Kleidungsstück, das im Falle des Kilts auf Clanzugehörigkeit schließen ließ. Hier geht es weniger um Crossdressing als um das anachronistische Einkleiden in eine Vergangenheit, die vor der bürgerlichen Normierung ins Kollektiv liegt. Obwohl Röcke heute natürlich als weibliches Kleidungsstück wahrgenommen werden, bleibt etwas von diesem impliziten Wissen.

Besonders klar wird die rigorose Normierung der männlichen Kleiderordnung, wenn sie mit Fleiß in jedem Punkt verdreht wird. Umgekehrt ist das schlicht nicht mehr denkbar, weil die Übertragung der männlichen Mode in die weibliche mit dem Hosenanzug von Yves Saint Laurent in den Siebzigerjahren abgeschlossen wurde. Überraschend war hingegen, als Marc Jacobs, enfant terrible der Modeszene, in einem rosafarbenen Polokleid auf der Ausstellung »Louis Vuitton – Marc Jacobs« 2012 im Musée des Arts décoratifs erschien (Abb. 13). Zu allem Überfluss und in der Tat wenig korrekt zeichneten sich darunter überdeutlich – visible slip line oder VSL, mit Woody Allen zu reden – seine Boxershorts ab. Weil dieser Auftritt bis in die kleinsten Details das schon fast krude Gegenstück zum männlichen, bürgerlichen, eben antimodischen Modeideal ist, lohnt sich ein etwas genauerer Blick. Schreiend kommt Jacobs in Rosa, bis heute der weiblichen Farbe schlechthin, wie jeder, der sich in einem im Lillifee-Stil dekorierten Mädchenzimmer oder in einem à la Rosamunde Pilcher auf englischen Landhausstil getrimmten Interieur umsieht, auf einen Blick erkennt. Rosa ist als unübertrefflich weiblicher Ton auch die Farbe der Homosexuellen. Jacobs trägt zudem das weibliche Kleidungsstück par excellence: ein Kleid, das unter dem Knie endet. Trotzdem steht hier kein als Frau verkleideter Mann, kein Transvestit vor uns. Das Kleid ist ein verlängertes Polohemd und zitiert den männlich bürgerlichen Standardfreizeitlook, für den seit den Fünfzigern sogar Rosa erlaubt war. Die sich abzeichnenden Boxershorts, die im wahrsten Sinne des Wortes unpassend, fast obszön seine Körperlichkeit betonen, sind zwar nach allen modischen Codes ein schwerer Fehler, aber klar ein männliches Kleidungsstück. Zweifelsfrei steht hier ungeschminkt, mit kurzgeschnittenem

Haar und Dreitagebart, muskulösen Armen und behaarten Beinen ein Mann vor uns – der in einer der stereotypesten weiblichen Gesten überhaupt eine Clutch unter den Arm geklemmt hat. Wie ein Aristokrat des Ancien Régime trägt er Schnallenschuhe mit riesigen Diamanten, die in seinen eigenen Kollektionen als Piratenschuhe à la *Die drei Musketiere* ein wildromantisches Nachleben entfalten. Seine Arme sind tätowiert wie die eines Seemanns. Tattoos mögen Mainstream geworden sein, aber so wirklich kann man sich dann doch Herrn Ackermann nicht damit vorstellen. Begleitet wird Jacobs von einem Mann, der in schwarzem Leder zwischen Hell's Angel und SM-Fetischist ganz Kerl ist. Und so auch mit der zarten, neben diesem Klotz fast zerbrechlich wirkenden *petite* an seiner Seite umgeht, die ihm ganz zu Willen ist. Der Skandal, den dieses Bild weltweit ausgelöst hat, ist Indiz dafür, wie selbstverständlich der bürgerliche Dresscode für den Mann herrscht. Und was für ein Kinderspiel es ist, dagegen zu verstoßen.

State of the Art:
Michelle und Barack Obama

Das amerikanische Präsidentenehepaar verkörpert die Stereotype männlicher und weiblicher Kleidung auf der Höhe der Zeit. Schön zeigt sich an diesem Paar, dass die weibliche Mode im Gegensatz zur männlichen grundsätzlich von der Dialektik von Orientalischem, modisch Spektakulärem, kurz Antimoderne und Moderne bestimmt bleibt. Ohne einen einzigen Fauxpas kleidet sich Barack Obama normgerecht als amerikanischer Mann; makellos trägt er im Job immer Anzug. Und meistens in der klassischsten aller Herrenanzugfarben: dunkelblau. Legt er das Jackett ab, dann trägt er ein weißes, frischgebügeltes Hemd. Nach international italienischen Anfängen – Ermenegildo Zegna – ließ er alles Fremdartige, das einen Hauch von Froufrou haben könnte, hinter sich. In nationaler Mission zur Stärkung der heimischen Industrie stieg er auf einen namenlosen all American Designer mit ähnlicher Linie um: Hart Schaffner Marx heißt die Firma, deren Ruhm das nicht beflügelt zu haben scheint. Ein Anzug von Obama hat noch nie Schlagzeilen gemacht. Er ist im besten Sinne des Wortes unauffällig. Eben das hat ihn zum American Icon gemacht. Nach eigener Aussage will er keinen Gedanken auf die Kleider, die er trägt, verschwenden. Seine dunklen, schmal geschnittenen Anzüge gleichen sich wie ein Ei dem andern. Mit weißem Hemd, gestreifter blauer oder roter Krawatte könnte er fotogener und traditioneller nicht sein. Gelegentlich krempelt der amerikanische Präsident seine Hemdsärmel hoch, aber höchstens bis über den Knöchel, so dass man seine Uhr, ein Geschenk des amerikanischen Geheimdiensts, als sein einziges Accessoire sieht. Bei aller Bürgerlichkeit bleibt so ein Anflug von Martialität. So angezogen, verkörpert Obama die funktionale, universale Neutralität des Staatskörpers.

Mit Michelle Obama hat das Weiße Haus seit Jackie Kennedy wieder eine Modeikone. Seit ihr Mann im Amt ist, tritt sie nicht mehr als Anwältin, sondern als Gattin des Präsidenten und First Lady in einer folglich durch und durch weiblichen Rolle vor die Öffentlichkeit. Als Modeikone – noch dazu als die erste schwarze Modeikone im Weißen Haus – stand sie von Anfang an im Blitzlichtgewitter der Presse. Seit Isabel Toledos lindgrünem Kleid mit passendem Mantel, das sie zur Amtseinführung ihres Mannes trug, machen so gut wie alle ihre Kleider Schlagzeilen (Abb. 12). Seither sind der Welt wieder fast vergessene Textilraffinements wie Guipure-Spitze aus Wolle geläufig. Michelle Obama kleidet sich betont weiblich, trägt Farbe, Muster, eher Kleider als Kostüme und lieber Röcke als Hosen. Nicht nur die Herkunft ihrer Lieblingsdesigner – Toledo etwa ist in Kuba geboren – gibt ihrer Garderobe durch Üppigkeit der Farben und Stoffe einen Hauch von Exotik. Ihre Körperlichkeit wird dadurch anders als bei der damenhaften, französischeren Jackie nicht sublimiert, sondern betont. Während diese in ihrer Mode ladylike im Hier und Jetzt stand und ganz den Augenblick verkörperte, umweht Michelle Obama in ihrer fast anachronistisch anmutenden Weiblichkeit der Duft einer vergangenen Zeit. Und ein Hauch Exotik, ein poetisches Anderswo, das sie in die prosaische Welt trägt.

Hinzu kommt ein künstliches Element, das den natürlichen Körper verschönernd ergänzt: Michelle Obama klimpert mit sichtbar angeklebten, künstlichen Wimpern. So angesagt diese Wimpern im Moment sein mögen, so kommen sie doch aus dem Varieté und wie die Fingernägel, die zum Kleinkunstwerk geworden sind, in die Mainstream-Mode zurück über den Umweg der schwarzen Kulturen. Als Lust an Farben, Glanz, Geflirre, Glitter und Illusion könnten sie geradewegs aus Baudelaires *Lob der Schminke* stammen. Was die vielbesprochenen Oberarme von Michelle Obama angeht, so fand man weniger deren Nacktheit anstößig – auf Nachfrage gab ihre einstige Imageberaterin zu Protokoll, Jackie Kennedy habe selbstverständlich ärmellose Kleider getragen – als deren Muskulösität. Hier steht offensichtlich eine First Lady vor uns, die Liegestütze macht. Dieser durchtrainierte Frauenkörper wird von einer männlichen Anmutung durchschossen. Die großen Schritte, mit denen Michelle Obama fast hereinstürmt, unterstreichen dieses männliche Moment. Yes We Can: Hier steht eine starke Frau vor uns, die trotz aller Weiblichkeit zupacken kann und ihren Weg macht.

Im Gegensatz zu ihrem unmarkierten Mann, der – ganz straight – zu einer Stilikone geworden ist, ist Michelle Obama modisch markiert zu einer ebensolchen geworden. Man redet über wenig anderes als über ihre Kleider und ihr Styling. Ihre Mode geht nicht Richtung Unisex, sondern schöpft aus dem Reservoir all dessen, was mit einer geradlinigen, schnörkellosen modernen Entwicklung nicht vereinbar ist. Sie trägt abgelegte, überholte, reizend altmodische Weiblichkeit mit sich, was gut zur Vogue des Vintage passt. Sie schmückt sich offensichtlich mit falschen Federn und schreibt sich so in die aus den schwarzen Kulturen kommenden, »modisch« sehr viel künstlicheren Verfahren ein. Deren erste Künstlichkeit zeigt sich in den geglätteten Haaren, Anpassung an die weiße Modenorm. Diese künstliche Weiblichkeit wird in ihrer starken Körperbezogenheit durch männliche Elemente – muskulöse Oberarme, weit ausschreitend – verstärkt. Stereotyp spiegelt das amerikanische Präsidentenehepaar so die Kleiderordnung der Moderne auf ihrem neuesten Stand wider: er funktional in ins Kollektiv zurückgenommener, uniformer Männlichkeit klassisch a-modisch modern, sie individuell spektakulär modisch. Sie überträgt und zitiert: schwarze Elemente, andere Rassen, exotische und anachronistische Weiblichkeit, andere Zeiten, andere Orte, mit den männlichen Elementen ein anderes Geschlecht. Er ist ganz eigentlich. Keine Übersetzungen. Das ist der Stand der Dinge.

Oder Männer die neuen Frauen: Garçon chaton?

Emanzipation hin oder her, wird man den Eindruck nicht ganz los, dass Frauen mit ihren Körpern und Kleidern, Männer mit Worten sprechen. Was immer eine Frau in der Öffentlichkeit sagt, ihre Kleider scheinen dabei in einer Weise mitzusprechen, die bei Männern undenkbar ist. Nicht was sie sagt, sondern was sie trägt, zählt. Kommentiert werden ihre Kleider, ihre Haare und ihr Aussehen; bei einem Mann wird darauf im besten Fall kein Wort verschwendet. Als die französische Ministerin Cécile Duflot in einem weißen, mit großen Yves-Klein-blauen Blumen bedruckten, weit schwingendem Kleid im Parlament das Wort ergriff, hatte sie anscheinend schon alles gesagt, bevor sie auch nur das Mikrophon in die Hand bekam. Jedenfalls war die Reaktion der Abgeordneten auf ihr Kleid wesentlich prononcierter als auf ihre Rede. Sind wir noch im 19. Jahrhundert? Weiblichkeit wird kunstvoll-künstlich inszeniert, während wirkliche Männlichkeit dann am wirkungsvollsten zur Geltung kommt, wenn sie gerade nicht ins Auge fällt und als die natürlichste Sache der Welt erscheint? Vieles spricht dafür, dass wir uns noch immer in der Geschlechterordnung des 19. Jahrhunderts befinden, die wie die Ständeordnung von Natur keine Spur hat. Unisex ist vielleicht Wunschvorstellung oder Horrorszenario, aber sicher eines nicht: Realität.

Eine soziologische Studie, die das Kleidungsverhalten Jugendlicher zu Beginn des neuen Jahrtausends untersucht, zeigt, dass junge Frauen und Männer großen Wert auf Mode und auf Selbststilisierung legen. Kleider sind für beide Geschlechter wichtig. Trotzdem ist das Verhältnis von Kleid und Körper, von Kleid und Geschlecht, bei Jungen und Mädchen ein anderes. Sich ausgiebig mit Selbstästhetisierung zu beschäftigen gilt als weiblich. Zeigen Jungen ein großes Interesse an Mode, werden sie als mädchenhaft und teilweise als »schwul« bezeichnet. Enge Kleider gelten bei Männern als »schwul«, körperbetonte Kleider bei Frauen als anziehend weiblich. »Insgesamt zeigen die Interviews, dass Kleidung ein Element im doing gender ist. Dabei wird das weibliche Aussehen wesentlich sexualisierter wahrgenommen, weist der weibliche Körper klarere erotische Stellen auf, die immer wieder zwischen Verhüllung und Betonung changieren.«[96]

Aber vielleicht sind die Männer gerade dabei, sich als die neuen Frauen zu mausern und die Zeit der großen Entsagung hinter sich zu lassen.[97] Würde dieses andere Ins-Spiel-Bringen des männlichen Körpers tatsächlich von zwar spektakulären, aber marginalisierten Protestbewegungen in den Mainstream vordringen und die Kleiderpraxis ändern, käme das in der Tat einer Revolution unseres Gesellschaftskörpers gleich; alle Körperschaften und Institutionen würden sich ändern. Unsere politische Ordnung wäre anders verfasst; Frauen und Männer würden sich anders ins Verhältnis setzen. Bei den jetzt mal probehalber so genannten neuen Dandys wird das Prinzip der weiblichen Mode, die die dandyeske Männerkleidung übertragen hatte, auf den Anzug zurückübertragen. Dabei tritt das in den Vordergrund, was die Dandys propagierten: die reine Äußerlichkeit der Erscheinung, die auf nichts anderes verweist. Das transzendierende Moment auf die Korporation hin kippt zurück auf die Immanenz dieses Körpers im Hier und Jetzt. Ostentativ betonen die Herrenschneider in den letzten 20 Jahren den Körper, minimalistisch abstrahiert zur Linie. Damit löscht sich der Anzug als Anzug nicht mehr aus, sondern wird sichtbar zum Statement. Als Karl Lagerfeld bei Johannes Kerner im Fernsehen verkündete, er habe 40 (!) Kilo abgenommen, nur um die Anzüge von Hedi Slimane (für Dior homme) tragen zu können, hatte diese Entwicklung den Mainstream erreicht. Hedi Slimane hat mit seinen *Dior Boys*, auch *garçons chatons* genannt, aus der verstaubten Herrenkleidung ein Spektakel gemacht (Abb. 14). Als »Katerchen« trat diese neue Männlichkeit zwar im Namen des männlichen Geschlechts auf die Bühne; darin schwang aber die *chat*, die Katze und also das weibliche Geschlecht, unüberhörbar mit.

Unter der Oberfläche hat sich etwas getan. Der klassische Herrenanzug ist nicht mehr die Norm. Die technischen, die intellektuellen, die kreativen Eliten tragen nicht mehr zwingend Anzug. Er ist damit nicht mehr allgemeines bürgerliches Kleidungsstück, nur von der proletarischen Arbeitskleidung abgesetzt. Von einem Klassenkleid ist er stärker zur Berufsuniform geworden: zum Kleid von Macht, Geld und Autorität. Business, Banker, Politiker, hohe Verwaltungsbeamte tragen Anzug. Kurz, Anzug zu tragen ist heute nicht mehr unmarkiert. Gleichzeitig ist die Mode dem Prinzip des Anzugs, dem ikonischen Kleidungsstück der bürgerlichen Demokratien, in den letzten 20 Jahre massiv zu Leibe gerückt. Dabei geht es um einen radikaleren Wandel als darum, Ellenbogenflicken jetzt nicht nur auf dem Tweedjacket, sondern auf einer ganz normalen Anzugjacke anzubringen. Wurden bisher männliche Prinzipien auf die weibliche Mode übertragen, so werden nun Prinzipien weiblicher Mode auf die männliche übertragen. Die Betonung des durch die neuen, aus der Haute Couture kommenden Techniken zur Arabeske abstrahierten Körpers greift auf ein weibliches Prinzip oder auf ein männliches vorbürgerliches Prinzip zurück. Pierre Cardin mit seinen enganliegenden Bleistiftanzügen war Vorreiter. Das Leichtsakko von Giorgio Armani, das einfach gefüttert ohne Pikierungen, Einlagen und Polsterungen auskam, und so dem Körper folgte, statt ihn zu überformen, war ein wichtiger Schritt in dieser Entwicklung. Warum aus dem »unconstructed jacket«, dem Terminus technicus für diese Art von Sakko, dann das »deconstructed jacket« wurde, bleibt ein Rätsel. Ein Meilenstein auch die ganz schmal geschnittenen Anzüge von Thierry Mugler, die fast wie Ballettkleidung wirkten. Hugo Boss' kleine Schwarze, Tom Fords Anzüge saßen wie angegossen. Die neue, schmale Linie von Helmut Lang und zuletzt von Raf Simons für Jil Sander ist die Vollendung dieses Stilprinzips. Auf den Begriff gebracht ist diese Entwicklung mit Hedi Slimanes Dior Boys.

Als androgyn werden diese Anzüge oft bezeichnet, als Mode für knabenhafte Männer. Wie der Dandy, so hat dieser neue Männertyp nichts anderes zu tun, als den natürlichen Körper zu kontrollieren und zu beherrschen. Ebendiese extreme, leicht trainierte Schlankheit treibt der neue Anzug hervor. Die Dior-Anzüge sind ja bekanntlich so geschnitten, dass man darin – eben wie in sehr, sehr vielen weiblichen Kleidungsstücken: Bleistiftrock, Röhrenjeans – nicht sitzen kann. Komfort, sagte Slimane, das A und O der normalen Männerkleidung, interessiere ihn nicht. Diese Form der raffinierten Silhouettierung, die scherenschnittartig die Biegsamkeit des Körpers, seine auf die Linie gebrachte Körperlichkeit betont, übersteigt das Funktionale. Hier geht es nicht um Funktion, sondern um Ästhetik, die Funktion nur noch als Zitat mitführt. Diese Anzüge lassen den ganzen Körper in der Abstraktion zum Ornament werden. Insofern ist hier ein, ja vielleicht das Moment der weiblichen Mode par excellence, die Ästhetisierung des Körpers nämlich und sein Hervortreiben durch Mode, in die Männermode gewandert.

Ahnen dieser Anzüge sind die Mods, eine englische Jugendkultur der Sechzigerjahre. Dass alles Neue, wirklich Revolutionierende aus dem klassischen Land der Dandys kommt, kann nicht verwundern. Die Mods *did not dress down; they dressed up.* Das verband sie mit den Dandys, die als Snobs – sine nobilitas – ihrem Körper so viel ostentative Aufmerksamkeit schenkten, wie das nur dem Adel und nach der Revolution den Frauen vergönnt war. Als Arbeiterkinder oder aus dem Kleinbürgertum stammend, als Söhne der lower oder lower middle class, zogen die Mods in einer Art Klassentravestie die Uniform der Großbourgeoisie, des Geldadels an: tadellos sitzende, maßgeschneiderte Anzüge. Sie warfen sich groß in Schale. Think David Bowie.

Aber was passierte mit dem Anzug in dieser Klassentravestie? Blieb er einfach der Anzug? Modekritikerinnen heben beim Beschreiben der neueren Kollektionen eine im wahrsten Sinne des Wortes unpassende Körperlichkeit hervor: »enge Hüftthosen, Mäntel und Jacken, so eng am Körper liegend, als wären sie zu klein«. Selbiges gilt für Tom Ford, der als Herrenschneider angefangen hatte: »Hosen aus Stretchsatin, die drei Nummern zu klein wirkten«. Der klassische Topos, der das Geheimnis weiblicher Mode, wenn nicht das Geheimnis des weiblichen Geschlechts im Ganzen ausmacht, wird en passant auf die Männermode übertragen: »Die Unverfrorenheit des Nichts.«[98] Solche Schnitte waren natürlich in dem üblichen Material – Tweed, Wolle, Cord, Leinen – nicht zu machen und setzten auf neue, synthetische Stretch-Mischungen.

Tatsächlich wurde der männliche Körper in seiner strikten Reduktion auf die Linie zum Ornament. Unter dem Deckmantel eines abstrakten Minimalismus wurde de facto Orientalisierung betrieben. Ironischerweise war es nicht zuletzt

Helmut Lang, der gerne zur Unterstreichung seines Minimalismus auf Adolf Loos verwies – *Das Ornament als Verbrechen* –, der die Funktion auf einen rein ornamentalen Charakter gebracht hat: eine Arabeske, eine abstrakte Bewegung im Raum.

Damit ist die Männermode dem Prinzip der Frauenmode, dem Prinzip des Ornamentalen nämlich, das allerdings minimalistisch abstrakt auf die Linie reduziert wird, gefolgt. Und erst, als das passiert war, konnte die Frauenmode, ohne sich männlich zu verkleiden, ebendiesen neuen Männeranzug wie das kleine Schwarze tragen. So gesehen und so verstanden liegt minimalistischer Unisex, jetzt allerdings wirklich sexy, weil nämlich auf einer Übertragung eines weiblichen Prinzips in die Herrenmode beruhend, im Trend. Ostentativ darf der Körper jetzt für beide Geschlechter nur um den Preis seiner Reduktion auf eine schmieg- und biegsame Linie ins Licht, in den Vordergrund gerückt werden. Seine Funktionalität ist dabei nur noch Deckmantel für die Arabeske der Moderne.

Adonis

Über den spezifischen Reiz – oder die Reizlosigkeit – dieses fast anorektisch wirkenden neuen Männer- oder eigentlich Knabentypus hat man viel nachgedacht. Es ist das Gegenbild des erwachsenen, ausgewachsenen, gut proportionierten, muskulösen, klassisch schönen Mannes (Burt Lancaster), der sich mit behaarter Brust immerhin als Lustobjekt auf einem Bärenfell räkelt. Auch hat es mit dem großen Wilden und authentisch autochthonen Berserker als neuer Stilikone der Modeszene wenig zu tun. Dies sind keine ursprünglichen, von der Zivilisation noch nicht kleingekriegten Männer mit natürlichem Stil und urtümlicher Männlichkeit. Nichts auch liegt ihnen ferner als eine in wilden Schnitten und flamboyanten Farben so extrovertiert wie leidenschaftlich gelebte Homosexualität an den Tag zu legen, wie der Designer Bernhard Willhelm sie inszeniert. Hier wird kein Fleisch sexy mit Witz und Ironie in Szene gesetzt. Es sind vielmehr vollkommen stilisierte, in ihrer Künstlichkeit auf Distanz haltende Körper. Als Körperfaschisten hat man Slimane denn auch beschimpft. Männer von Gewicht können diese Anzüge nicht tragen; man muss fast noch Kind, leicht, schlank und agil, fast schon fragil sein. Seit dieser Zeit werden die Herrengrößen genauso wie die Damengrößen fetischisiert. Über 46 (Herren!) geht gar nichts mehr. Diesem neuen Männertyp eignet etwas ganz Unmännliches, nicht Phallisches, so dass die übliche Distinktion schwul/hetero nicht greift. Es ist eher ein Narzisstyp, der steril in sich selbst abgeschlossen fasziniert gefangen ist. Er stellt einen Jüngling aus, der nicht zum Mann reift und etwas Jungfräuliches hat, ohne unschuldig zu sein. Das Pendant zu diesem neuen Mann war vielleicht die Lesbierin des 19. Jahrhunderts. Der extremen Schlankheit des Körpers bleibt etwas Asketisches. Jegliche transzendente Dimension ist dieser Askese jedoch abhanden gekommen. Eine männliche Lolita, zwischen Femme fatale und madonnenhafter Unschuld? Geht es um den kurzen Moment der Gnade bei Jungen und Mädchen, um eine noch unschuldige, paradiesische Sexualität vor dem Sündenfall? Eher wohl um eine Sexualität, die nicht lebenszeugend, sondern todbringend ist. Morbide sperrt sie sich dem sexuellen Konsum.

Adonis, der jugendlich-knabenhafte, unwiderstehlich schöne Gott, scheint herabgestiegen. Der Ursprung der Adoniskulte liegt im Orient, und als ein solcher Gott der orientalischen Antike taucht Lucien de Rubempré, mit einem Hüftschwung so atemberaubend wie der des Adonis, bereits in Balzcas *Illusions perdues* (Verlorene Illusionen) auf. Das Unwiderstehliche hängt nicht an den schieren Maßen des Goldenen Schnitts zwischen Schulter- und Taillenumfang, der Adonisschnitt genannt wird. Es liegt in einer spezifischen Begehrenskonstellation. Adonis ist in der orientalischen, griechischen und lateinischen Mythologie nicht Gatte und Vater; er ist ganz hingegebener

Sohn und Kindgeliebter, der wie Christus bereits im Leben vom Tod gezeichnet ist. Er ist damit Objekt und nicht Subjekt des Begehrens. Auch die Dior-Knaben sind sich entziehendes Objekt des Begehrens. Durch die ihr Gesicht oft verschleiernden Haare blicklos, bieten sie sich den Blicken dar. Kein Fenster zur Seele öffnet sich.

Unvergleichlich schön, war Adonis Spielball weiblichen Begehrens. Das ganze weibliche Götterpantheon riss sich um ihn: Aphrodite, Persephone, Artemis. Der Kult um Adonis ist ein Frauenkult. Untröstlich beweinen sie sein Dahinsterben. Adonis ist vor allen Dingen verletzlich, verwundbar. Sein Reiz liegt darin, dass er in seiner Männlichkeit bedroht ist. Der Phalluskult um Adonis ist zugleich Kastrationskult. Der Fruchtbarkeitskult ist Todeskult, der Lust und Schmerz untrennbar verwebt. Tränen und Seufzer mischen sich mit sinnlichem Entzücken. Kaum ist er erblüht, stirbt er wieder dahin. Deswegen die Adonisgärtchen, die schnell aus dem Boden schießende Gräser und Blüten wachsen lassen, die schon im nächsten Moment verdorren. In anderen Mythen wird Adonis von einem Eber – einem eminent phallischen Tier – aufgespießt, um zu Tode verletzt in den Armen der vor Schmerz vergehenden Aphrodite sein Leben auszuhauchen. Verletzlichkeit und eine jugendliche Schönheit, die bereits im Moment ihres Erscheinens vom Tod gezeichnet ist – das sind die wichtigsten Momente dieses Kultes. Und um Verletzlichkeit, Zerbrechlichkeit und Schmerzlust scheint es mir in dieser Mode zu gehen: ein von Thanatos durchdrungener Eros.

Besonders schön zeigt sich das in der Arthur Rimbaud und dessen Gedicht *Le dormeur du val* (Der Schläfer im Tal) gewidmeten Slimane-Kollektion von 2001.[99] Der in einer bukolischen, aber nicht von Eros, sondern vom Tod durchschossenen Landschaft wie ein krankes Kind liegende Soldat hat zwei rote Löcher in der Seite. Er scheint zu schlafen und ist tot. Wie die Wundmale Jesu den Christen wurden diese Wunden Slimane zu glänzendem Schmuck, köstlichem Geschmeide. Der tödliche Blutfleck, der als Herzwunde kam, wurde von Lesage – der wichtigsten Stickerei für die selbstverständlich weibliche Haute Couture – kunstvoll mit Pailletten als Liebeswunde auf die Hemden gestickt. Damit hat der von seinen Verletzungen geschmückte Körper, der hinter dem gut fallenden Tuch der Herrenanzüge sublimiert wurde, die Bühne betreten.

Ver-
rückter
Westen

Zersetzt: Wie das Abendland aus dem Morgenland zurückkam

Der Einbruch der japanischen Designer auf dem europäischen und amerikanischen Markt, der von einem Aufschrei der Entrüstung begleitet wurde, war nicht einfach ein Diversifikationsangebot in Zeiten der Globalisierung, in dem authentisch Japanisches seinen Platz auch in der westlichen Welt findet: Neben französischen, italienischen und englischen Designern kann man jetzt eben auch japanische Labels kaufen. Das war auch schon deshalb schlecht denkbar, weil das mit der Authentizität auch in Japan so eine Sache ist. Der Kimono war im Prinzip eine Chinoiserie; er verdankt sich einer Übertragung aus dem Chinesischen. Anfang des 20. Jahrhunderts wurde er per kaiserlicher Verfügung durch die westliche Mode abgelöst. Das kaiserliche Edikt betraf berufstätige Männer in Staatsdiensten: Polizisten, Lehrer und Bahnbeamte bekamen westliche Kleidung verordnet. Armee- und Schuluniformen folgten. Mitte der Dreißigerjahre war die japanische Kleidung auch für Frauen fast ganz verwestlicht, die es schließlich auch ohne kaiserliches Edikt *comme des garçons* machten: Go west. Der Kimono ist heute ein folkloristisches Relikt, ähnlich wie die Trachten in Bayern und Österreich. Issey Miyake, Rei Kawakubo und Yohji Yamamoto ging es um Konfrontation und Umkodierung der westlichen Mode, die per kaiserlichem Erlass auch ihre Mode war. Entscheidend ist, dass der Körper anders ins Spiel gebracht wird.

Die Frage ist, warum dem Dreigestirn in dieser systematischen Radikalität gelang, was nur wenigen europäischen

Designern gegeben war. Denn ihr Prinzip – die Verschiebung und Verrückung der etablierten Vorstellungen von Mode – ist auch in unserer Tradition das, was die wirklich großen Designer auszeichnet. Die Mode tut in ihren besten Momenten nichts anderes, als das von ihr selbst etablierte System zu durchkreuzen, Erwartungshorizonte zu durchbrechen, oder, um es mit Nietzsche zu sagen, die Umwertung aller Werte zu betreiben. Mode ist kein Spiel ohne Grenzen, sondern das Spiel mit den von ihr selbst aufgerichteten Grenzen: der Störfaktor, der auf eine Ordnung angewiesen ist. Als Kommentar zu den von und in Kleidern festgeschriebenen Grenzen entstanden, ist die Haute Couture ein Diskurs in Kleidern über Kleider und über die Ver-Rückung der in Kleidern etablierten Geschlechter- und Klassengrenzen. Mode ist nichts anderes als diese Überschreitung. Das griffigste Beispiel für dieses Übertragende der Mode ist Chanel. Chanel überträgt Mode der unteren Schichten in die der oberen, Männliches in Weibliches, Englisches in Französisches. Yves Saint Laurents Smoking ist, wie wir gesehen hatten, das letzte Glied in einer langen Kette der Übernahmen aus der Dandymode in die Mode der Frauen, die Mitte der Siebzigerjahre zum Abschluss kam.

The Empire designs back

Die zweite Generation der Modemacher aus Tokio, Issey Miyake, Rei Kawakubo für Comme des Garçons und Yohji Yamamoto, auch The Big 3 genannt, hat unseren, den westlichen Begriff von Mode grundsätzlich revolutioniert.[100] Nach der ersten Modenschau von Comme des Garçons im Jahr 1981 in Paris sollte Mode nicht mehr sein, was sie bis dahin war. Die Revolution der Mode durch diese Designer der zweiten Generation lag nicht darin, dass ihre Mode schlicht und einfach anders, eben nicht wie gewohnt westlich, sondern japanisch war.

Nicht um Fremdes, Anderes, Authentisches ging es in diesen Kleidern – dann hätten sie eher in ein ethnologisches Museum gehört. Vielmehr durchkreuzten sie die ästhetischen und erotischen Vorstellungen des Westens. Manchmal aggressiv, meistens witzig, war der dialogische Bezug des japanischen Dreigestirns auf die westliche Mode. Die ver-rückte Geschichte der westlichen Mode ist der Stoff, aus dem ihre Kleider sind. Was die Mode aus Japan ex negativo auf den Laufsteg brachte, waren zunächst einmal unsere eigenen, westlichen Vorstellungen von Mode, von Männlichkeit, Weiblichkeit, Eleganz und Erotik. Diese wurden in der Durchkreuzung oder Ironisierung leichthändig bloßgestellt. Konfrontiert hat uns die japanische Mode nicht primär mit einer fremden Ästhetik; primär hat sie unsere historisch gewachsenen, ästhetischen und erotischen Prämissen offengelegt. Nach Strich und Faden bleiben diese Kleider auf die westlichen Vorstellungen von Mode bezogen – um sie grundsätzlich umzukrempeln.

Der Triumph des Dreigestirns aus Tokio auf der internationalen Modeszene kann deswegen am besten als »The Empire designs back«[101] beschrieben werden. Nie erfüllten oder überboten ihre Kleider das westliche Modeverständnis, wie das die Generation davor – Hanae Mori und Kenzo – getan hatte, sondern bestenfalls umspielten sie es witzig. Am zärtlichsten hat das vielleicht Yamamoto getan (Abb. 16). Seine Kollektionen sind nach 1993 eine berückend schöne, heitere Hymne auf die westliche Mode und entwerfen eine ganz neue sinnlich witzige Eleganz. Reifröcke, Inbegriff des Altmodisch-Sperrigen, werden aus aufblasbarem, federleichtem Gummi hergestellt, aus dem man die Luft lassen kann: Schwerstes löst sich in Luft auf. Oder aus dem sinnlos raumgreifenden Reifrock wird praktischer Stauraum: man zieht ein anderes Kleid wie das Kaninchen aus dem Zylinder hervor. Rei Kawakubo ist in der Dekonstruktion der westlichen Mode die systematischste und radikalste Designerin. Mit schöner Regelmäßigkeit hat ihre Mode seit ihrem europäischen Debut zu Skandalen geführt. Dieses Talent hat sie an Junya Watanabe weitergegeben. Letzter Höhepunkt der Kunst zu provozieren war die Frühjahr/Sommer-Kollektion *Dress Meets Body, Body Meets Dress* von 1997, die sofort den Spitznamen »lumps and bumps« (Klumpen und Beulen) bekam und Kawakubos dekonstruktive Herangehensweise vor Augen führt (Abb. 17). In der westlichen Mode wird der Stoff zerschnitten und auf dem Körper zurechtgesteckt. Ein vollkommenes Kleid sitzt wie angegossen; der Körper wird dabei durch raffinierte Schnitttechniken idealisiert, sublimiert. Die schlichteste Form dieser Idealisierung ist die Symmetrie, die als Norm jedes ästhetischen Körpers gilt. Teil dieser normierenden Idealisierung, die der Erotisierung des Körpers dient, können Schnürungen und Polsterungen sein. Der männlichen Idealsilhouette – breite Schultern, schmale Hüften – wird durch Schulterpolster nachgeholfen, die weibliche Sanduhrfigur verdankt sich ähnlichen Kunstgriffen: Push-up-BHs, Schnürmieder, die die Taille schlanker, den Busen höher und die Hüften üppiger wirken lassen. Der Cul de Paris sorgte im 19. Jahrhundert für einen herausfordernd ragenden Po, Hüftpolster machten im 18. Jahrhundert die Röcke so breit, dass man kaum mehr durch eine Tür kam. Seit dem 20. Jahrhundert wurden solche Kunstgriffe nicht mehr als künstlich ausgestellt, sondern naturalisiert. Immer blieb der Körper dabei strikt symmetrisch.

Die herausziehbaren Polster, die in der erfolgreichsten Variante der *Dress Meets Body, Body Meets Dress*-Kollektion in Vichypolyesterstretch eingenäht waren, sind verrutscht. Vivienne Westwood hatte im Jahr zuvor in ihrer *Vive la Cocotte*-Kollektion die weiblichen Rundungen durch Polster überbetont. Durch die fast groteske Überzeichnung – größerer Busen, runderer Po, breitere Hüften, schlanke Taille – wurde der Blick auf die Künstlichkeit dieses Prozesses, auf die Konstruiertheit von Weiblichkeit gelenkt. Auch Comme des Garçons führte die künstliche Gemachtheit anziehender Weiblichkeit vor Augen. Dies gelang jedoch nicht durch Überzeichnung, sondern durch eine krasse Entstellung der klassischen, erotisch-weiblichen

Silhouette. Die traditionelle Zurichtung von Weiblichkeit auf dem Körper schien eigenartig verrutscht: Ganz unpassend waren die Hüftpolster nach vorne, die Busenpolster aufgeblasen und buckelig auf den Rücken gerutscht. Diese Polsterungen wirkten, als ob sie gewandert und mutiert wären. Auf der Rückseite dieser Entstellung entstand eine ganz neue Form von Anmut. Die so witzige wie hin und wieder auch berückend schöne Silhouette, die den idealen Körper der Weiblichkeit verformt als Last auf sich herumträgt, ohne ihn täuschend Fleisch werden zu lassen, ist Resultat der Verschiebung traditioneller westlicher »aufgepolsterter« Weiblichkeit.

Wenn dem japanischen Trio dieses Überschreiben von Erwartungshorizonten so schlagend gelungen ist, liegt es auch daran, dass sie mit einem fremden Blick auf die westliche Mode sahen. Ihnen steht ein historischer Fundus eines durch die Kleider anders kodierten Geschlechterverhältnisses sowie eines grundsätzlich anderen Verhältnisses zwischen Körper und Stoff zu Gebot. Der traditionelle Kimono wird von beiden Geschlechtern getragen, Stoff und Körper spielen anders zusammen, andere erotische Zonen werden anders betont. War die klassische weibliche erotische Zone in Europa bis ins 19. Jahrhundert das Dekolleté, so ist es in Japan der Ausschnitt, der den Nacken freilegt. An die Stelle der für die europäische Mode so zentralen Modellierung des Körpers durch Kleider-Aufpolsterungen und Einschnürungen – tritt beim Kimono das Prinzip der Mehrschichtigkeit. Entsprechend kann und soll ein Kimono nicht wie angegossen sitzen. Er setzt in puncto Erotisierung auf Zwischenräume.

Wenn Miyake den Raum zwischen Körper und Stoff zum Thema seiner Kleider macht, spielt er mit einem Ort, den es in der westlichen Mode nicht gibt. Wir sprechen vom Kleid als zweiter Haut; im Englischen und Französischen sitzen Kleider so schmiegsam passgenau wie ein Lederhandschuh. Wenn ein Kleid nicht wie angegossen sitzt, muss der Raum zwischen Stoff und Körper auf die Silhouette hin durchsichtig werden, wie das in drapierten Kleidern oder weich fallenden Stoffen, die den Körper umspielen, der Fall ist. Selbst a-mimetische, flächige Kleider der Sechzigerjahre mit A-Linie wie die von Courrèges konturieren den Körper durch Bewegung oder plötzliche Einblicke auf naturalistische Weise. Bei Miyake hingegen ist der Raum zwischen Kleid und Stoff der eigentliche Ort, an dem die Mode spielt. Und sein Markenzeichen ist deshalb die in den Stoff gebügelte Falte geworden, die im so erreichten neuen Volumen das Verhältnis zwischen Körper und Stoff grundsätzlich verändert. Auf dem Körper steht der Stoff wie eine Skulptur. Nichts verweist auf die Form des Körpers. Seine Bewegungen versetzen das Kleid unabhängig von einer Dynamik des Verschleierns und Entblößens in so überraschende wie raffinierte, aber rein abstrakte rhythmische Skulpturen.

Der Bezug auf japanische Traditionen zeigt sich bei Miyake auch in einer grundsätzlich anderen Behandlung des Stoffes. Die Vorstellung des Passenden gibt es beim Kimono nicht. Maß aller Dinge ist die unversehrte Stoffbahn, die ganz bleibt und nicht zurechtgeschnitten, nicht auf den Körper genäht und durch Knöpfe oder Reißverschlüsse angepasst wird. Der Kimono wird um den Körper geschlungen und durch den Obi passend reguliert. Für die alles sprengenden Maße der Sumoringer, die gerne traditionelle Kimonos tragen, werden extra breitere Bahnen gewebt. Miyakes Kollektion aus dem Jahr 1998 *A-POC,* Akronym für *A Piece of Cloth,* nimmt diese Tradition der Stoffbahn an: Stoffbahnen oder eigentlich Stoffschläuche wurden am Stück verkauft – jetzt allerdings aus Stretch, so dass sie einfach immer sitzen –, und dazu ein Set von vorgeprägten Schnitten. Es ist der Bezug auf die japanische Tradition, die in der europäischen Mode einen Unterschied macht. Das gelingt jedoch nur, weil diese Tradition dialogisch auf westliche Vorstellungen von Mode bezogen bleibt und in diesem Bezug Spannung entwickelt.

Wie die Jungs,
Comme des Garçons

So systematisch wie witzig hat Rei Kawakubo in ihrer schon über 30 Jahre währenden Karriere auf der internationalen Bühne die zentralen Ideale westlicher Mode dekonstruiert. Hauptstadt der Mode war bis in die Siebzigerjahre hinein mit einer für uns heute nur mehr schwer vorstellbaren Unumschränktheit Paris. »Mode findet in Paris statt, oder gar nicht.«[102] Obwohl Paris, dem Mailand, London und New York in den Achtzigerjahren den Rang hatten streitig machen wollen, um die Jahrtausendwende wieder zur wichtigsten Stadt für die Mode geworden ist, ist diese unhinterfragte Vormachtstellung wohl dahin. Nicht umsonst also wählte Rei Kawakubo Paris für ihr Debut. Und nicht umsonst wählte sie einen französischen Markennamen. Der allerdings ließ aufhorchen. Zum einen war ihm das Crossdressing als grundsätzliches Prinzip eingeschrieben. Zum anderen setzte sie in einer Branche, in der es nur darum geht, sich einen Namen zu machen, auf ein kämpferisches Prinzip. Selbstverständlich hat Kawakubo, die behauptet, keine westliche Sprache zu sprechen, so etwas immer abgestritten. Ihr habe, hat sie gesagt, einfach der Klang des zufällig von Françoise Hardy gehörten Liedes »Tous les garçons et les filles de mon âge« gefallen. Und drittens stellte sie sich in die Tradition von Coco Chanel. Chanel hatte bekanntlich darin, dass sie Frauen wie Dandys und damit endlich, wie sie meinte, als Garçonne natürlich anzog, das Geheimnis ihres Erfolgs gesehen.

Kawakubos Mode blieb ganz und gar auf die westliche Mode bezogen. Sie legte die Normen, die die westliche und ganz besonders die Pariser Mode bestimmen, bloß, zersetzte und durchkreuzte sie. Sie griff das Monopol Frankreichs in Sachen Eleganz und das »Wissen« der französischen Couture frontal an. Kern ihres Angriffs war das Ideal der »westlichen Frau«: Schönheit, Erotik, Sex-Appeal und vollkommene Anmut.

Einer Geld- und Machtelite, die unverdrossen an der ostentativen Zurschaustellung westlicher Werte durch Reichtum und Verschwendung festhält, musste bei dem Gedanken, dass Rei Kawakubo in Gestalt der New Yorker *bag ladies* Obdachlose auf die Bühne stellte, ein Schauer den Rücken hinunterlaufen.[103]

Systematisch hat Kawakubo an erstens einer Neubestimmung des Verhältnisses von Kleid und Stoff, zweitens der Umkodierung der an den Stoffen hängenden Assoziationen von edlen, teuren und niedrigen, armen Stoffen, drittens der Vorstellung der Perfektion und viertens dem Verhältnis von Entblößen und Verschleiern, dem Code, durch den der Körper erotisiert wird, gearbeitet. Die ausgeklügelte Asymmetrie ihrer Kleider, das lose Übereinanderfallen der Stoffe, die Fehler, die bewusst in die Stoffe gewebt wurden, stempelten die Vorstellung des perfekten Schnitts, der absoluten Linie und der fehlerlosen Ausführung zu einem Relikt von vorgestern. Die völlig willkürlich mit Löchern übersäten schwarzen Pullover, die wie von einem Heer von Motten zerfressen aus dem Gepäck einer Obdachlosen zu kommen schienen – die mittlerweile sagenhafte Spitzenkollektion –, sind ironischer Kommentar noch zur raffiniertesten Stick- und Klöppelkunst, nicht ohne selbst an dieses Raffinement heranzukommen.

Der Schock, den Kawakubos Mode auslöste, war nicht primär ein sozialer. Ihre Ästhetik ist nicht vor allem eine Ästhetik der Armut, so sehr ihre provokative Wirkung hier auch liegen mag. Es ist eine negative Ästhetik, eine Auseinandersetzung mit unserer Vorstellung von Mode selbst. Kawakubos negative Ästhetik ist von asketischen Idealen des Zenbuddhismus geprägt, wie sie im 16. und 17. Jahrhundert gegen Protokoll, Zeremonie und Prachtentfaltung des Hoflebens entwickelt wurden.[104] Es mag richtig sein, dass Kawakubo in dieser Hinsicht vom Wabi-Sabi zehrt, einer Ästhetik des Unvollkommenen und Fehlerhaften.[105]

Armut als ästhetische Kategorie der Kargheit, die gegen den Glanz und falschen schönen Schein der eitlen Welt

Askese, Selbstgenügsamkeit, Freiheit von Begehren und Einsamkeit fern vom zerstreuenden Trubel dieser Welt stellt, ist jedoch auch im Westen nichts Neues. In frühmodernen Zeiten des Ancien Régime hat die Anti-Ästhetik des Jansenismus die Grundlagen für eine ästhetische Wertschätzung von Armut, Alter, Spuren der Abnutzung, Kälte und Dunkelheit, Verfall, kurz all des klassisch Nichtschönen gelegt, das in Spuren Wahrheit lesen lässt – eine Wahrheit, die im Zeichen des Schönen und deshalb in Wirklichkeit Hässlichen illusionär übertüncht wird: die Wahrheit von der Gefallenheit und Vergänglichkeit aller zum Schein bloß schönen Welt.

Folgt man Hegel, dann sieht die westliche Ästhetik seit dem Christentum Kunst gerade nicht mehr als sinnlich vollkommene Darstellung göttlicher Vollkommenheit. Die Entäußerung Christi am Kreuz ist aus dieser Sicht die Matrix der romantischen Kunst, also der Kunst im Zeitalter des Christentums. Die Wahrheit der europäischen Kunst liegt also nicht mehr in vollkommener Schönheit, sondern gerade im Fehlerhaften, Mangelhaften. Notwendig wird das Vollkommene des Göttlichen im Sinnlichen verfehlt. Dieses Auseinanderklaffen zwischen sinnlicher Erscheinung und dem Sein des Dargestellten zeigt sich in einer Ästhetik der Un-Idealität. Eine solche Ästhetik des Individuellen, des Mangelhaften, Unvollkommenen hätte sich also auch in der westlichen Mode aufgedrängt – und man kann darüber streiten, ob sie bei Designern wie Martin Margiela Tatsache geworden ist. *Cutting edge* sind die Kleider Kawakubos jedenfalls nicht wegen der Umsetzung einer japanischen Ästhetik, sondern nur insofern sie in der Umsetzung dieser Ästhetik auf die aktuellen westlichen Modepraktiken bezogen bleiben.

Die für die westliche, weibliche Mode exemplarische Erotik, die Roland Barthes als die Rhetorik der richtigen Lücke beschrieben hat, wird von Kawakubo stillgestellt. Die erotische Topik der westlichen Körpereinteilung wird negiert. Was dabei aber übrigbleibt, ist nichts Körperfremdes. In Kawakubos Kleidern kann der Westen seine Körper neu lesen lernen: Statt der Dialektik von Verhüllung und Entblößung und den davon abhängigen Konventionen von Sexualität und Sinnlichkeit ergibt sich eine andere, in die Tiefe der Stoffe gestaffelte Sinnlichkeit wechselnder Silhouetten. Von deren Konventionalität sind wir entlastet, sie muss uns fremd bleiben. Der durchaus sinnliche Witz dieser Kleider ist uns umso unmittelbarer ansichtig. Selten hat ein interkultureller Kontextwechsel eine ästhetische Kraft so unvermittelt freigesetzt.

Jean Paul Gaultier hat humorvoll Sexualprotzerei als den Kern der westlichen Mode bloßgestellt. Dazu gehört, dass der Körper in fetischartige Partialobjekte zerlegt wird, bestimmte Teile aus dem Ganzen herausvergrößert und isoliert werden: Brust, Taille, Fuß etc. Herauspräpariert, wird dieser Teil in seiner Bewegungsfreiheit eingeschränkt und damit zum Blickfang. Eine ganze Mechanik – wie setzt man sich mit einem kurzen engen Rock? Wie läuft man in hohen Absätzen? – wird geschaffen, die den Gegensatz von Verhüllen und Entblößen in Gang hält. Gegen eine solche Art erotisch inszenierter Körperlichkeit scheint Kawakubo einen Körper zu setzen, der nicht entblößt, zur Schau gestellt, den Blicken ausgesetzt, sondern geschützt wird, beweglich und ganz bleibt. Sie ist durch eine andere Art Erotik gekennzeichnet, die nicht mit dem Gegensatzpaar von Nacktheit und Kleid arbeitet, sondern eine Symbiose von Kleid und Körper schafft. Körperbetont ist diese Mode also durchaus, nur behandelt sie diesen nicht wie ein Fremdes, Auszustellendes, sondern wie etwas Eigenes, Intimes. Weniger scheint es bei Kawakubo um eine Vergeistigung oder ein Verstecken des Körpers zu gehen, als um eine neue Form der Verleiblichung.

Exemplarisch möchte ich das an einem Kleid zeigen, das ein Motiv aufgreift, wie es westlicher nicht sein könnte: den Torso der antiken Statue, umspielt von hauchdünnen Falten. Kawakubo trifft dieses griechische Erbe und seine klassizistische Interpretation mitten ins Herz. Das Abendkleid aus der

Winterkollektion von 1984 ist exemplarisch für die verstörende Uminterpretation, die Zersetzung und Rekonfiguration des Modesystems. Das vor beinahe 30 Jahren entworfene Kleid ist so etwas wie die Poetik von Kawakubo, ein *signature piece* (Abb. 18). In dem Abendkleid von Comme des Garçons geht es um Falten, Nacktheit und Verhüllung. Durch eine verfremdende Neuinterpretation der Antike und ihrer klassizistischen Aneignung ist dieses Kleid so kunstvoller wie witziger Kommentar zur Idee der Verschleierung des Körpers. Hier wird das Kleid weder zu einer zweiten Haut noch zu einem Schleier, der die Nacktheit umso nackter zeigt: Hier wird verpackt. Im Rückgriff auf antike Modelle und im Umschreiben ihrer Rezeption zeigt sich das Verhältnis von Nacktheit und Angezogensein, von Verschleiern und Enthüllen, von Stoff und Körper in neuem Licht.

Exemplarisch ist das Verhältnis von Nacktheit und Stoff bis in die Moderne am Beispiel der antiken Statue entwickelt worden (Abb. 19). Aus hartem, kaltem, schwerem, unbeweglichem Marmor wurden leichte, hauchdünne, durchsichtige, sich anschmiegende Schleier, unter deren Faltenwurf das Fleisch lebendig scheint; der Stein als Schleier erst macht das Fleisch reizvoll nackt. Es war, wie wir gesehen hatten, die an die Revolution anschließende Epoche von Terreur und Directoire, die gegen die Aufpolsterung und Schnürung des Körpers in Anlehnung an die Antike ein neues Nacktes entwickelte, das angezogen umso ausgezogener wirkte. Noch nie war der Körper so nackt erschienen wie in dieser Zeit, als er wie in feuchte Tücher gehüllt entblößt wurde. Diese klassische Kunst, die durch Verhüllung enthüllt, ist in der ersten Hälfte des 20. Jahrhunderts von Madeleine Vionnet mit ihren schräggeschnittenen Seiden vervollkommnet worden (Abb. 20). Der Traum der europäischen Mode, das von den Alten so scheinbar mühelos in Stein Gehauene in vergleichbarer Lebendigkeit nachzuschaffen, hat sich so erfüllt.[106]

Nicht das Prinzip der Verschleierung, sondern das

des Kleides als zweiter Haut spielte im T-Shirt, das mit James Dean und Marlon Brando seinen ikonischen Durchbruch feierte, die entscheidende Rolle. Das T-Shirt aus Baumwolljersey, eigentlich ein Unterhemd, zeichnet die schwellenden Oberarme, Schultern und den oberen Torso nach. Es nimmt damit ein Motiv der Antike auf und entpuppt sich unvermutet als Klassizismus: In den Brustpanzern der Soldaten wurde der nackte Oberkörper ideal nachgebildet. Der Körper trägt so einen vollkommeneren, schöneren Körper auf sich. Das T-Shirt naturalisiert diesen Brustpanzer der Soldaten. Die Muskeln müssen jetzt folglich, um sich abzeichnen zu können, tatsächlich antrainiert werden.

Kawakubos Abendkleid im großen Stil ist von der für sie charakteristischen offensiven Bescheidenheit, die von oberflächlichen Blicken mit Abgerissenheit verwechselt wird. Systematisch wird die Erwartung, die wir an ein Abendkleid haben, durchbrochen. Zunächst einmal ist dieses Kleid asymmetrisch. Allen Ideen des Handwerks, ob Schnitt, ob Symmetrie, kurz, der Idee des »zivilisierten Kleides« wird ins Gesicht geschlagen. Von einer Rocklänge zu sprechen wäre frivol. Die bis auf den Zentimeter bestimmte Rocklänge blieb bis in die Achtzigerjahre vielleicht wichtigstes Merkmal des saisonalen Wechsels in der Mode. Wollte man als modisch gelten, musste man sie strikt beachten. Der Saum hält sich asymmetrisch mit spitz auslaufenden Säumen und hört je nachdem unter dem Knie oder über dem Knöchel auf. Das Prinzip des Saumes ist im Kragen wieder aufgenommen: Ebenso asymmetrisch, läuft er vorne dreieckig spitz zu, um im Rücken eher rechteckig zu fallen.

Das Kleid ist aus dem falschen Material und hat die falsche Farbe: nicht aus schillernd schmiegsamer, kostbar farbiger oder elegant schwarzer Seide, sondern aus anthrazitfarbenem Wolljersey, einem unedlen, einfachen Material, in dem man nicht feiert, sondern arbeitet – zumal, wenn es anthrazitgrau ist. Ein Abendkleid, ein Festkleid also, das in einer heimlichen Hommage an Chanel aus der Arbeitskleidung der unteren

Schichten schöpft: ein Abendkleid mit einer Art Matrosenkragen. Denn Jersey ist eben der Stoff, den Chanel aus der Unterwäsche an die Oberfläche und als typischen Stoff der Matrosen- und Arbeiterkleidung in die höchsten Sphären der Gesellschaft katapultiert hatte. Anders als bei Chanel, anders auch als im T-Shirt, schmiegt sich dieser Jersey dem Körper nicht an, um ihn wie nackt zu zeichnen. Aber das ist noch nicht das Schlimmste.

Das Kleid wirkt zweiteilig, weil über dem vermeintlichen Unterkleid, der Tunika, der Stoff in horizontalem Faltenwurf liegt. Es ist aus der Verschmelzung zweier antiker Typen entstanden. Die starke Betonung der Linie unter dem Po, die den Torso nach unten hin abschließt, ist charakteristisch für einen bestimmten Typus der Aphrodite, die von Archäologen sogenannte Anadyomene, deren nackter Oberkörper aus dem Faltenwurf eines Tuches aufsteigt. Es ist um die Hüften geschlungen und über dem Geschlecht zu einer Rose geknotet. Der andere aufgerufene Typus ist der der Ceres-Priesterin. Das doppelte Tuch, *himation,* der horizontale Faltenwurf über dem Torso, der vertikale Faltenwurf im unteren Teil und schließlich das Spielbein, dessen Knie prononciert unter dem Stoff hervortritt, sind ihre wichtigsten Merkmale. Aber dieser Faltenwurf lässt nichts durchschimmern; er verpackt. Und damit sind wir beim Schlimmsten.

Gerade dadurch wird der Torso bei Kawakubo hervorgehoben, dass er nicht nackt, sondern dick eingepackt ist – damit aber eben die klassische europäische Schneiderkunst, der es um kunstvolles, enthüllendes Verschleiern ging, kunstvoll überboten wird, um zu einem entgegengesetzten Resultat zu kommen. Durch eine völlig neue Technik des Drapierens auf dem Körper, durch unsichtbare Nähte und Falten wird die Schwerkraft übertrumpft – diese Falten fallen eben nicht umspielend am Körper. Der Stoff sieht jetzt nicht mehr aus wie ein Schleier, der sich selbst kunstvoll unsichtbar durchsichtig macht, um den Körper umso nackter zu zeigen, sondern dank dieser anderen Kunstfertigkeit wird er undurchsichtig schwer. Hier sieht man nichts anderes als die schiere, massive Stofflichkeit der Falten.

Das Motiv, das dieses Kleid parodierend enttäuscht, ist zum einen das des nackten Oberkörpers, der sich schön wie der idealisierende Brustpanzer unter dem Jersey abzeichnet. Und es ist zum anderen das des nackten Körpers unter Schleiern. Den abendländischen Interpretationen, Imitationen, Klassizismen aller Art wird in diesem Entwurf von Kawakubo übel mitgespielt. Über den Sex-Appeal jener Kleider macht sich dieses Abendkleid lustig, indem es das Verschleiern zum Einpacken macht, die Verwandlung von Stein in hauchfeine Schleier rückgängig versteinert. Die dynamisierende Spirale der Aufwärtsbewegung betont den Torso – also das, was bei der Venus nackt aus den Stoffen aufsteigt. Die Nacktheit dieses Leibes wird dabei im Gegenbild aufgerufen. Die Falten des Kleides lassen kein Fleisch verführerisch hindurchschimmern, sondern verpacken den Körper in steinerne Falten. Was im antiken Marmor höchste Kunst durch den Anschein von textiler Stofflichkeit bewies, beweist nun in ebendiesem Stoff die Qualität der steinernen Abbildung von Stoff.

Kawakubo bringt die Dialektik von Stein und Fleisch zu einem paradoxen Höhepunkt. Ihr Kleid wird zu Stein, damit der Körper sinnlich lebendig werden kann. So entsteht im Durchstreichen des alten Sex-Appeals eine neue Erotik, die nicht zuletzt in der Beweglichkeit liegt, die die Frau in diesem Kleid im Gegensatz zum klassischen Abendkleid hat. Frau ist kein passives Ausstellungsobjekt, und kann, *comme des garçons,* ohne Angst vor dem Verrutschen Karate machen oder, wahlweise, in ein Taxi im Schneematsch springen – im ganz großen Stil.

Rüsche und Reißverschluss

Den Einfluss Kawakubos und ihrer Umwertung aller Werte zeigt schön ein Kleid von Lanvin aus dem Winter 2009/10 (Abb. 21). Alber Elbaz, der seit 2001 für das Design des Hauses Lanvin verantwortlich zeichnet, hat das Neoklassizistische zu einem bestimmenden Thema gemacht. Wie schon bei Chanel und Kawakubo stößt Sportliches, ja Militärisches auf elegant frivol Weibliches. Auffälligstes Merkmal sind Reißverschluss und Rüsche. Der männlich sportliche, ja militärische Reißverschluss ist das Markenzeichen von Alber Elbaz. Selbst in den zartesten Cocktailkleid-Kreationen zwischen Tüll, Samt und Seidensatin prangt er. Elbaz lässt ihn grundsätzlich vom rein Funktionalen ins Ornamentale wechseln. Aber dieses Ornament, das seine alte Bedeutung in den neuen Kontext mittransportiert, durchkreuzt die üblichen Konnotationen, die man mit einem Cocktailkleid verbindet. Als Inbegriff weiblicher Eleganz und vielleicht sogar Verletzlichkeit ist es das Gegenteil sportlich männlicher Funktionalität. Der Reißverschluss am klassischen Cocktailkleid ist selbstverständlich in der Farbe des Stoffes, fein und leicht und durch einen Steg verdeckt, während er hier metallisch offengelegt ins Auge springt. Beispielhaft kann man hier die geistreich pointierte Arbeit am »Bild der Frau« illustrieren. Immer wieder geht es in der Mode darum, zu damenhafter Weiblichkeit geronnene Bilder zu verschieben, zur verrücken, zu durchkreuzen: kurz, den Betrachter zu erstaunen, zu verblüffen, zu überraschen. Das wird durch ein Aufeinanderprallen von Gegensätzen erreicht: high and low, Funktion und Ornament, Männliches und Weibliches, Repräsentation und Sport, Tag und Nacht. Ideal gelingt dies, wenn aus dieser Disharmonie wie in diesem Falle ein ästhetischer Mehrwert wird: ein Witz, über den man lächelt, oder sich zuzwinkert.

In diesem Kleid treffen sich zwei Markenzeichen:

der Reißverschluss, der »Elbaz für Lanvin« signalisiert, und die Rüsche als Modeemblem der Saison. Ihr witziges Zwiegespräch hebt sie beide. Ob Elbaz Walter Benjamins an Baudelaires Gedicht *A une passante* (»An eine, die vorübergeht« oder, wie Benjamin schlich übersetzt, »Einer Dame«) entwickelte Theorie von der Rüsche am Kleid kennt[107], mag dahingestellt bleiben; so oder so ist die Rüsche frivol überflüssiges Emblem des Modischen schlechthin, Nonplusultra des Ornamentalen. Der Reißverschluss, funktional ohne jeden Schnickschnack, wird nicht klassisch unauffällig unsichtbar gemacht, sondern gleichzeitig versteckt und betont. Die Rüsche bekommt eine paradoxe Funktion: Sie verdeckt auffällig, sie springt ganz wörtlich in die Augen. Die Funktion »Reißverschluss« wird durch die entblößende Verdeckung markiert umspielt. Der Reißverschluss reguliert die Tiefe des Dekolletés und den mehr oder weniger hohen Schlitz im Rock. Seine ursprünglich praktische Funktion wird erotisch gewendet. Die Rüsche legt den Clou des Kleides offen: Ein einziger Ruck und man steht nackt da.

Aber das ist nicht der einzige Witz. Dank des Reißverschlusses wird der Stoff in raffinierten Falten um den Körper geschmiegt. Das Modellieren von Busen, Taille, Hüften durch Faltenwurf steht in der Tradition des Abend- oder Cocktailkleides. Doch anders als das klassische Cocktailkleid ist dieses Kleid aus einem einfachen, stumpfen Wollstretch, in dem man sich so bewegen kann wie in einem T-Shirt oder einem Jogginganzug. Niedrig Funktionales prallt mit Hohem zusammen. Der ästhetisierte Störfaktor, die harmonisierte Dissonanz befördert eine zeitgemäße Eleganz. Das ist das Erfolgsgeheimnis des neuen Pariser Chics und seiner Couturiers: Lanvin, Balenciaga, Mouret (mit ups and downs), Chloé oder Givenchy. Sie restaurieren das europäische Eleganzideal, indem sie sich die oft verstörenden Impulse, wie sie die Mode der Achtzigerjahre mit Westwood, Comme des Garçons oder Margiela auszeichnete, einverleiben. Ihre erfolgreiche Entdramatisierung des Kleides verdankt sich der Aneignung und gleichzeitig der Entschärfung der in der

Mode der Achtzigerjahre entwickelten Strategien. Sie ästhetisieren die in der Mode nach der Mode entwickelten, dekonstruktiven Verfahren und stellen ihre Dynamik im Ornament still.[108]

Körper
statt
Korporationen

Es ist der Moderne nicht gelungen, den Körper in Körperschaften aufzuheben. Massiv drängt er gegen diese Aufhebung an. Dieses Andrängen kann in einer traditionellen, offensiven Ausstellung der primären und sekundären Geschlechtsmerkmale, in einem Schmücken, das unter die Haut geht, in einer Thematisierung vom Schneiden ins Fleisch, im Zurschaustellen des versehrten, verletzten, amputierten Körpers oder traditioneller in allen Spielarten der Vanitas geschehen, deren Thema die Vergänglichkeit des Fleisches ist. Die Sublimierung des Körpers der Funktionsträger, wie sie der Herrenanzug leistet, wird so konterkariert. Konterkariert wird ebenfalls das weibliche Pendant zu diesem Körper, der normierte, idealisierte *body beautiful* – schön normal – in seiner scheinbar natürlichen, aber mit viel Aufwand zugeschnittenen, angepassten Vollkommenheit. In der Mode nach dem großen Bruch war das lockende Fleisch, mit der von der Pizza bis zum Autoreifen alles an den Mann oder die Frau gebracht werden konnte, grundsätzlich weiblich. Männliche Schönheit durfte sich nur zeigen, wenn sie funktional entschuldigt war: der körperlich arbeitende Mann der unteren Schichten, von Muskeln schwellend.

In den Subkulturen kehrt der Körper heute für beide Geschlechter sehr viel beunruhigender wieder. Zum einen kann man überall in Europa ein Erstarken der Tracht als lokal spezifische Kleidung beobachten. So wird eine Kleiderordnung wiederbelebt, die vor dem großen Bruch liegt. Die Tracht, die Nietzsche als der Inbegriff pfäffischer Hinterwäldlerei und als Gegenteil des modernen, gutangezogenen Geistesmenschen und Europäers galt, findet plötzlich die ganze Welt ausgesprochen kleidsam. Sie wird wie auf einem wochenlang dauernden

Kostümfest zu bestimmten Zeiten in Städten wie München, Wien oder Salzburg getragen; Japaner, Chinesen und Amerikaner lieben Dirndl. Auch in der Freizeitkleidung hat die Tracht ein Comeback. Auf Französisch heißt sie *costume national*, und dass ein italienisches Modehaus seine gar nicht trachtigen Kleider unter diesem Namen verkauft, ist bei aller Ironie erstaunlich.

Mit der Wiener Designerin Lena Hoschek ist das Dirndl schließlich in die Haute Couture gewandert. Die Tracht betont wie alle Kleider vor dem Zusammenbruch der kosmischen Ordnung die natürlichen Zeugungswerkzeuge. Er zeigt stramme Waden und muskulöse Schenkel, vor allen Dingen aber ein prächtig verziertes, mit Knöpfen besetztes und besticktes Türhoserl. Es erinnert an die Braguette und damit an die Zeiten vor dem großen männlichen Verzicht. Sie zeigt in gestärktem Leinen oder Batist schneeweiß den Busen; die schlanke Taille betont die üppigen Hüften. Unter dem weiten Rock ist sie blank.

Daneben treten Anleihen einer weniger »natürlich-gesunden« Sexualität, die den Körper umso mehr zeigen, als sie ihn nicht offenlegen und anbieten, sondern durch eine Quasi-Versiegelung unzugänglich entziehen. Ohne Anleihen aus der S/M-Szene, ohne Latex etwa, hätten viele der interessantesten Kollektionen in den letzten Jahrzehnten nicht das Licht der Welt erblickt. Ganzkörpereinsatz von Talkumpuder war gefragt, um überhaupt etwas an- oder ausziehen zu können. Helmut Lang etwa setzte das dünne Gummi nicht nur für sein berühmtes, von Spitzen verziertes Latexkleid für Frauen ein, sondern auch für Männerkleider. Die schwule S/M-Mode der ganzen Kerle im Heavy-Metal-Stil inszeniert den Kontrast von hellem, nacktem Fleisch und schwarzem Leder. Massiv dringen so Momente pornographischer Reizwäsche in die Mode ein. Nun war das schon immer, haben spitze Zungen befunden, das Prinzip der weiblichen Mode. Die Venusdienerinnen, die ihre sagenhafteste Ausprägung in den modisch tatsächlich den Ton angebenden großen Kokotten des 19. Jahrhunderts in Paris erfuhren, wissen, wie die Reize der Frau an den Mann zu bringen sind. Diese Übertragung aus pornographischen Stilen in die Mode gilt jedenfalls in den Subkulturen jetzt für beide Geschlechter.

Orientalismus pur: Tattoos und Stigmata

Der Körper in seiner Verletzlichkeit, in seiner Erotik, seiner Fleischlichkeit, seiner Sterblichkeit drängt nicht nur in der Mode gegen die männlichen Korporationen an. Am offensichtlichsten wird er in den Tattoos zelebriert, die sich nicht mit der zweiten Haut abgeben, sondern gleich unter die Haut gehen. Tattoos sind, gerade weil sie eine so »barbarische« Praxis sind, vielleicht *der* Orientalismus par excellence. In dem »kleinen Anhängsel Asiens«, wie Nietzsche Europa nennt[109], und in Amerika – kurz, in der westlichen Welt waren sie schlicht verpönt, tatsächlich tabu. Eben dort haben sie in den letzten 30 Jahren einen beispiellosen Siegeszug angetreten. Sie prangen an Schulter, Oberarm, Unterschenkel und als »Arschgeweih« auf den Hüften. Von der Fashion-Ikone David Beckham bis zur Exgattin des Ex-Bundespräsidenten zur Schau gestellt, haben sie den Sprung aus den Subkulturen in den Mainstream der Gesellschaft getan. Immerhin ziert ein Tattoo 30 Prozent der Leute zwischen 20 und 50. 2011 kam endlich eine Barbie auf den Markt, die tätowiert war. Für das nicht weniger tabuisierte Piercing gilt dasselbe. Selbst Professorengattinnen haben irgendwo ein Tattoo oder ein Piercing – und sei es im Geheimen. Zur Hochzeit lässt man sich als Zeichen der ewigen Verbundenheit, ein Fleisch geworden, das Äquivalent des Eherings unter die Haut gravieren; andere piercen sich für ihren Geliebten die Schamlippen.

Die Praxis des Körperzeichnens ist überraschenderweise etwas Ureuropäischeres. Schon der europäische Ureinwohner Ötzi war tätowiert. Von den Tattoos der nordeuropäischen Ureinwohner berichtet Julius Caesar in *De bello gallico*. Und die Briten leiten ihren Namen angeblich von den unauslöschlichen Zeichnungen ab, die sie ihren Körpern einprägten: »Die Großbritannien genannte Insel leitet ihren Namen von den Tattoos ab; *Britons* heißt ›das Volk mit den Zeichnungen‹, und *Picts* – so hießen die Völker, die ursprünglich den nördlichen Teil Britanniens bewohnten – bedeutet buchstäblich ›das bemalte Volk‹.«[110] Wie immer dem in grauer Vorzeit gewesen sein mag, so verdankt sich die augenblickliche Vogue nicht europäischer Traditionspflege. Nach Europa oder Amerika kamen die Tattoos nicht durch eine Rückbesinnung auf die Vorväter, sondern über die Entdeckungsreisen und die Kolonisierung. James Cook, der Samoa, Tahiti und Neuseeland entdeckte, brachte das Wort und die Praxis Ende des 18. Jahrhunderts zurück auf den europäischen Kontinent. Hier kam es zu einer eigenartigen Überschreibung dieser »primitiven«, »exotischen« Riten mit dem, was Stigmatisierungen – auch das heißt wie Tattoo ursprünglich »Stich«, »Einstich« – in der Antike und dann wieder ab dem spätmittelalterlichen Christentum waren.

»Tatu«, »tatau« kommt aus dem Polynesischen und heißt »zeichnen« oder »stechen.« In ihrer Ursprungsgegend im Südpazifik, auf Tahiti, den Samoainseln und dem neuseeländischen Archipel, ist die Tätowierung an Initiationsriten gebunden: Tattoos auf Bauch und Hüften fruchtbar gewordener Mädchen sollten die Männer anziehen. Die Tätowierung der Krieger bei den neuseeländischen Maoris war ein Abwehrzauber: Sie verbürgte, dass diese Männer große Schmerzen auf sich genommen hatten. Ihre so unter Beweis und dem Gegner vor Augen gestellte Tapferkeit sollte abschreckend wirken. Die westlichen Entdecker und Eroberer sahen in den Tattoos den Inbegriff des Primitiven: Zivilisierte Völker zeichneten ihren Körper nicht unauslöschlich im Fleisch. Selbstbeherrscht, ergeben sie sich nicht passiv einem sinnlosen, überflüssigen Schmerz.[111]

In dieser Brandmarkung als »exotisch-primitiv« kehrt ein Verdikt wieder, das das frühe Christentum gegen eine antike Praxis gestellt hatte. Die antiken Kulturen nämlich zeichneten durch Brandmarkung oder Stigmatisierung – also ganz wörtlich durch Körperinschriften – bestimmte Bevölkerungsgruppen wie Sklaven, Schauspieler, Soldaten, Gladiatoren oder Prostituierte. Die Zeichen im Fleisch machten diese zu infamen Personen. Sie schlossen aus der Gemeinschaft aus.

Kaiser Konstantin verbot im Jahr 330 die Gesichtszeichnungen, und das zweite Konzil von Nicäa dehnte dieses Verbot auf den ganzen Körper aus. Nicht die Gezeichneten wurden von der frühen Kirche verurteilt, wohl aber die Praxis des Stigmatisierens. An die Stelle der äußeren Markierung, wie sie die antiken Kulturen und auch das Judentum mit der Beschneidung praktizierten, setzte die Kirche ein inneres, geistiges Zeichen: das Zeichen des Kreuzes. Gregor von Nazianz, einer der kappadozischen Kirchenväter, beschreibt die Taufe im vierten Jahrhundert als ein Beschriften oder eine Prägung der Tafeln der Seele. Diese innere Stigmatisierung setzten die frühen Christen von der Praxis der tatsächlichen Einprägung, von Einstichen, Einschnitten, Einbrennungen im Fleisch ab.[112]

Die Entgegensetzung von inneren und äußeren Zeichen, wie sie das spätantike Christentum bestimmen, bekommt mit der ersten Stigmatisierung im Hochmittelalter einen neuen Twist. Im Jahr 1224 erleidet Franz von Assisi auf dem Berg Alverna die Einprägung der Stigmata der Passion. »Auf diesem Berge«, schreibt Bonaventura, »sollte sich das Leiden Christi durch den Heiligen Franziskus erneuern, nämlich in seiner Seele durch die Liebe und durch sein Mitleid und an seinem Leib durch den Empfang der hochheiligen Wundmale.« Gemeinsam ist dieser Zeichnung und den Zeichnungen der Spätantike die Wirksamkeit. Sie macht Franz bis ins Fleisch hinein zu einem anderen. Diese Umkehr vollzieht sich – und das ist neu – in einem Liebesbrand, in dem sich Freude und Schmerz ununterscheidbar durchdringen. Franz verwandelt sich von brennender Liebe durchglüht in ein Bild Christi.

Die zuerst von der Kirche und später von den säkularisierten Mächten verpönte Praxis des Körperzeichnens, die durch den Prozess der Zivilisation endgültig überwunden werden sollte, hat sich im »zivilisierten Westen« trotz aller »Vergeistigung« nicht ganz verloren. Das Einprägen von Liebeswunden in den Körper erscheint allerdings jetzt als masochistische Perversion der Liebessklaven. *Die Geschichte der O* erzählt von der Brandmarkung der Heldin durch ihren Liebesherrn. Seine Initialen werden ihr unter unsäglichem Schmerz als Zeichen ihrer vollkommenen Übereignung auf die Hüften gebrannt. Diese Prägung hebt die so markierten »Liebessklaven« jedoch nicht mehr verklärend zu den Engeln empor, sondern lässt sie verworfen ins Dunkel des Tierischen oder Sinnlosen, Verrückten abgleiten.

Tattoos heute nehmen sowohl die antike als auch die christliche Tradition der Stigmatisierungen auf. Die Gruppen, die die exotische Praxis des Tätowierens mit der Entdeckung und Kolonisierung aus fernen Ländern nach Hause gebracht hatten, markierten sich als Andere und stellten sich bewusst an den Rand der Gesellschaft, die sie meistens ganz buchstäblich ausgrenzte: Kriminelle, die damals oft nicht ins Gefängnis kamen, sondern nach Australien oder Neuseeland exiliert wurden; gefallene Frauen; Seeleute, die sowieso eine Gesellschaft mit eigenen Gesetzen bildeten. Schwere Jungs, leichte Mädchen. Obwohl sie dasselbe taten wie die »Eingeborenen«, hatte dieses Tätowieren eine radikal andere Bedeutung. Denn bewusst oder unbewusst schlossen sie an die christliche und später säkulare Verwerfung des Stigmatisierens an, der sie sich in der Aneignung der Stigmatisierung widersetzten. Diese Anverwandlung in eine im wahrsten Sinne des Wortes ausgezeichnete Gemeinschaft machte die Tattoos später aber auch zu Liebeszeichen und knüpfte damit an die hochmittelalterliche

Tradition einer bis ins Fleisch verwandelnden, schmerzlich süßen Liebe an. Wenn die Liebe bis ins Herz dringt, dann mag sie erst recht unter die Haut gehen. Der Bund der Herzen wird im Fleisch gezeigt. Heutzutage ist das flammende Herz, eines der Wundmale Christi, zum beliebten Tattoo geworden. Es bezeugt eine unauslöschliche Liebe, die bis ins Fleisch verwundet und das Fleisch mit Wunden schmückt.

Theater der Grausamkeit: Alexander McQueen

Das Kleid, das als Stoff sich nicht in die Haut einschreibt, sondern auf der Haut getragen wird, kann den Körper nicht in der Weise ins Spiel bringen, wie die Tattoos das tun. Schließlich können und wollen Designer ihre Kleider nicht wie die Zauberin Medea, die der siegreichen, jungen Rivalin ihr in Gift getränktes Hochzeitskleid als Geschenk überreicht, ins Fleisch einbrennen, um alles in Flammen aufgehen zu lassen. Gegen den Körper, der im Anzug bedeckt und neutralisiert einem Unternehmen einverleibt wird, kann die Mode jedoch die Metamorphosen des Körpers vielleicht nicht ins Fleisch, wohl aber auf den Leib schreiben. Das Label *Imitation of Christ* schreibt sich mit dieser Namensgebung den die Passion erleidenden Körper Christi als Programm auf die Fahnen. Die Sommerkollektion 2001 von *Imitation of Christ*, als Totenwache in einem New Yorker Bestattungsinstitut vorgeführt, zeigte die Models als vielleicht von den Toten Auferstandene, deren Körper noch verbunden und deren Handgelenke blutig waren. Ihre (verklärten?) Körper tragen die Wundmale der Passion.

Alexander McQueen druckte in der Kollektion *Dante* aus dem Jahr 1996 den Körper des Gekreuzigten, wie ihn die flämische Renaissancemalerei zeigt, auf seine Kleider und setzte den Gekreuzigten golden als Schmuck auf venezianische Karnevalsmasken. Das Zeichen des Kreuzes steht über aller irdischen Geschichte, die von Gewalt und Tod bestimmte Leidensgeschichte ist. Und das nicht zuletzt deshalb, weil unermüdlich für die einzig wahre Religion gekämpft wird. Illustriert wird das drohende Leiden auf dem Körper des Models, das zur Leinwand wird. Seine Jacke ist mit einer Kriegsfotografie Don McCullins bedruckt. Das Maschinengewehr richtet der Soldat direkt auf den Betrachter. Gleich sind wir tot.

Auferlegtes Leiden bringt nicht nur Tod, sondern verformt den Menschen bis ins Fleisch hinein ins Unmenschliche: ins Tierische oder Mechanische. Aimee Mullins, die sagenhafte Athletin der Paralympics, modelte für McQueen mit extra für sie angefertigten Beinprothesen; andere Models verwandelten sich in der Kollektion *It's a jungle out there* in Thomson-Gazellen: Jagdbeute oder Trophäensammler? Ein schwarzes Model wird an einen überdimensionalen Schmuck gekettet und kann sich nur noch wie eine Marionette bewegen: Mensch-Maschinen, Menschen-Puppen, Menschen-Tiere. Diese Verwandlungen des Körpers changieren bei McQueen, der Ästhetik des Erhabenen folgend, schockartig verfremdet zwischen übermenschlicher Schönheit und Verworfenheit. Haut als Leder, Ohren, die zu Tierohren werden, Haare, die vielleicht Fell oder Federn sind, Hörner und Geweihe, gefiederte oder bepelzte Kreaturen lassen die Models unheimlich zwischen Menschen und Tieren, zwischen Jagdbeute und Jäger schwanken. McQueen machte seine Shows zu einem *Theater der Grausamkeit*: Jeanne d'Arc, die sich als Kriegerin wie ein Mann anzieht, wird am Ende von roter Spitze wie von Blut überströmt verbrannt (Herbst/Winter 1998). Heilige sitzen in Burka oder Klosterschleier gehüllt auf einem mit Metallspitzen besäten Laufsteg, wo sie nach langer Askese eine Elevation erfahren.

Immer wieder beschäftigte sich McQueen, Sohn eines Londoner Taxifahrers, mit der Leidensgeschichte seiner Vorfahren aus dem schottischen Hochland: »Die Familie meines

Vaters kommt von der Isle of Skye, und ich habe mich mit der Geschichte der schottischen Aufstände und der Säuberungen beschäftigt.« Nach der Absetzung König Jakobs II./VII. 1688, eines Schotten aus dem Haus der Stuarts, der die Königreiche England und Schottland in Personalunion regiert hatte und zum katholischen Glauben zurückgekehrt war, versuchten seine Anhänger, Jakobiten genannt, mit Unterstützung Frankreichs mehrfach vergeblich, ihn bzw. seinen Sohn wieder zu inthronisieren. Das Kernland der Unterstützer Jakobs war das schottische Hochland. Besonders die spektakulären Kollektionen *Highland Rape* (1995) und *The widows of Culloden* (2006) kreisen um diese traumatischen Ereignisse der schottischen Geschichte. McQueen bezeichnete diese Kollektionen als einen »Aufschrei gegen englische Modedesigner (...), die extravagante schottische Kleider machen«. Selten zeigt sich Politik so klar als Kleiderpolitik.

Die Highlanders waren ethnisch gälisch-keltischen Ursprungs, religiös hingen sie teils der presbyterianischen, teils der römisch-katholischen Kirche an, und politisch waren sie noch in ihren traditionellen Clanstrukturen organisiert. Sie hatten folglich in den Augen der anglikanischen Engländer eine andere, und was die Katholiken betraf, eine feindliche Religion, sprachen eine fremde Sprache und stellten eine minderwertige Art dar. Erkennen konnte man sie an den Kilts mit Tartanmustern, die sie ihrem jeweiligen Clan zuordneten.[113] Der Tartan wurde zum Inbegriff nicht nur des Aufständischen, sondern des Unzivilisierten, Barbarischen, des grotesk Hinterwälderischen, das man in den Hochlandschotten sah. In der Schlacht von Culloden am 16. April 1746 wurden die halbverhungerten Highlanders in den schottischen Hochmooren von den rotrockigen Regierungstruppen, die ihren blutroten Kleidern alle Ehre antaten, in kürzester Zeit – 40 Minuten, sagt man – dahingeschlachtet. Diese verheerende Niederlage besiegelte das Ende der Aufstände. Die Jakobiten waren als politische Kraft zerstört; das neue Königshaus anglikanischer Konfession und die anglikanische Nationalkirche gingen als Sieger aus den Bürgerkriegen hervor. Das für die Hochländer typische Tragen der »Schottenröcke« wurde durch den Dress Act von 1746 gesetzlich verboten und mit dem Tode bestraft. Jeder Mann, der Tartan trug, wurde erhängt. Die an die Niederlage anschließende Ausrottung der gälisch-keltischen Bevölkerung des Hochlands, die unter *Highland Clearance* firmiert und an Grausamkeit nicht hinter der Ausbeutung und Vernichtung kolonisierter Völker zurücksteht – Landvertreibung, Zwangsverschiffung als ihren neuen Grundherren zu jahrzehntelangem Dienst verpflichtete besitzlose Ausländer in die Neue Welt, Vergewaltigung etc. –, wurde im 19. Jahrhundert als systematische Enteignung durch die englischen Grundeigentümer fortgesetzt.

In der Kollektion *Highland Rape* bringt McQueen in den blutverschmierten, verstörten Models diesen Bürgerkrieg auf die Bühne. Tartan tragend werden sie zu einer Allegorie des von den Engländern vergewaltigten Schottland: »Viele Leute waren so dumm; sie nahmen an, hier ginge es um vergewaltigte Frauen – aber in *Highland Rape* ging es um die Schändung Schottlands durch England (...), ich wollte zeigen, dass der Krieg zwischen England und Schottland im Prinzip ein Völkermord war.«[114] Wie diese Ereignisse die britische Geschichte immer noch heimsuchen, zeigt der letzte *James Bond*-Film. Das berückend schöne, von Kate Moss vorgeführte Kleid »hologram« aus der Kollektion *The widows of Culloden* – man kann sich den berühmten Auftritt im Internet ansehen – lässt das Gespenst einer dieser Witwen, die heute noch, weiß der Volksmund, im Moor von Culloden herumirren und ihre Männer suchen, die nie mehr heimkehrten, wiederauferstehen. Ohne die Tanzkunst Loy Fullers, die mit hauchdünnen Stoffen neue Silhouetten erschuf, wäre dieses »Hologramm« schwer vorstellbar. Sinnlich schöner ist das Übersinnliche, das Körperlose der Geister wohl selten gezeigt worden als in dieser irrlichternden Witwe, die wie die Venus von Botticelli mit ihren goldenen, im Wind spielenden Locken aus dem Nichts kommend vom Lufthauch weißflirrend materialisiert wird und wieder in den Weiten des Moores verweht.

Die Tartans, deren Tragen den Hochlandschotten nach dem Kleiderverbot fatal war, wurden wenig später von der Tracht zur Mode. Diese Anglo-Aneignung nach der Enteignung, die den Tartan zum letzten Schrei macht, zeigt Alexander McQueen selbst, der eine ganze Kollektion von viktorianischen Ballkleidern, Vierzigerjahre-Kostümen und engen Hosenanzügen aus Tartan geschneidert hat. Rückwärtig schreibt McQueen dem unschuldigen, assimilierten, zu harmloser Folklore gewordenen schottischen Karo, das für Schuluniformen wie gemacht schien und das jedes guterzogene Mädchen zwischen den Fünfziger- und Siebzigerjahren im Faltenrock trug, die blutige Geschichte seiner Enteignung wieder ein. Er lädt es mit dem verdrängten Schrecken der Geschichte auf.

Mehr als die berühmten »Bumsters« ist der Tartan auch im wahrsten Sinne des Wortes McQueens signature piece. Während die tiefsitzende Jeans der Jugend- und Proletarierkulturen, die McQueen als Cockney bei jeder Gelegenheit trug, den männlichen Po nicht etwa als erotisches Objekt zeigt, sondern der Welt mitteilt, dass sie ihm so was von am A... vorbeigeht, oder, um es mit Götz von Berlichingen zu sagen, ihn am A... lecken kann, zeigt McQueen mit dem Tartan Flagge. Hier schreibt er die schottische Geschichte seiner Vorfahren um und lässt sie einen anderen Ausgang nehmen. Es gibt nämlich tatsächlich ein Tartanmuster, das »MacQueen« heißt. Es wird dem MacQueen-Clan aus den westlichen Highlands zugeordnet. Seine bestimmenden Farben sind schwarz, rot und gelb. Beschrieben wird es zum ersten Mal im *Vestiarium Scoticum* von 1842, das angeblich uralte Muster der Highlands sammelt. Das Buch ist vermutlich eine Fälschung. McQueen benutzt ebendiesen MacQueen-Tartan als »seinen« Stoff. 2006 erschien er auf dem Dinner, das das Metropolitan Museum zur Eröffnung der Ausstellung *AngloMania: Tradition and Transgression in British Fashion* gab, zusammen mit Sarah Jessica Parker von Kopf bis Fuß im

MacQueen-Tartan. Parkers Kleid kam aus der Kollektion *Widows of Culloden:* Mac Queen, signed McQueen. McQueen selbst trug eine mit Smokingjacke kombinierte, etwas angepasste Form des großen Kilts, der noch unter seinem gälischen Namen bekannt ist: *fhéilidh Mor.* Beide erschienen in ein »Anglo-Fake« dessen gehüllt, das die Engländer, deren Mode hier gefeiert wurde, mit Todesstrafe belegt und dessen Träger sie vertrieben und ausgerottet hatten.

Passion: Blumen des Bösen

Die Betonung des Körpers war bei McQueen immer *memento mori,* Erinnerung an unsere Vergänglichkeit. McQueen, der seinem Leben im Februar 2010 ein Ende setzte, stilisierte sich selbst in dieser barocken Tradition. Sein Selbstporträt zeigte ihn mit rauchendem Totenkopf und Spuren vom Aufschneiden der Pulsadern. Der Ausstellungskatalog zur großen McQueen-Retrospektive *Savage Beauty,* die das Metropolitan Museum im Frühjahr 2011 zeigte, wählte als Cover eine klassische Anamorphose: Einmal sieht man das Gesicht McQueens, das sich aus einer anderen Perspektive in einen Totenkopf verwandelt.[115] »Dinge verrotten. Alles dreht sich um Verfall. Ich nehme Blumen, weil sie verwelken«, sagte er über seine Sommerkollektion *Sarabande* von 2009, die ein Kleid aus tausend echten Blüten zeigte.[116] Mit der ihm eigenen Drastik setzte er die Würmer, die den Leichnam zerfressen, in einem durchsichtigen Plastikbrustpanzer direkt auf den lebendigen Leib, auf dem sie bizarre Arabesken zeichneten, die auch an die Organe im Innern des Körpers erinnern.[117] Der Brustpanzer, das Zitat aus der Antike, das die schwellenden Muskeln des Soldatenoberkörpers nachbildet, begegnet uns bei McQueen nicht als Fleisch, das schöner ist als in Wirklichkeit. Wir sehen hier auf dem schönen Fleisch des Mannequins unter einem Blazer, der den Körper nicht bedeckt, sondern ihn ausgeschnitten freilegt, was aus allem Fleisch einmal wird.

McQueen setzt Baudelaires Ästhetik der *Blumen des Bösen* um. Hässlichstes, Ekelhaftes verwandelt sich in Schönes. »Schönheit kann man an den befremdlichsten, ja an den denkbar widerwärtigsten Orten finden.«[118] Mit dem *Kuriositätenkabinett,* wie das Metropolitan einen Ausstellungsteil nennt, ist der Ursprung dieser nicht mehr schönen Ästhetik des Abweichenden, die schöne Ordnung durchbrechenden und deshalb Bizarren benannt. McQueens Karriere, als Gesamtkunstwerk durch seinen Selbstmord beendet, steht, wie die Ausstellung *Savage Beauty* drastisch vor Augen führte, im Zeichen der Vanitas: Hinter aller Schönheit dieser Welt, hinter dem Prunk allen Fleisches lauert Vergänglichkeit. Man trägt Tod. Tatsächlich zeigt der lebendige Körper in McQueens Kleidern durch seine Bewegungen den Tod in raffinierten Anamorphosen: Auf der Oberfläche des Stoffes grinst uns bei einer Bewegung des Körpers plötzlich ein Totenschädel an. In nahezu morbider Besessenheit dekliniert McQueen, der im Geiste grundsätzlich und oft auch tatsächlich mit einem Gerippe unterwegs war, barocke Vanitasvorstellungen – am liebsten in ihrer baudelairesken, morbid-dekadenten Variante. Etwas zu einfallslos wird diese Vanitas alles Irdischen durch seinen mit Totenköpfen verzierten Signature-Schal ausgedrückt. An Subtilität mag ein silbrig glänzendes Korsett, das naturgetreu einem tatsächlichen Gerippe nachgebildet ist und über dem Kleid getragen wird, den Totenkopf als Emblem kaum übertreffen.[119] Auch der Totentanz fehlt nicht. Das goldene Gerippe, das der ganz in Schwarz gehüllten überschlanken Schönen demütig bittend, aber auch hartnäckig nicht abzuschütteln nach dem Knöchel greift, scheint geradewegs Baudelaires *Danse macabre* entsprungen.[120]

Nahezu wie eine Illustration dieses Gedichts, in dem der Tod sich als frivole Tänzerin von atemberaubender Eleganz ins mondäne Treiben eines Balles mischt, um alle Lebenden als verkleidete, gelackte, parfümierte Kadaver zu entlarven, wirkt McQueens Kollektion. Das Mannequin, überlebensgroß, von unnatürlicher Schlankheit, ganz in Schwarz, verkörpert Madame La Mort, deren künstliche Haartracht von McQueen als eine Art aufgetürmte Spinnweben inszeniert wird, Nonplusultra der Eleganz. Stolz auf ihren edlen Wuchs zeigt sie »den Gleichmut und die Lässigkeit einer hageren Koketten«. »Nie sah man im Ballsaal eine schmalere Taille.« Zum Totentanz trägt sie eine lasziv fließende Stola, »die am Rand der Schlüsselbeine tändelt, wie ein Bach, der lüstern sich am Felsen reibt«, und dazu ein »aufgebauschtes Kleid, das in seiner königlichen Weite üppig auf einen dürren Fuß fällt«. Die trockene Fleischlosigkeit des Fußes erreicht McQueen, indem er das Bein durch einen Strumpf in ein Gerippe verwandelt. Was könnte besser den Charme dieser Mode fassen, für die das 19. Jahrhundert, das anders als unseres »verrückt nach Fleisch« ist, blind bleibt? Am Grauen berauschen sich nur die, die frivol mit dem Tod flirten können. Wir hingegen verfallen der namenlosen Eleganz des menschlichen Skeletts und sind bezaubert von diesem wahnsinnig aufgeputzten Nichts.

Die meistgefeierte Kollektion McQueens war vermutlich *VOSS* aus dem Jahr 2001: ein Welttheater des Jahrmarkts der Eitelkeiten, den die Modewelt in reinster Ausprägung zeigt. Es war eine spektakuläre Aufführung barocker Allegorien, ein Lehrstück zum Verhältnis von Sehen und Gesehenwerden, von Blindheit und Einsicht, Wahrheit und Trug, von Fleisch und Vergänglichkeit. Auf der Bühne standen Glaskäfige. Innen dunkel, wurden sie zum Riesenspiegel, in dem das Publikum nicht das Schauspiel von Eleganz, Schönheit und sinnlicher Verführung der schönsten Kleider auf den schönsten Frauen der Welt, sondern sich selbst stundenlang ins Auge sehen musste. Zum Spektakel wurden sich die Zuschauer in ihrer Schaulust. Der kritische, sezierende Blick der *arbiter elegantiae* konnte nicht anders, als sich auf das eigene Spiegelbild zu richten. Von Subjekten des Schauens wurden die Schiedsrichter des guten Geschmacks zu Objekten, ihrem eigenen Urteil unterworfen. Als der Glaskasten dann von innen beleuchtet wurde, ging das Licht im Zuschauerraum aus. Blind für die Blicke des Publikums tasteten sich die Models an den Scheiben entlang. Ihre verbundenen Köpfe sahen aus wie nach einer Schädeloperation, für die alle Haare abrasiert werden. Ihre Kleider, die größten Luxus wie Straußenfedern, Muscheln oder alte kostbarste Kimonoteile, Fundstücke aus anderen, sagenhaften Welten, mit nüchtern medizinischen, hochmodernen Laborelementen verbanden, waren »falsch« geschnitten, so dass sie den Körper in seiner Verletzlichkeit durch diese unerwarteten Schnitttechniken entblößten. Die Kleider lösten sich auf, alles an ihnen schien auseinanderzufallen. Für das Endtableau – üblicherweise eine Braut, die voller Erwartung des sie erfüllenden Glückes harrt – wurde der Glaskubus in der Mitte erleuchtet. Langsam krachten die Glasscheiben, in tausend glitzernde Splitter zerberstend, auf den Boden. Getreu der Vanitas-Ikonographie zerstiebt eine Illusion, und es zeigt sich – ein üppiger, nackter Körper, »regungsloses und willfähriges Fleisch«, das wie eine Odaliske von Ingres poliert auf einer Ottomane dahingegossen liegt. Statt eines Kopfes trägt er eine surrealistische, an einen Tierkopf gemahnende Beatmungsmaske. Auf dem prunkenden Fleisch sitzen Nachtfalter, wie Fliegen auf Aas, nur schöner. Andere fliegen im Licht verstört taumelnd auf.

McQueens Endtableau stellt ein Foto von Joel-Peter Witkin nach, *Sanatorium*. Aber nicht nur dieses Foto, sondern auch ein nekrophiles Gedicht von Baudelaire, das bereits nach einem Bild geschrieben ist, steht hier Pate: *Une martyre*[121]. Dort wie hier liegt »in laulichem Gemach, wo, wie im Treibhaus, die Luft gefährlich ist und unheilvoll«, ein lustgemordeter, kopfloser Leib dahingegossen: »Auf dem Bett gibt ungehemmt der nackte Rumpf sich gänzlich preis in der verborgnen Pracht und unheilvollen Schönheit, die ihm die Natur verliehen.« In einer von bizarrer, verzweifelter Erotik geschwängerten Szene flattern bei McQueen statt den bösen Engeln, die in den Vorhangfalten schwimmen, die schweren Nachtfalter um »den unkeuschen Leichnam, das gräßliche Haupt«, »in seinem geheimnisvollen Grab.« Dieser Körper ist nichts als kopfloses Fleisch. Die Maske rückt ihn ins Tierartige – eine Metamorphose, die schon Baudelaires Kadaver als einem »gereizt sich windenden Reptil« widerfährt. Die Nachtfalter, für die es im Englischen wie für die Motten nur das Wort »moths« gibt, verkehren die platonische Allegorie, nach der die Seele dem Gefängnis des Körpers befreit entschwebt, wie der berückend schöne Schmetterling aus der hässlichen Larve seinem himmlischen Vaterland entgegenfliegt. Die Falter sind nicht Allegorie der Unsterblichkeit der Seele, sondern Zeichen der Vergänglichkeit, ja der Verwesung allen Fleisches. Nichts wird dieser massiven Materialität entweichen. Alles Geistige ist grimassierend ironisch auf die Beatmungsmaske, ihren belebenden Hauch, geschrumpft.

Als nacktes, üppiges und regloses Fleisch steht dieser Körper in pointiertem Gegensatz zum asketisch ekstatischen, sich immer bewegenden Model – einer »Kleiderstange«, deren einzige Aufgabe darin liegt, elegant und das heißt selbstverständlich fleischlos Kleider zu tragen.

Meta- und Anamorphosen: Verkehrter Pygmalion

Eine besonders raffinierte Art, den Körper nicht zu neutralisieren, sondern ihn als Volumen zu betonen, die Variabilität seines Umfangs zu unterstreichen, ihn sichtbar in seinen Proportionen zu manipulieren, sind Muster. Sie können den Körper in der Umgebung auflösen, ihn strecken, die Taille verschlanken, den Busen herausmodellieren. Die Lust am Ornament konnte sich in der Mode der Moderne am einfachsten durch die spektakuläre technische Entwicklung des Stoffdrucks austoben. Durch diese durchschlagende Revolution traten aufwendige Methoden, Stoffe mit Mustern zu versehen – Webtechniken wie Jacquard, Färbetechniken wie das Moiré, Sticken, Spitzenklöppelei, Paillettenstickereien, die Guipure, all das, was das Raffinement der Haute Couture ausgemacht hatte – in den Hintergrund. Selbst jahrhundertealte Techniken, Stoffe durch Webtechniken mit Mustern zu versehen, werden jetzt durch den Druck simuliert; Tweed oder Leinwand wird nicht mehr gewebt, sondern gedruckt. Nur das Stricken als einzige der hochkulturellen Techniken, Stoffe zu mustern, erfreut sich größerer Beliebtheit denn je. Auf den schon sprichwörtlichen Streifen von Missoni und Sonia Rykiel, einst als Teufelszeug verdammt[122], beruhen ganze Modeimperien.

Interessante Drucke haben deshalb immer etwas von trompe l'œil an sich. Sie können, organisch konform, den Körper optisch modellieren. Die Taille wird wie durch das Korsett schlanker, der Busen wie durch den Push-up üppiger, der Po wie durch die Turnüre herausfordernd modelliert. Streifen lassen der Körper schlanker und größer oder breiter erscheinen. Muster können den Körper flächig auflösen und in die Umwelt einlassen. Das hängt natürlich nicht nur vom Muster ab, sondern davon, wie es dem Körper angepasst, auf ihm geschnitten wird. Jedenfalls modifizieren sie die Art, wie wir Körper in ihrer Umgebung sehen; sie verändern unser In-der-Welt-Sein. Dafür ist ein Element entscheidend, das jeder gemusterte Stoff in mehr oder weniger hohem Maße einfach durch die Struktur des Musters, dessen Natur die Wiederholung ist, hat: Dynamik nämlich. Durch Muster können Körper zur Fläche werden, ihr Volumen verlieren und sich in das Interieur, etwa mit denselben Stoffen oder Tapeten verziert, verlieren. Umrisse des Körpers werden verwischt, lösen sich auf. In Henry van der Veldes Reformationskleid, im »flash«-Design von Eley Kishimoto verschmelzen die Frauen, bedruckt wie Wände und Möbel, mit dem Interieur. Böse Zungen könnten behaupten, dass sie sich dort so gut machen wie die Möbel, die bis ins 19. Jahrhundert hinein mit dem gleichen Stoff bespannt wurden wie die Wände. In den von Victor Vasarely inspirierten Drucken lösen sich die Konturen flirrend bunt in Luft auf. Interessante Drucke haben etwas Metamorphisches.

Besonders eindrucksvoll, fast enzyklopädisch, setzt Alexander McQueens Sommerkollektion im Darwinjahr 2009 *Natural Dis-tinction, Un-natural Selection* dieses metamorphische Potential bedruckter Stoffe in Szene und kombiniert es mit anderen Methoden, um den Körper zu verwandeln – und ihn damit natürlich zunächst einmal als Körper zu betonen. Die ganze Kollektion ist ein Kommentar zu und eine Verkehrung von Darwins *Ursprung der Arten*. Hier geht es nicht um Höherentwicklung, sondern um Rückentwicklung. Zwischen ebendiesen Arten, die ausgestopft wie in einer Arche Noah den Laufsteg säumen, zeigen die Models ihre Kleider. Als Krone der Schöpfung läuft der Mensch zwischen den ausgestopften Tieren auf und ab. Aber was sich an den Models zeigt, ist nicht die Entwicklung des Lebens als eine ständige Mutation, die immer bessere, lebensfähigere Modelle – *survival of the fittest* – hervorbringt. Inszeniert wird das Leben als Entwicklung zum Tod. Die Kollektion zeigt nicht die natürliche Auswahl derer, die vitalistisch als die Angepasstesten überleben, sondern umgekehrt das Leben als einen Weg der Verwandlung zum Unbelebten, zu Humus, zu Holz, am Ende zu Stein. Dass McQueen nach dieser morbiden Kollektion als Plüschosterhase und damit als Symbol des Lebens und sexueller Fruchtbarkeit auf die Bühne kam, war schon brüllend komisch.

Wenige haben die Moral vom Weg allen Fleisches so üppig barock, aber auch so unheimlich inszeniert wie McQueen. Der Tod selbst wird hier erschreckend schön. Das Ornament ist bei McQueen nie etwas einfach schmückend Hinzugefügtes; vielmehr tut es dem Körper etwas an. Diese Verzierung geht unter die Haut. Die Kollektion steht im Zeichen der Arabeske – eines Musters, das den arabischen Ursprung der europäischen Ornamente anzeigt. Die Haare der Mannequins, in einem über das Gesicht gespannten, fast unsichtbaren Haarnetz still gestellt, zeichnen Arabesken in ihre Gesichter. Natur wird zu Kultur. Im Zentrum der Kollektion prangt das einzig offensichtliche Symbol: ein *memento mori*. Einem weißen Seidenkleid, das an ein Brautkleid erinnert, ist ein weißer Totenschädel, von Lorbeer umkränzt, ganz in floralen Motiven gehalten, wie ein Medaillon auf den Bauch in transparente, weiße Gaze eingestickt. Der Tod steht eben an der Stelle, an der bei der Braut sich bald fruchtbar ein runder Bauch wölbt: Leben als Sterben und Werden im Kreislauf der Natur. Das Metamorphische ist diesem Totenkopf eingetragen: Denn nicht aus Knochen, sondern aus Blättern ist er gestickt. Motivisch kreist die Kollektion – das hört sich fast idyllisch wie ein Stiftertitel an – um Blumen, Holz und geschliffene, bunte Steine. Sie geht vom organischen Ornament – der Blume – über totes, aufgeschnittenes Holz bis zum Anorganischen des Steins. Verwandelt werden Frauen in Blumen und Pflanzen, Organisches in Anorganisches. Eines der zentralen Motive ist die Verwandlung von lebendigem Fleisch in Mineralien und Edelsteine. Noch die Absätze der mit Kristallen oder Jett besetzten Schuhe sind mineralisch. Man glaubt sich in Ovids *Metamorphosen* versetzt. Diese Kleider bannen den fetischistischen Moment par excellence, nämlich das Oszillieren zwischen Belebtem und Unbelebtem, oder besser: Sie halten den Moment der Unentscheidbarkeit fest. Weil dieses Leben bereits vom Tod bewohnt ist, blitzt das Phantastische, Unheimliche in diesem »natürlichen« Kreislauf plötzlich auf.

Die Blumen, die eben für blühendes Leben, Liebe und Fruchtbarkeit stehen, kommen auf drei verschiedene Arten ins Spiel. Sie werden »widernatürlich« – nämlich statuesk und nicht floral ornamental – eingesetzt; sie sind, selbst künstlich versteift, auf steife Unterkleider genäht, denen keine Brise etwas anhaben kann. Die Silhouette der Frau wird anorganisch von einem abstrakten Blumenkelch überformt – und hart zerschnitten, in Teile zerlegt. McQueens berühmtes *surgical tailoring* erhält so eine besondere Pointe. Oder sie werden dem Körper auf durchsichtigem Stoff als weiche Seidenblume zwei- oder dreidimensional appliziert. Die nackte Haut schimmert dabei asymmetrisch durch die dünne Gaze: Die Blumen scheinen dem Leib zu entsprießen. Die Frau wird zum Mutterboden, Nährboden. »Bedenke, du bist Staub.« In einer dritten Variante werden Blumen, naturalistisch wie aus einem botanischen Lehrbuch, mit Insekten auf schimmernde, schmiegende Seide gedruckt. Die fließende Seide wird von steifen Lederkorsetts aus Krokoimitat, verziert mit floralen Mustern, zusammengehalten. Eine dritte Haut, Leder, über der zweiten Haut, Seide. Ein bisschen auch wie ein Pferd, dem man den Sattel aufgelegt hat: die Frau als Lasttier. Zu Leder wird auch der Fuß; denn der Pumps bildet die Form der Zehen im Leder des Schuhs nach. Trägt man jetzt wie der gehäutete Martius, wie der gehäutete Laurentius seine eigene Haut am Körper, der noch die Formen eingeprägt sind? Die Verwandlung ins Blumige, das Zur-Pflanze-Werden wird durch die die Knöchel umschließenden Minileggings, wieder aus hautfarbener durchsichtiger Gaze, die mit floralen Motiven bestickt ist, noch unterstrichen. Daphne, sich gerade in Lorbeer verwandelnd, Flora, noch nicht ganz Blumengöttin – noch nicht Pflanze, schon nicht mehr Frau –, kommen uns entgegen.

Den manieristischen Charakter der Kollektion, in der vollkommene Mimesis ins Groteske umschlägt, bringen die Holz- und die Edelsteindrucke am klarsten ans Licht. Aus der perfekten Nachahmung der Natur durch den Druck entspringen unheimliche Wesen, die es in der Natur nicht gibt, groteske Ausgeburten der Phantasie. Die vollkommene, bis ins kleinste Detail naturalistische Mimesis der Seiden kippt so ins Bizarre. Die Jahresringe des Holzes, seine Maserungen sind technisch virtuos unglaublich naturgetreu reproduziert. Die Farbpalette, Ton in Ton, weist unendlich viele Nuancen auf. Seide wird durch den Druck zu einem perfekten trompe l'œil: »du glaubtest wirklich das Holz« könnten wir in Abwandlung mit Ovids Pygmalion sagen. Denn belebt wird hier nicht der Marmor zu lebendigem Fleisch; vielmehr verwandelt McQueen als verkehrter Pygmalion Lebendiges in Totes. Das Schneiden, das für die Edelsteine zentral ist, kommt bereits hier ins Spiel. Denn das Holz ist so geschnitten wie die Steine etwa in San Marco oder in der Hagia Sophia. Die Holzmaserung geht durch diese »Schnitttechnik« bereits in das Steinmotiv über: Fratzen, bizarre Tierköpfe, blicken uns unvermutet aus diesen Drucken an. Mit Silberstickerei aus Flora und Fauna verziert, so dass Organisches metallisiert wird, wird der Körper, hauchdünn fleischfarben überzogen, zur bestickten Leinwand. Die Metallisierung und die Mineralisierung deutet sich nicht erst in dem Muster des Holzes, sondern auch in dem silbernen Stickgarn an, in dem Flora und Fauna hier monochrom glänzen. Die Frau ist dabei, den nächsten Schritt in der organischen Kette des Lebens zu tun: von der Pflanze – bewegt, lebendig – ins Holz überzugehen. Mehrwert dieses Übergangs sind die Grotesken.

Gegen die natürlichen Töne von Blumen- und Holzdrucken stehen die künstlichen Farben der Steindrucke, gegen organische Materialien anorganische. Geschnitten wird auch hier – nicht nur der Stoff. Auf den Stoff, der nicht mehr wie beim Holz und den Blumen in kostbarem Seidensatin wie eine zweite Haut schimmert, sind Edelsteine gedruckt, so, wie sie geschliffen, geschnitten werden. Diese Muster kontrastieren sowohl in ihrer aggressiv künstlichen Farbigkeit als auch in ihren nicht weniger künstlichen Schwarz-Weiß-Tönen mit den warmen Naturtönen des Holzes und den zarten Blumentönen: Curry, Koralle. Das Auffächern der Facetten des Schliffs wird dazu eingesetzt, den Körper zu modellieren. Die Drucke sind offensichtlich von Jonathan Saunders beeinflusst, mit dem McQueen schon in früheren Kollektionen zusammengearbeitet hat. Völlig anorganisch verändern sie die organischen Formen des Körpers. Sie machen, ganz traditionell den weiblichen Schönheitsvorgaben folgend, die Taille schmaler und den Busen größer. Unheimlicher aber ist, dass sich wie in einem Kaleidoskop die verschiedenen Facetten plötzlich so fügen, dass man unvermutet von Zeichentrickfilmen entsprungenen Phantasietieren zwischen Disney, Manga und Pikachu angeblickt wird. In der Mimesis an die Natur – Holz, Steine – entsteht so scheinbar durch Zufall ein drittes, ein unheimliches, in der Natur nicht vorkommendes Fabelwesen, wie die Groteske der Renaissance nicht der Natur, sondern unsern Alpträumen entsprungen: *un-natural selection, natural dis-tinction*.

In der schließlichen Versteinerung der Frau lassen der symbolistische Maler Gustave Moreau und seine Salomé grüßen. Durch Edelsteine, als Arabeske dem Körper appliziert, hatte er die Femme fatale Salomé in eine Preziose verwandelt. Schwarzer Jett, erstarrte Lava – klassisches Material des Trauerschmucks, aber als Rest des Ausbrennens eines Feuers auch besonders tot – wird auf einem Catsuit so dicht appliziert, dass der ganze Körper glitzernd versteinert. Hautfarbene Catsuits werden teilweise mit Kristallen besetzt, so dass wir einen Körper, halb aus Stein, halb aus Fleisch, vor uns haben. Glitzernde Kristalle werden auf fleischfarbene, hauchdünne Seiden genäht und scheinen direkt auf der Haut zu sitzen. Der Körper der Frau wird durch raffinierteste Druckverfahren zu einem erstarrten Lavastein, in dem das Licht sich spiegelt. Geschliffene Edelsteine, zerlegt in ihre Facetten, werden auf Chintz gedruckt, einmal bunt, einmal schwarz-weiß. Die Schwarz-Weiß-Drucke wirken wie Röntgenaufnahmen; dem lebendigen Leib wird in diesen Knochenmännern das Skelett aufgezeichnet. Der lebendige Körper trägt so eine Reminiszenz dessen auf sich, was von ihm übrigbleibt, wenn er tot ist. Er wird im wahrsten Sinne des Wortes auf seine Sterblichkeit hin durchsichtig. Man wird an die spektakulären Seidenblusen erinnert, wie wir sie auf Barockgemälden sehen. Sie verkehren den üblichen Topos von der Seide als zweiter Haut grauenhaft, indem sie auf der zweiten Haut zeigen, was unter der ersten Haut liegt: Muskelstränge, Sehnen – ein Leichnam, wie ihn die Anatomie nach allen Regeln der Kunst präpariert.

Alexander McQueen verwendet bedruckte Stoffe,

um den Körper zu verändern. Dabei geht es um wesentlich mehr als um die Veränderung der Proportionen; es geht auch um wesentlich mehr als um das Verhältnis von Körper, Kleid und Interieur. Diese Drucke schreiben dem Körper im trompe l'œil das Schwanken zwischen Organischem und Anorganischem ein. Es geht hier nicht ums Überleben, sondern um ein vom Sterben bewohntes Leben. Und sie lassen dabei wie aus Versehen in unheimlichen Grotesken, die uns durch den Zufall des Musters anstarren, das Unheimliche dieses Weges aufblitzen. Selten ist der Weg vom Lebendigen zum Toten so opulent inszeniert worden. Selten hat sich der Tod im Leben so prunkend gezeigt. Selten war der Tod so schmückend. McQueens Kollektion hat noch einen Rest von Kosmologie; auch ist das Prinzip des kósmos noch der Schmuck, das Ornamant. Die Vanitas wird auf den Kopf gestellt: Denn der falsche, schmückende, gaukelnde Schein ist hier nicht mehr das prunkende Leben, dessen Rückseite die nüchtern nackte Wahrheit des Todes wäre. Schmückend, frivol verzückend, gaukelnd trügerisch, ist bei diesem verkehrten Pygmalion der Tod.

Zeitzeichen

Während McQueen den Mythos Mode durch die Frauen, die er für seine Shows als Models gewinnen konnte, weiterschrieb – die Londoner Fetischkönigin Michelle Olley, die Paralympics-Athletin Aimée Mullin, das Supermodel Kate Moss –, strich Margiela den Mythos Mode durch. Und so sang- und klanglos, so gesichts- und geschichtslos wie er als Designer inkognito geblieben ist, hat er sich auch 2007 von seinem Label Maison Martin Margiela verabschiedet.

Die Kollektionen des Hauses Martin Margiela drehen sich weniger um Geschichte als um Zeit. Seine Mode ist folglich weniger historistisch-thematisch, seine Schauen zielen auf Strukturelles, nicht auf spektakuläre Happenings. Abstrakt minimalistisch bringt es die Rückseite der modernen Subjektnorm auf den Laufsteg: die Verdinglichung der zur Ware entfremdeten Weiblichkeit. Schnitt für Schnitt hat Martin Margiela so raffiniert wie systematisch die Verfahren der Mode dekonstruiert und durch diese systematische Durchkreuzung unser Verständnis von Mode grundlegend verändert.[123] Weiblichkeit, von der Mode als Fetisch konstruiert, zerlegt er. Diese De- und Rekonfiguration betrifft drei für die Mode konstitutive Momente: erstens das Verhältnis von Kleid und Zeit, zweitens das Verhältnis von Kleid und Gestalt und drittens die Präsentation der Marke, der Gesichter und die Namen, die sie »verkörpern«. Die zentrale Figur, die dekonstruiert wird, ist die des Zeuxis von Herakleia, des berühmtesten aller antiken Maler. Am allerberühmtesten war er für seine Frauenbilder. Zeuxis wollte die Schönheit selbst, Helena, malen. Da keine Frau mit solcher Vollkommenheit gesegnet war, suchte er fünf Frauen aus und setzte das Bild aus ihren Schönheiten zu einem Ganzen zusammen.[124] Bei Martin Margiela tritt die Frau nicht als zusammengesetztes

Ganzes, sondern als zerstückelter Körper ins Bild. Dem ganzen Körper, zu dem sie zusammengesetzt werden muss, bleiben die Spuren der Zerstückelung eingetragen. Seitdem Martin Margiela an Diesel verkauft und sich aus dem Haus Martin Margiela zurückgezogen hat, lässt sich ein ästhetischer Umbruch beobachten. Seit der Sommerkollektion 2007 und verstärkt noch in der Winterkollektion desselben Jahres wird in einem neuen Nackten in den Kleidern das Verhältnis von künstlich geschaffenem und gezeugtem, natürlichem Fleisch verhandelt.

Zeuxis verkehrt: Zeit im Kleid

Von Anfang an hat sich Margielas Arbeit durch eine historische Tiefendimension ausgezeichnet, die dem in der Mode üblichen Historismus gegenläufig ist. Nicht eine vergangene Epoche wird zum Leben erweckt, sondern umgekehrt wird Zeit als Vergänglichkeit gezeichnet. Um das augenfälligste Beispiel zu nehmen: Der weiße Stoff, mit dem die Möbel in den Geschäften überzogen sind, wurde ursprünglich gewählt, weil die Zeit in keiner Farbe so offensichtlich und vielfältig ihre Spuren hinterlässt. Weiß verschießt und verbleicht nicht nur wie alle anderen Farben; es bekommt Grauschleier, es vergilbt. Zwei für die Mode konstitutive Momente, nämlich erstens die vollkommene, unsichtbare Handarbeit und zweitens der Effekt der ewigen Gegenwart werden von Margiela in seinen unfertigen Kleidern unterlaufen.[125] Dieser Mode geht es nicht um das Hervorrufen eines bezaubernden Moments, der Zeit als Vergänglichkeit löscht, sondern um Mode als Gedächtniskunst. Der französische Modetheoretiker Roland Barthes sah Mode als ein Elixier des Vergessens. Um den Preis einer ewigen Gegenwart werden, so Barthes, Gedächtnis und Erinnerung ausgelöscht.[126] Margiela hingegen legt die geheime, vor den Augen der Welt verlorene Geschichte des Kleides bloß. Er exponiert die in das

Kleid eingegangene Arbeit, die normalerweise im fertigen Kleid unsichtbar bleibt. Viele Kollektionen stellten als Zeitzeichen im ganz wörtlichen Sinne einen Bezug zur Vergangenheit her: zu einer Zeit, die vorbeigegangen ist, und zum Vorbeigehen der Zeit. Alte Kleider wurden nachgenäht und wie in einem Museum mit Ort und Datum versehen; Foulards vom Flohmarkt zu Röcken genäht; das Altern der Stoffe wie das Vergilben oder der Befall durch Schimmelpilz imitiert oder tatsächlich in Gang gesetzt. Die Geschichte der Mode – ihre Schnitttechniken, ihre Verschlussmethoden – wurde von Margielas Kleidern kommentiert. Ein Hauch von Melancholie umwehte diese Kreationen. Auf dem Höhepunkt von Margielas Karriere finden wir eine ganz und gar eigenartige antike Statue. Die Statue, Inbegriff des Ewigen, wird zum provisorischen und paradoxen Emblem einer radikalisierten Ästhetik. Mit diesem »Neuen Klassischen« verlassen wir die Mode und bewegen uns auf dem Terrain der Kunst. Diese Kunst streicht sich jedoch paradox selber durch; denn was sie ausstellt, ist ihre Vergänglichkeit, die in ebendiesem Prozess für einen Moment ein Nachbild der ewigen Unvergänglichkeit der Kunst stellt. Inszeniert wird die Selbstzerstörung. Im Boijmans-Van-Beuningen-Museum in Rotterdam wurden Margielas Schneiderpuppen Regen und Wind ausgesetzt. Man mag an Horaz' *Exegi monumentum* denken: seinen Anspruch nämlich, der ja im Kern der Anspruch aller Kunst ist, ein Kunstwerk zu schaffen, das Regen, Sturm, Wind, Sonne, kurz den Jahren trotzt und ewig dauert. Diesen Anspruch nun verkehrt diese Statue Margielas. Den Prozess des Zerfalls verschärfte und beschleunigte der Designer künstlich. Der Zahn der Zeit nagte ihm zu langsam: Mikrobiologen hüllten Kleider und Puppen in einen Bakterienbelag. Das Resultat dieser Zersetzung ist der Inbegriff der neuen, alten Ästhetik: das unheimliche Nachbild einer klassischen Statue, Inbegriff des ewigen Kunstwerks, das hier nicht in weißen Marmor gehauen erstrahlt, sondern durch eine Pilzattacke erzeugt wird. Eine Schneiderpuppe trägt ein weites Kleid, über das ein durchsichtiges, hüftlanges Nylonshirt gezogen ist. Wie unbeabsichtigt legt das T-Shirt das Kleid in anmutige, leicht diagonale Falten, ohne sie flachzupressen. Das ganze Kleid wird von einer grünlichen Schicht überzogen. Der verblüffende Effekt ist der einer antiken Statue.

Mannequin: Entstaltetes Kleid

Dass der Körper nicht natürlich ist, sondern in einem Kultivierungsprozess erschaffen wird, gibt die Mode Margielas uns zu lesen. *Ars adeo latet arte sua* (Kunstvoll verbirgt die Kunst sich selbst): die Vorstellung, dass das Kleid die Technik, die Kunstfertigkeit, die für die Konstruktion eines idealisierten Körpers gebraucht wird, auslöschen muss, dass die Spuren dieses Arbeitsprozesses an ihm nicht sichtbar werden dürfen – aus der Verkehrung des bisher Selbstverständlichen hat das Maison Martin Margiela seinen Witz gezogen. Die Kulturarbeit des Kleides am Körper, die ihn zu einem gut angezogenen, idealisierten Körper macht, wird in seinen Kleidern verrückt, entstellt. Am offensichtlichsten verschieben die Oversize-Kollektionen die Vorstellung des Passenden, des wie angegossen Sitzenden. Margielas Kleider leisten die Dekonstruktion des in der Mode fetischisierten Körpers durch ein Zusammenspiel von Mannequin und Körper. Bei keinem anderen Designer scheint der Unterschied zwischen fetischisierter Weiblichkeit und individuellem Träger *Frau* so klar auf. Margielas Mode macht den Körper als Ort fetischistischer Einschreibungen lesbar. Sie zeigt den Körper, der mit diesen Einschreibungen nicht identisch ist; die vom Maison Martin Margiela angezogenen Frauen verkörpern den Fetisch Weiblichkeit nicht. Sie tragen ihn als Fremdkörper spazieren. Margielas fertige Kleider sehen aus wie Kleider, die auf eine Schneiderpuppe gesteckt sind; die Nähte sind unversäubert, Abnäher sichtbar. All das versteckte Können des

Schneiders ist nach außen gekehrt. Die Kunst des Schneiders besteht darin, unsere Körper auf die Norm der idealisierten Puppenkörper zu bringen, die die Mannequins verkörpern und deren Ideal wir nachfolgen. Die Mannequins heißen nach der Schneiderpuppe, im Französischen *mannequin*, was wiederum eine Anleihe aus dem Flämischen ist: *mannekijn*. Sie setzen den Puppenkörper in Bewegung. Margielas unfertige Kleider legen die Faszination der Mode an dem Unbelebten, an der Puppe in ihrem Herzen frei. Sie machen diesen Fetischismus der Mode lesbar. Mit der Offenlegung ist dieser Prozess umkehrbar geworden. Nicht das leblose Mannequin wird restlos verkörpert; vielmehr erscheint der menschliche Körper jetzt als Körper der Schneiderpuppe. Er führt die Differenz zwischen lebendigem Körper und der Norm des Mannequins vor. Der Frau wird fetischisierte Weiblichkeit nicht mehr auf den Leib geschneidert; sie stellt sie aus, sie lebt neben ihr, weil sie nicht spurlos darin aufgeht.

Was Margielas Kleider so einzigartig macht wie die der Haute Couture, aber deren Prinzipien auf den Kopf stellt, ist die Umwertung des Maßschneiderns auf der Puppe. Margielas Kunst schneidert nicht mehr nach idealen Maßen, um die Fehler der Individuen zu verdecken und die klassische Statue in uns in eine trügerische Bewegung zu versetzen. Indem er diese Maschinerie entlarvt und die Faszination des Anorganischen, die Norm, das Bild, das ihr Funktionieren in Gang hält, bloßstellt, schafft Margiela auf der anderen Seite des fetischisierten Körpers der Puppe den Raum für das Individuelle im Abdruck der Körper jenseits des Unbelebten: jenseits von Puppe und Statue. Konzeptuell ist Margielas neuer Individualismus die direkte Konsequenz der dekonstruierten Beziehung zwischen Mensch und *mannekijn*. Die Einzigartigkeit seiner Kleider liegt im indexierten Abdruck individueller Körper. Diese Spuren sind Zeichen, die der Körper im Leben zurücklässt auf seinem Weg zum Tod.

Fama: Marke als Makel

Die Shows des Maison Martin Margiela zeichnen sich durch das Unkenntlichmachen der Mannequins aus. In den anderen Modehäusern sind sie zu den Stars der Mode schlechthin avanciert, deren Wiedererkennbarkeit Gold wert ist. Als allgegenwärtige Gesichter der Reklame bieten sie eine narzisstische Identifikationsfläche und sind Motor des Verkaufs. Das Infame, das Margiela seinen Mannequins aufbürdet, steht gegen die weltweite Fama dieser Ikonen der Moderne. Margielas Anonymisierung der Mannequins während der Show schwankt zwischen Diskretion und Gewalt.

Der schwarze Balken über den Augen garantiert in Zeitungen das Incognito von unter Verdacht stehenden oder bereits als Verbrecher verurteilten Personen, die man in der Öffentlichkeit nicht erkennen soll, weil man fürchtet, dass der Volkszorn sich an ihnen entlädt. Sie sollen inkognito bleiben, weil sie infam sind. Der Balken, der bei Margiela üblicherweise über die Gesichter der Mannequins gedruckt ist und in der Kollektion des Sommers 2010 in eine Sonnenbrille verwandelt wurde, assoziiert den Träger mit dem aus dem Gesellschaftskörper Ausgeschlossenen. Die alternativ stattfindende »Verschleierung« der Mannequins mit über das Gesicht gezogener Baumwollgaze könnte etwas von der Erotik des Versteckens und Entblößens haben. Aufgerufen wird aber auch die Plastiktüte der Armen und Asozialen, die zum Sniffen über den Kopf gezogen wird, oder die Maske, die sich Terroristen und andere über den Kopf ziehen, weil sie nicht erkannt werden wollen. Infam im wahrsten Sinne des Wortes ist auch die Methode, selbst als Modeschöpfer namenlos zu bleiben; infam auch die Weigerung, den Kollektionen klingende Namen zu geben. Zu ihrer Identifikation erhalten sie einfach eine Nummer.

Zugeschnitten

Für die Sommerkollektion 2007 kündigt das Maison Martin Margiela, jetzt ohne den Namensgeber, eine Neuentwicklung an: »Eine minimalistischere, zugeschnittenere Weiblichkeit ist manchmal scharf.« Die neue Silhouette wird als »länger, schlanker und plastischer« beschrieben, und sie ist ausgesprochen asymmetrisch: »Asymmetrie wird durch nur ein Schulterpolster unterstrichen.«[127] Und in der Tat kann man von einer Wende sprechen, die technisch am augenscheinlichsten in den nun sorgfältig gefertigten Kleidern wird. Die unversäuberten Nähte waren bereits bei H&M als Must angekommen. Untergründig jedoch scheint ein anderer, grundlegenderer Wechsel bestimmender: Das Wechselspiel zwischen Mannequin und Körper wird durch ein Wechselspiel von Nacktheit und Prothese, von natürlichem und künstlichem Fleisch abgelöst. Im Vordergrund steht nun nicht mehr die Gestaltung der Kleider und die Gestaltung des Körpers durch die Kleider; stattdessen wird die Gestaltung des Körpers durch die Schönheitschirurgie inszeniert. Das Schneiden ins Fleisch wird in den Kleiderschnitten zum Thema. Über den Steg laufen Zwitterwesen zwischen Geschaffenem und Gezeugtem. Verschiedene Strategien sind dabei zu beobachten. Offensichtlich wird das Verhältnis von Verhüllen und Entblößen, von Haut und Stoff verschoben. Der Unterschied zwischen dem Verhüllenden und dem, was verhüllt wird, zwischen Körper und Kleid, kann dabei durch Stoffe, die an Muster von Vasarely erinnern und die Gestalt irisierend auflösen und ins Flimmern bringen, unbestimmt werden. Oder das, was verhüllt – der Stiefel etwa, der das Bein wie mit einer zweiten Haut aus Leder umschließt – wird noch einmal eingehüllt, nämlich von antik drapierten Stoffbahnen, als wäre es eine Prothese. Die Hosen dienen nicht der Bedeckung der Beine, sondern fallen überlang über die Schuhe. Der Schlitz eines Lederrocks öffnet sich nicht auf die Haut oder Strümpfe, sondern über Lederleggings, die wiederum über Stiefel gespannt sind. Durch diese Technik wird die Gestalt in ihren konventionellen Umrissen entstaltet. Verkehrt, verrückt wird aber auch das Verhältnis von Verhüllen und Entblößen, wenn das Verhüllende – der Stoff, das Leder – genauso noch einmal verhüllt werden kann wie der Körper. Wenn es keinen Unterschied mehr zwischen der ersten und der zweiten Haut gibt, wird das Nackte unheimlich virtualisiert. Wir bewegen uns in Richtung Schönheitschirurgie.

Das von dem Label 2006 in New York eröffnete Geschäft ist 2007 umgebaut worden; in Einrichtung und Mode stand bis zum neuerlichen Umbau 2008 der Aspekt des Klinischen im Vordergrund. Dieses Moment war schon immer unübersehbar: Grundsätzlich werden die Kunden von Verkäufern in weißen Kitteln empfangen. Weiße Kittel tragen auch die Couturiers bei der Arbeit; sie bekommen hier aber noch eine andere Konnotation. Die »blouses blanches« stellen mit den »blouses« die Arbeitskleidung gegen den Anzug; sie bezeichnen aber auch im Zusatz des »Weißen« den Kittel des Chirurgen. Und die schneiden bekanntlich nicht wie die Modemacher in Stoffe, sondern ins Fleisch. Weiße Kittel werden von Apothekern, Krankenschwestern, Ärzten, Laborangestellten oder Psychiatern getragen. Ihr strahlendes Weiß lässt ihre makellose Sauberkeit, hygienisch einwandfrei, ins Auge springen. In Modegeschäften wird üblicherweise nicht die Arbeitskleidung der Profession getragen, sondern Kleider, wie sie den öffentlichen Raum der Stadt prägen: elegant zurückhaltendes Nachtblau, Hautfarben oder Schwarz. Das klinische Auftreten der Verkäufer findet sich durch die Einrichtung des New Yorker Geschäfts unterstrichen. Stühle und Kleiderbügel sind mit weißer Baumwolle, abziehbar und kochfest, überzogen; ansonsten weißes Plastik, abwaschbar. In die Umkleidekabinen sind quasi als Bank Badewannen eingebaut, die mit Plexiglas abgedeckt sind. Darauf liegen mit kochfester Baumwollumhüllung unfertig bezogene Kissen. Was früher den Charme eines etwas anfängerhaft Geweißelten hatte –

die Räume und die meisten Gegenstände sind weiß gestrichen –, wirkt jetzt durchaus auch wie eine hygienische Maßnahme: abspritzbar. Der kleine Beutel aus weißer Baumwolle, unversäubert, in dem man seine erstandenen Kleider oder die fotografierte Kollektion in Heftchen, die wiederum mit derselben unversäuberten Baumwolle eingebunden sind, forttragen kann, sieht so aus, als ob man darin gleich seine Siebensachen verstauen und umstandslos in die nächste Klinik zum *makeover* einchecken könnte. Dieser klinische Aspekt setzt sich in den Kleidern fort.

Das Maison Martin Margiela ist über das, was Mode bisher getan hat, hinausgegangen. Entstaltungen der menschlichen Figur haben schon Vivienne Westwood etwa in der *Cocotte*-Kollektion und noch radikaler Comme des Garçons in der berühmt-berüchtigten Kollektion *Dress Meets Body, Body Meets Dress* unternommen. Aber sie verwiesen in diesen Entstellungen doch auf die Gemachtheit der menschlichen Silhouette durch *Kleider* – nicht durch Chirurgie. Westwood verrückte die durch Kleider hergestellte erotische Weiblichkeit ganz wörtlich durch Überzeichnung: alles ein bisschen zu groß, alles leicht verrutscht. Rei Kawakubo entstellte die Norm der durch Kleider hergestellten weiblichen Gestalt; die überdimensionalen Busenpolster waren auf den Rücken gerutscht zum Buckel geworden, die Popolster auf die Hüften gewandert. In der radikalen Asymmetrie beschwor sie außerdem das Ideal der für alle Vorstellungen von westlicher Schönheit unabdingbaren Symmetrie ex negativo herauf. Aber nie hat jemand so wie Margiela das Schneiden am Körper, das Herstellen künstlichen Fleisches, zum Thema der zugeschnittenen Stoffe gemacht und das Schneiden im Fleisch im Schnitt der Kleider inszeniert. Diese Schneiderkunst rückt uns zu Leibe, sie geht uns unter die Haut. Die für die Mode grundlegende Opposition nackt/angezogen wird in diesen Kollektionen zersetzt, anders besetzt.

Damit einher geht eine andere Orientierung in der Zeit. Die neue radikale Zukunftsorientierung des Hauses scheint in eine apokalyptische Perspektive einzumünden. Diese Mode handelt auch vom Ende des Menschen, so wie wir ihn kennen. Denn dieser neue Mensch ist nicht mehr gezeugt, sondern erschaffen. Das führt nicht zu einer triumphalen Ästhetik der Bestätigung des künstlich Hergestellten; unheimlich vielmehr kommen uns diese Figuren vor, die durch den Kleidern aufgeprägte Lichteffekte etwas von gemorphten Außerirdischen haben oder uns durch die Schulterlinien und Umhänge an Raumschiffbesatzungen, an Cyborgs erinnern oder durch die Asymmetrien an geklonte Geschöpfe denken lassen. Der Aufdruck von Westernmotiven auf der Sommerkollektion 2008 wirkt wie ein blind gewordener Zitatfetzen aus einer untergegangenen Welt.

Im Vordergrund aber steht der Eindruck des durch Chirurgie hergestellten menschlichen Fleisches; in einer ganz neuen Weise kreisen diese Kollektionen um die uralte Frage des Nackten. Die neuen Kollektionen des Maison Martin Margiela sind Kommentar zum Zeitalter der Klinik und des Makeover, das die Moderne geworden ist. Sie sind Kommentar zum Labor, in dem am Menschen und dessen zu vervollkommnender Gestalt gearbeitet wird. Mit Hilfe der Schönheitschirurgie kann man sein eigener Pygmalion werden, sich selbst als unwiderstehliche Venus oder Adonis erschaffen. In der Kultur des Makeover wird dauernd entstaltet, um neu gestalten zu können.[128] Der endlich vollkommene Körper wird zur narzisstischen Projektionsfläche des Einzelnen. Verdrängt wird dabei die Entstellung des Fleisches, das als amorphe Masse behandelt, durch plastische Chirurgie geformt und durch Prothesen unterstützt nach Wunsch auf Idealgestalt gebracht werden soll.

Eine der Shows endet mit einem Defilee von Kleidern, die an Operationskittel erinnern. Ihr Weiß ruft das Brautkleid auf, das klassisch jede Modenshow beendet. Die Ablösung des Gezeugten und Geborenen durch das Geschaffene wird darin emblematisch. Viele Kleider zeigen einen Körper, angezogen, um zugänglich zu sein; so gibt es Kleider, die wie die Operationshemden kein Vorderteil haben, damit der Körper aufgeschnitten werden kann. Sie beschwören das Phantasma der virtuellen Gestaltbarkeit des menschlichen Körpers oder das seiner Mutation durch Klonen herauf.

Der Allmachtswahn, den Menschen selbst schaffen zu können, entstaltet die menschliche Gestalt. Künstliches Fleisch wird auf dem eigenen Körper etwa hinter dem Ohr gezüchtet, um später für zur Vervollkommnung von Gesicht und Figur eingesetzt zu werden. Zwischen dieser Entstaltung und der Neugestaltung spielt die Mode des Maison Martin Margiela. Oft gelingt das Unglaubliche: noch das Ungestalte in einer neuen Eleganz zu fassen. Durch trompe l'œil-Effekte wird die Illusion eines hybriden Körpers erzeugt. Margiela inszeniert in seinen Kleidern die Zurichtung des Menschen in der Moderne, die mit zweischneidigen Mitteln ins Licht gerückt wird.

Grundsätzlich verändert sich damit das Verhältnis von Stoff und Haut. Roland Barthes hat die Mode als Spiel zwischen Stoff und Haut beschrieben. Erotisiert wird der Körper durch das Auseinanderklaffen des Stoffes, im Aufleuchten des nackten Fleisches: »die Unterbrechung ist erotisch (...): die Haut, die zwischen zwei Kleidungsstücken glänzt«.[129] Von solchen referentiellen Naivitäten war die Mode des Hauses Martin Margiela schon immer frei. Sein Nacktes, nackter vielleicht als alles bisher dagewesene Nackte, hatte von vornherein nichts mit tatsächlicher Haut und der Anziehung des wirklichen Fleisches, sondern mit trompe l'œil zu tun. Der Witz dieser Kleider liegt jedoch nicht darin, dass man auf den ersten Blick den Eindruck hat, dort Nacktes zu sehen, während man in Wirklichkeit einen hautfarbenen Stoff sieht. Er liegt darin, dass dieser haut- oder fleischfarbene Stoff, der die Illusion des Nackten produziert, nicht anziehend ist.

Die zweite Haut, die Eintauschbarkeit von Stoff für Haut ist ein Thema, das die Mode obsessiv beschäftigt. Endlos sind die Beschreibungen, die Zola oder Balzac der Textur des weiblichen Fleisches widmen, das nicht mineralisiert und versteinert, nicht dem Marmor, dem Elfenbein, Edelsteinen oder dem Porzellan gleicht, sondern Samt und Seide. Das rosige Inkarnat der Blonden zeigt durchsichtig das in ihm pulsierende Blut unter einer Haut, so zart wie ein Crêpe de Chine; die matte, ins Oliv gehende Haut der Brünetten schimmert wie Seidensatin. Die Leidenschaft, die Frauen und Männer sich in Zolas *Paradies der Damen* hingebungsvoll verausgaben lässt, ist diese Leidenschaft für Stoffe, in denen sich die Schönheit des Fleisches, das von ihnen umhüllt wird, andeutet: seidenweiche Schenkel, samtige Wangen. Dass diese Faszination für schmeichelnde Stoffe auch der heutigen Mode nicht fremd ist, mag der Seidensatinstretch von Dolce & Gabbana veranschaulichen, der den Körper wie eine Pfirsichhaut umfasst und liebkost.

Das Maison Martin Margiela hingegen trägt der Anziehung des Nackten von vornherein etwas Abstoßendes ein. Die tiefe Ambivalenz diesem für die Mode konstitutiven Element gegenüber, das die Frau reizvoll macht, verstärkt sich in den neuen Kollektionen. Die Nacktheit des Fleisches wird in seltener Aggressivität als trompe l'œil aufgerufen, um als erotischer Reiz sofort durchkreuzt zu werden. Ähnliches gab es im Ansatz auch in früheren Kollektionen. Nude- und Pudertöne haben bei Margiela, schon bevor sie wieder zum letzten Schrei wurden, eine große Rolle gespielt.

Der erotische Schock wurde dabei nicht durch immer mehr Enthüllung bisher verhüllter Körperteile hervorgerufen; dafür gibt es nach Stand der heutigen Mode, in der der Spalt zwischen den Pobacken das neue Dekolleté ist, nicht mehr wirklich Spielraum. Margiela schaffte den Schock des neuen Nackten, nackter als nackt, durch ein radikales Durchbrechen des mit den Kleidern verknüpften Erwartungshorizonts.

Niemand erwartet bei dem braven, als todlangweilig verschrienen Twinset, üblicherweise aus Kaschmir oder Seidenwollgemisch, dass die Trägerin unter der Jacke nackt sei. Genau das suggerierte Margielas Twinset. Außen aus feinem, hellgrau meliertem Baumwolljersey, wie man es typisch für

Sweatshirts verwendet, war die Jacke mit einem fleischfarbenen Nylon gefüttert – schon das ein Schlag ins Gesicht. Der Pullover, auf den sich die Jacke öffnete, war ebenfalls aus diesem Nylon. Radikal wurde das Twinset für den ersten Augenblick erotisiert: Die Jacke öffnete sich auf einen Körper, der nackt wirkte. Zum Streicheln, Anfassen, Berühren lud diese Nacktheit nur auf den ersten Blick ein. Zu stark wurde man beim zweiten Blick an die billigen und ach so praktischen, weil bügelfreien Nylonhemden aus den Sechzigerjahren erinnert. Was immer ihre Vorzüge gewesen sein mögen: Zum schmeichelnden Streicheln reizten sie jedenfalls nicht. Der erotische Schock wurde also konterkariert durch ein Fleisch, sowieso ein bisschen zu rosig, das durch die an das Material gebundenen Assoziationen abstoßend wirkte. Statt zum Streicheln einzuladen, wurde man auf Distanz gehalten. In der Ambivalenz gefangen, wurde das geweckte Begehren genarrt.

Ganz ähnlich die nackten Schultern, die hier nicht aus einem Abendkleid, sondern überraschend aus einem dicken petrolblauen Skipullover auftauchten und durch dieses Durchbrechen der Konvention viel zarter, viel provozierend nackter wirkten. Sie waren nur verhüllt von einem hauchdünnen, durchsichtigen, hautfarbenen Nylonstoff. Aber dieser war eine Nuance zu braun; außerdem sah man ihm bereits die Maschen und herausgezogenen Fäden an. Sofort musste jeder an die billig spießigen, ewig zu braunen Nylonstrümpfe denken, die nicht wie eine verführerische zweite Haut wirkten, sondern allenfalls Sonnenbräune aus dem Studio vortäuschen sollten.

Der erotische Schock wurde also in früheren Kollektionen Margielas durch Materialien pariert, die sich zum einen wirklich unangenehm anfühlen – Nylon – und zum anderen unangenehme Erinnerungen wachrufen: falsche Klasse, falsche Situation, falscher Anspruch. Das Nackte der neuen Kollektionen evoziert hingegen nicht mehr das Abstoßende historischer Materialien, sondern das medizinische, sanitätshausartige Imitat des nackten Fleisches. Dabei greift es durchaus auch auf historische Modelle von Fleischimitaten zurück, am offensichtlichsten auf die Venuspuppen, die man öffnen kann.[130] Das hat mit dem, was in der Mode üblicherweise *nu, poudre, chair* heißt, wenig zu tun. Denn während dort die sinnlich reizvollen Qualitäten des Fleisches – seine seidige Geschmeidigkeit, sein samtiger Glanz, sein warmes Leuchten – in Samt oder Seide imitiert werden, ist hier die medizinisch-klinische Konnotation unabweisbar.

»Eine minimalistischere, zugeschnittenere Weiblichkeit ist manchmal scharf.« Dieses »scharf« meint zum einen natürlich elegant und sexy, aber eben auch die Schärfe beispielsweise eines Messers, das nicht in Stoffe, sondern in Fleisch schneidet. Sexy ist diese Kollektion auf den ersten Blick: Der Körper der Mannequins zeichnet sich in bandförmigen, superkurzen Röcken und bandeau-artigen Oberteilen, die nur den Busen bedecken und Bauch und Dekolleté freilassen, deutlich ab; sie scheinen nur angezogen, um abgestreift zu werden. Hotpants lassen das Geschlecht aufblitzen. Die hohen Stiefelschafte legen einen schmalen Streifen des Oberschenkels bloß. Aggressive Lolita-Sexyness liegt in der Luft. Sie wird durch den Jersey, der den Körper wie einen Strumpf überzieht, ohne ihn zu formen, unterstützt. Jedoch beginnt die Entsemantisierung des Körpers als ein erotischer und seine Auflading als ein der Klinik ausgesetzter Körper im »Plastischen« dieser Kollektion, die den Körper tatsächlich zu einem tranchierten, einem scharf in Scheiben geschnittenen macht. »Der Körper«, sagt das Pressestatement, »wirkt durch horizontal geschnittene Stoffbahnen in Konstrastfarben neu proportioniert.« Das ist in einem ganz wörtlichen, sinistren Sinne wahr. Das Maison Martin Margiela scheint ins lebendige Fleisch zu schneiden. Die Arme, die Beine, die Füße, selbst der Kopf werden in dieses Tranchieren einbezogen. Erreicht wird so eine massive Entstaltung, die es nicht mehr erlaubt, den Körper als geschlossene Figur wahrzunehmen. Klinische Elemente wie Armbinden oder Bandagen, die nicht zum traditionellen Vokabular der Kleidung gehören, ergänzen diese horizontalen Akzente. Unterstrichen wird dieses horizontale Zerschneiden, das den Kopf einbezieht, durch die Brille, die den in die Mannequingesichter hineingedruckten dunklen Streifen über den Augen jetzt real werden lässt. Die Kontrastfarbe zu den schwarzen und weißen Streifen sind fleischfarbene Töne, die den Körper nackt erscheinen lassen. Die Dreidimensionalität des Körpers wird in der Fläche auf eine Zweidimensionalität gebracht, die von horizontalen und vertikalen Linien bestimmt ist. Die berückenden Kurven, die von der Venus Tizians bis zu Anita Ekberg in der Fontana da Trevi den erotischen Körper bestimmen, werden in Flächigkeit aufgelöst. Das Zerschnittene des Körpers wird durch die tatsächlich zerschnittenen Kleider betont, denen als »white frontless knit skirt« die Vorderseite einfach fehlt: Während der Rock vorne die Oberschenkel bloßlegt, geht er hinten bis zur Mitte der Waden. So etwas gibt es bei OP-Kitteln der zu operierenden Patienten.

    Die Ambivalenz zwischen erotischem Berühren und klinischem Aufschneiden wird durch das aggressive Bloßlegen des Leibes erzeugt; ganz bleibt nämlich der nackte Torso, nur bedeckt von einem hautfarbenen Stricktrikot. Gerahmt und dadurch ins Bild gesetzt wird er durch die darüber getragenen Capes: von den Armen fallen Stoffbahnen weich nach unten. Die Schulterlinie ist durch ein Stoffband markiert, das sich ganz um die Schultern legt und nicht zu öffnen ist, so dass man das Cape wie einen Pullover anziehen muss. Das klassische Cape erlaubt die Verhüllung des Leibes; es kann schützend um den Leib geschlungen, elegant um ihn drapiert werden. Wenn etwas gezeigt und je nach Laune der Trägerin enthüllt werden kann, dann das Dekolleté. Dieses Cape hingegen, gewissermaßen ein Negativ des klassischen Capes, bedeckt das Dekolleté – unmöglich ist es auch, den Leib damit zu verhüllen, da die Stoffbahnen unter den Armen angebracht sind. Eine Geste der Verhüllung müsste die Arme über die Schultern kreuzen und würde nichts Souverän-Elegantes haben, sondern fast kindlich eine Bedrohung abwehren. Der Torso ist als nackter, nur mit einem fleischfarbenen, schmucklosen Jumpsuit bedeckt, dem Zugriff ausgesetzt. Exponiert wird so eben das, was bei der Venus aufgeschnitten wird, damit man sie öffnen kann.[131]

Das Ambivalentmachen des Nackten wird in der Kollektion 2008/2009 vorangetrieben. Wie in einem surrealistisch anmutenden Traumbild von Delvaux tritt eine Frau auf, die unten mit einer weiten, roten Hose bekleidet, von der hohen Taille aufwärts aber ganz nackt ist. Diese Überdosis Erotik wird auf den zweiten Blick von Unheimlichkeit durchschossen. Denn dieser durch Farbe und Material horizontal entzweigeschnittene Körper erinnert an ein zusammengesetztes Wesen: an einen Zentaur etwa, bis zur Taille Mensch und dann halb Tier. Außerdem wird nicht das natürliche, nackte Fleisch sichtbar, sondern eine Art Ersatzfleisch, ein Imitat, das den Oberkörper überzieht und in seiner Anmutung zwischen Stützstrumpf und Prothese schwankt. In Farbe und Material ist es nicht anziehend, sondern abstoßend. Eine andere Frau wird von dem Gegensatz angezogen/nackt nicht horizontal, sondern vertikal durchtrennt. Während die angezogene Hälfte ein elegantes Kleid ist, überzieht auf der »nackten« Seite wieder ein sanitätshausartiges Hautimitat die Nacktheit. Oder aber es ragt aus einem sehr aufreizenden, zum Venusknoten geschürzten, rot schimmernden Body, der die Beine ganz nackt lässt, ein wie mit einem Strumpf bezogener Oberkörper. Hier lockt nicht das Fleisch, hier droht die Prothese. Nichts als ein schwarzer BH wird oben herum getragen; er ruft für die erste Sekunde die in der Reklame bis zum Überdruss eingesetzte Unterwäscheerotik auf, in der der schwarze BH auch wegen des starken Kontrasts zur Hautfarbe unangefochten Platz eins belegt. Auf den zweiten Blick sieht man jedoch, dass sowohl der BH als auch die »Nacktheit« aus demselben sanitätshausartigen Material sind. Der erotische Reiz wird auch hier nur aufgerufen, um durchbrochen zu werden. Das wirkt wie ein Spaß, den sich die Trägerin mit der Durcherotisierung der öffentlichen Sphäre macht, die sie sich auf den Leib schreibt, ohne sie zu verkörpern. Dieser Witz wird verstärkt, wenn die Trägerin den hautfarbenen Body mit eingewirktem schwarzen BH unter einem eleganten Anzug trägt, der in seinem dezenten Wolltuch und Schnitt an den klassischen Herrenanzug erinnert, der darauf angelegt ist, alles Nackte unsichtbar zu machen. Yves Saint Laurents Smoking für Damen wird durch den im Ausschnitt, der zum Dekolleté wird, sichtbaren Busen erotisiert. Diesen Effekt zitiert Margiela, um ihn in einer Mischung von kindlicher Unschuld und unheimlicher Prothese durchzustreichen. In eine ähnliche Richtung geht auch die aufgerufene Strumpfbanderotik, die an die Chorus Girls des Varietés erinnert; aufreizend wird das Strumpfband im hoch geschlitzten Hosenbein zur Schau gestellt. Kaum merklich zieht das Mannequin dieses Bein jedoch nach und humpelt ein kleines bisschen. Ob das Strumpfband nur den Schnitt zur Prothese verdeckt? Eine Frau in einem sehr elegant geschnittenen Kleid tritt auf, das als Etuikleid an Edith Piaf oder Audrey Hepburn erinnert. Unvermutet ist es hinten heruntergerissen, und der bis zur Taille nackte Rücken schaut unter den Fetzen hervor. Was von der Gewalt der Leidenschaft freigelegt scheint, ist jedoch wieder nur eine Art Plastikfleisch, ein Sanitätshausersatz. Vielleicht ist der ganze Körper künstlich?

Die Kollektionen des Maison Martin Margiela sind *cutting edge*; ihnen gelingt eine Tour de force. Noch das Barbarische des geschaffenen Leibes hüllen sie in eine eigenartige Eleganz. Sie gestalten die Entstaltung, statt sie zu verdrängen; sie bringen sie zur Anschauung und nutzen die Vorstellung eines beliebig modellierbaren Körpers für ästhetische Effekte. Sie rufen das Unheimliche und das Grauen auf, geben ihm aber Form und machen es tragbar, erträglich. Der Schock des neuen Nackten beruht auf einer Kippfigur. In der Raffinesse seiner Konstruktion ist dieser Schock auch Kommentar zur naturalistischen Einfältigkeit des pornographischen Körpers. Das neue Nackte taucht da auf, wo man es nicht erwartet und durchkreuzt die Lust des Anfassens durch ein Material, das jedenfalls bisher eines ganz sicher nicht war: erotisch kodiert.

Und *ewig lockt* der Orient

Mit der orientalischen Königin Omphale sind wir im wahrsten Sinne des Wortes am Nabel der Mode. Die verwitwete Lyderkönigin kaufte sich den griechischen Helden Herakles, den stärksten Mann der Welt, als Lustsklaven. Ihrem Liebhaber schenkte sie bald die Freiheit, und die beiden lebten für einige Jahre als Paar miteinander, bis er schließlich wieder nach Griechenland zurückkehrte.

Eines Tages gehen Omphale und Herakles in den Weinbergen spazieren; ihr Ziel ist eine Lustgrotte. Omphale im purpurnen, goldbestickten Seidengewand mit parfümierten Haaren wird von Herkules galant mit einem goldenen Sonnendach beschirmt. Pan, dem die strahlende Königin auf seinem Hügel in die Augen sticht, verlässt sofort seine wahrscheinlich in Wolfsfell gekleidete Berggöttin; Omphale allein soll seine Liebe sein. In der Grotte angekommen, geben sich Omphale und Herkules ihrer Lust hin: dem Kleidertausch. »Sie kleidete ihn in einen netzartigen Gürtel, der lächerlich klein für seine Taille war, und in ihr purpurnes Gewand. Obwohl sie dies ganz aufschnürte, sprengte er die Ärmel. Die Bänder ihrer Sandalen waren viel zu kurz um seinen Fuß zu umspannen.«[132] In jeder Hinsicht sprengt die prächtige Ausstattung des muskelschwellenden Herkules ihre Kleider. Omphale hingegen scheint mit Löwenfell und Keule gut zurechtgekommen zu sein. Beide lagern sich so in den Kleidern des andern auf getrennten Stätten zur Nacht. Später kommt Pan in die Lustgrotte, um zitternd vor Erregung das Bett mit der seidigen Omphale zu teilen. Irrtümlich legt er sich zu dem seidengewandeten Herkules, der ihn mit einem Fußtritt quer durch die Grotte befördert. Von diesem Moment an sind dem Faun alle Kleider verhasst.

Als Rache setzt Pan in Griechenland die Geschichte

von dem orientalisierten, weibischen Herakles in die Welt. Aus scherzhaftem Kleidertausch macht er perverse Gewohnheit. Das Motiv von Herakles, dem Supermann, als Transvestit und Superweibchen ist so auf uns gekommen. Pan streut das Gerücht, dass Herakles in Kleinasien statt Löwenfell und Espenkranz Juwelenhalsband, goldene Armringe und purpurne Tücher trage. In goldenen Negligé lasse er sich von den Dienerinnen der Omphale kämmen und maniküren. Unter den Mädchen sitze er als Mädchen, spinne Wolle und werde von seiner Herrin wegen seiner ungeschickten Finger mit einem goldenen Schuh geschlagen. Die trägt nun die heroischen Attribute seiner unbezwingbaren Männlichkeit: Löwenpelz, Keule und Bogen.

So machen es auch die Frauen heute, die ihren Geliebten die Hosen rauben. Wie immer dient der Raub der Männerkleidung der erotischen Reizerhöhung von Weiblichkeit: *boyfriend pants*.[133] Die offensichtlich viel zu großen Männerhosen, notdürftig mit einem Strick gehalten, oft mit Löchern, werden mit verstrubbelten Haaren kombiniert: Man ist gerade aus dem Bett gestiegen. Die Faszination der boyfriend pants, ohne die seit ein paar Monaten kein modisches Wesen mehr auf der Straße erwischt werden will, liegt im Szenario des Danach, das von diesem Look transportiert wird. Sie hat die Hosen an, die sie ihm, kaum aus dem Bett gestiegen, entwendet hat. Während sie so auf die Straße gehen kann, ist der jetzt Hosenlose zum Hüten des Hauses in den eigentlich ihr zugewiesenen privaten Raum verbannt. Die Hosen des Geliebten sind Jagdtrophäe: Frau hat dem Mann, mit dem sie das Bett geteilt hat, die Hosen entwendet wie Omphale dem Herakles sein Löwenfell. Man hat ihn seiner Männlichkeit beraubt, nachdem man sie genossen hat. Damit hat man gleichzeitig den Beweis einer Domestizierung des männlichen Geschlechts erbracht. Denn wenn sie nicht nur die Hosen, sondern sogar *seine* Hosen anhat, muss er im Bett bleiben. Nackt kann er schlecht aus dem Haus gehen. Für ihre Kleider ist er, wie Herakles, zu gut ausgestattet. Kleidertausch, Kleiderraub, Kleiderlust.

*Danken möchte ich Nora Weinelt, Michael Rieser und
Teresa Löwe-Bahners für ihre unerschütterliche Geduld.*

Anmerkungen

1 Frédéric Godart (Hrsg.), Penser la mode, Paris 2011.

2 William Kremer, Why did men stop wearing heels?, http://www.bbc.co.uk/news/magazine-21151350, 24.1.2013.

3 Gundula Wolter, Die Verpackung des männlichen Geschlechts. Eine illustrierte Kulturgeschichte der Hose, Marburg 1988.

4 Egon Friedell, Das genre canaille, in: ders.: Kulturgeschichte der Neuzeit. Die Krisis der europäischen Seele von der Schwarzen Pest bis zum Ersten Weltkrieg, Sonderausgabe in einem Band, München 1989, S. 1143.

5 Kaja Silverman, Fragments of a Fashionable Discourse, in: Studies in Entertainment. Critical Approaches to Mass Culture, hrsg. v. Tania Modleski, Bloomington 1986.

6 Friedrich Weltzien, Masque-ulinities. Changing Dress as a Display of Masculinity in the Superhero Genre, in: Fashion Theory, Jg. 9, H. 2 (2005), S. 229–250.

7 Philip Hoare, I Love a Man in a Uniform. The Dandy Esprit de Corps, in: Fashion Theory, Jg. 9, H. 3 (2005), S. 263–282.

8 Thomas Oláh, Kunst und Krieg, Mode und Armee: Camouflage!, in: Fashion Talks. Begleitbuch zur Ausstellung im Museum für Kommunikation Berlin, hrsg. v. Lieselotte Kugler u. Gregor Isenbort, Berlin 2011, S. 187–201.

9 Jana Stegemann, Erfolgreiche Männermodels – »Mann, bin ich schön«, http://www.sueddeutsche.de/stil/die-erfolgreichsten-maennermodels--maenner-schoen-wie-maedchen-1.1419979-3, 29.1.2012.

10 Eduard Fuchs, Ich bin der Herr, dein Gott!, in: Die Frau in der Karikatur. Sozialgeschichte der Frau, München 1906, S. 263–380.

11 Ernst H. Kantorowicz, Götter in Uniform – Studien zur Entwicklung des abendländischen Königtums, hrsg. v. Eckhart Grünewald u. Ulrich Raulff, Stuttgart 1998.

12 Dorinda Outram, The Body and the French Revolution. Sex, Class and Political Culture, New Haven 1989, S. 156.

13 Edmont Goblot, La Barrière et le niveau. Étude sociologique sur la bourgeoisie française moderne [1925], in: Penser la mode, hrsg. v. Frédéric Godart, S. 41.

14 Peter McNeil, Giorgio Riello, The Art and Science of Walking. Gender, Space, and the Fashionable Body in the Long Eighteenth Century, in: Fashion Theory, Jg. 9, H. 2 (2005), S. 175–204.

15 André Parinaud, The Unspeakable Confessions of Salvador Dalí, New York 1981, S. 212, zit. n. Valery Steele, Women of Fashion. Twentieth Century Designers, New York 1991, S. 41.

16 So der Titel eines deutschen Spielfilms von 1982 nach der gleichlautenden Übersetzung des Buches *Flowers for Mrs Harris von* Paul Gallico, London 1958.

17 Alain Badiou, Hijab, http://zinelibrary.info/files/badiou-hijab-read.pdf, S. 12, 16 (meine Übersetzung).

18 Bernard Mandeville, Die Bienenfabel oder Private Laster, öffentliche Vorteile. Mit einer Einleitung von Walter Euchner, Frankfurt a. M. 1968, S. 170.

19 Ob Rose Bertin den Musselin-Look als kreolische Mode aus den Kolonien lanciert hat, wo die Damen in der schwülen Hitze keine Seide tragen konnten, oder ob er über England gekommen ist, ist nicht ausgemacht. Jedenfalls galt Seide als der französische und Baumwolle trotz der Toile-de-Jouy als der über die Kolonien nach England gekommene britische Stoff par excellence.

20 Zu Mode und Ontologie: Elena Esposito, Die Verbindlichkeit des Vorübergehenden. Paradoxien der Mode, Frankfurt a. M. 2004, S. 23–32.

21 Ich referiere diese Szene nach: Caroline Weber, Queen of Fashion – What Marie Antoinette wore to the Revolution, New York 2006, S. 189. Sie bezieht sich auf: Antonia Fraser, Marie Antoinette – The Journey, New York 2001.

22 Für die Kleidervorschriften: Marita Bombek, Kleider der Vernunft. Die Vorgeschichte bürgerlicher Präsentation und Repräsentation in der Kleidung, Münster 2004, S. 23.

23 Philippe Perrot, Les Dessus et les Dessous de la bourgeoisie. Une histoire du vêtement au XIX siècle, Paris 1981, S. 33, hat das auf die Formel: »le paraître conditionne l'être« (Das Erscheinen bedingt das Sein) gebracht. Darin kommt aber bereits der Blick vom Ende her zum Ausdruck.

24 Pierre Saint-Amand, Terrorizing Marie Antoinette, in: Marie Antoinette. Writings on the Body of a Queen, hrsg. v. Dena Goodman, New York/London 2003, S. 253–272.

25 Sehr schön kann man diese Stilentwicklung im Film *Marie Antoinette* von Sofia Coppola aus dem Jahr 2009 verfolgen.

26 Die Luxusgesetze galten zu dieser Zeit nicht mehr primär der Abgrenzung der Stände; sie waren vielmehr protektionistisch begründet. So wurde in Frankreich die Einfuhr ausländischer Stoffe wie der Baumwolle beschränkt, um die Verarbeitung heimischer Materialien zu fördern.

27 Jean-Jacques Rousseau, Julie oder die Neue Héloise [1761], II, 21.

28 Georg Wilhelm Friedrich Hegel, Ästhetik II, hrsg. v. Friedrich Bassenge, Frankfurt a. M. (o. J., nach der Ausgabe von 1842), S. 128.

29 Gilles Lipovetzky, L'empire de l'éphémère. La mode et son destin dans les sociétés modernes, Paris 1987.

30 Friedrich Theodor Vischer, Mode und Zynismus, in: Die Listen der Mode, hrsg. v. Silvia Bovenschen, Frankfurt a. M. 1986, S. 33–79: 63.

31 Anne Hollander, Anzug und Eros. Eine Geschichte der modernen Kleidung, übers. v. Nele Köw-Beer, Berlin 1995, S. 31–45.

32 Roland Barthes, Le système de la Mode, Paris 1967.

33 Théophile Gautier, De la Mode, Paris 1858.

34 Nora Weinelt, Minimale Männlichkeit oder Dressing up. Arbeit am Anzug (ungedruckte Magisterarbeit), LMU München 2012.

35 Ebd., S. 20.

36 Grundlegend: Chantal Thomas, La reine scélérate. Marie Antoinette dans les pamphlets, Paris 1989 sowie: Lynn Hunt, Eroticism and the Body Politic, Baltimore/London 1991.

37 Saint-Amand, Terrorizing Marie Antoinette (wie Anm. 24), S. 263, Übers. d. A.

38 Jean de la Bruyère, Sittengemälde. Für die Deutschen, Leipzig 1790, S. 208.

39 Edmond et Jules de Goncourt, Histoire de Marie Antoinette, Paris 1893, S. 106.

40 Barbara Vinken, Marie Antoinette oder das Ende der Zwei-Körper-Lehre, in: Das Politische. Figurenlehren des sozialen Körpers nach der Romantik, hrsg. v. Uwe Hebekus, Ethel Matala de Mazza u. Albrecht Koschorke, Bonn 2003, S. 86–105.

41 Mary D. Sheriff, The Exceptional Woman. Elisabeth Vigée-Lebrun and the Cultural Politics of Art, Chicago 1996, S. 158–179.

42 Edmond et Jules de Goncourt, Histoire de Marie Antoinette, (wie Anm. 39)S.106.

43 Lynn Hunt, The Family Romance of the French Revolution, London 1992.

44 Christopher Breward, The hidden consumer. Masculinities, Fashion and City Life 1860–1914, Manchester 1999.

45 Réné König/Peter Schuppisser, Die Mode in der menschlichen Gesellschaft. Mit einen Geleitwort von Christian Dior, Zürich 1958. König spricht von den Frauen als den geborenen Demokratinnen.

46 Dass Mode und Moderne dieselbe Wurzel haben, nimmt der Duden an: lat. »modernus« heißt »neu, neuzeitlich«. Die heutige Bedeutung von »modern, Moderne« zeigt den Einfluss des Wortes Mode. Abgeleitet ist lat. »modernus« vom Adverb »modo« = »eben, erst« (eigentlich »mit Maß«, »auf ein Maß beschränkt« – daher auch »nur«, »bloß«). Das Adverb »modo« ist ein erstarrter Ablativ von lat. »modus«, »Maß«. Damit leiten sich »Mode« und »Moderne« von demselben lat. Wort ab, es findet in beiden Prozessen eine Umakzentuierung

von »Maß« zu »eben erst, neu« statt. Der Encyclopédie Diderots und d'Alemberts zufolge kommt »Mode« von »Modus«, vgl.: http://fr.wikisource.org/wiki/L'Encyclopédie/Volume_10#MODES

47 Friedrich Nietzsche, Menschliches, Allzumenschliches II, Fragment 215, Werke in drei Bänden, I, München 1966, S. 963; im Folgenden S. 962 u. 963.

48 Djurda Bartlett, Fashion East. The Spectre that Haunted Socialism, Cambridge (MA) 2010.

49 Gotthold Ephraim Lessing, Emilia Galotti [1772], II, 7.

50 Heinrich von Kleist, Das Käthchen von Heilbronn. Oder: Die Feuerprobe. Ein großes historisches Ritterschauspiel [1810], in: Sämtliche Werke, hrsg. v. Helmut Semdner, München 1961, 429 ff.; III, 13: S. 496; V, 3: S. 520.

51 Katharina Sykora, Ambivalente Versprechungen. Die Figur der Königin Luise im Film, in: Verdeckte Überlieferungen. Ideologische Konstanten in der Konstruktion und Rezeption literarischer und filmischer Weiblichkeitsbilder zwischen Weimarer Republik, Nationalsozialismus und Fünfziger Jahren, hrsg. v. Barbara Determann u.a., Frankfurt a. M. 1991, S. 137–168.

52 Honoré de Balzac, Les Chouans – Rebellen des Königs La Comédic humaine, Paris 1977, S. 1124, Übers. d.A.

53 Marcel Proust, Auf der Suche nach der verlorenen Zeit 5: Die Gefangene, Frankfurter Ausgabe, hrsg. v. Luzius Keller, Frankfurt a. M. 2000, S. 565.

54 Walter Benjamin, Das Passagenwerk I, Gesammelte Schriften V, Frankfurt a. M. 1983, S. 130 (Konvolut B 9.1. Mode).

55 Balzac, Les Chouans (wie Anm. 52), S. 966.

56 Adolf Loos, Damenmode [1898], in: Ins Leere gesprochen (1897–1900), Berlin 1921, S. 126–132: 126.

57 Thomas Carlyle, Sartor Resartus. The Life and Opinions of Herr Teufelsdröckh, London 1869. Die folgenden Zitate S. 253, 264, 269, Übers. d.A.

58 Charles Baudelaire, Der Maler des modernen Lebens [1863], IX, Der Dandy, Sämtliche Werke, hrsg. v. Friedhelm Kemp u. Claude Pichois, Bd. 5, Aufsätze zur Literatur und Kunst, München/Wien 1989, S. 244.

59 Ebd., S. 243.

60 Georg Wilhelm Friedrich Hegel, Ästhetik I-II, hrsg. v. Rüdiger Bubner, Stuttgart 1971, S. 573, 581, 566. Dazu: Barbara Vinken, Verkitschte Vanitas. Das Fehlgehen der Devotio Postmoderna, in: Figurationen 2 (2003), S. 123–140.

61 Wie omnipräsent der Bezug auf den Dandy ist, zeigt schön die Fotoserie von Yinka Shonibare, Diary of a Victorian Dandy, von 1998. Nicht von ungefähr studierte Shonibare am St. Martins College.

62 Die Aneignung des schwarzen Stils durch die Mode, die von Harlem zum Broadway ging, um in Paris anzukommen, stellte Cecil Beaton bereits für die Zwanzigerjahre des letzten Jahrhunderts fest: Cecil Beaton, The Glass of Fashion, London 1954. Über das Zersetzende der Wiederaneignung: Okwui

Enwezor, Yinka Shonibare, Of Hedonism, masquerade, carnivalesque and power, in: Looking both ways. Art of the contemporary african diaspora, hrsg. v. Laurie Ann Farell, New York 2003.

63 Hanne Loreck, La Sape. Eine Fallstudie zu Mode und Sichtbarkeit im postkolonialen Kontext, in: Intersektionalität und Kulturindustrie. Zum Verhältnis sozialer Kategorien und kultureller Repräsentation, hrsg. v. Katharina Knüttel u. Martin Seeliger, Bielefeld 2011, S. 259–282.

64 Justin-Daniel Gandoulou, Dandies à Bacongo. Le culte de l'élégance dans la société contemporaine congolaise, Paris 1989.

65 Alain Mabanckou, Black Bazar, übersetzt von v. Andreas Münzner, München 2010, S. 44 ff.

66 Daniele Tamagni, Gentlemen of Bacongo, London 2009.

67 Henry Louis Gates Jr., The Signifying Monkey. A Theory of African-American Literary Criticism, Cambridge 1988.

68 Kanonisch: Edward Said, Orientalism, New York 1978.

69 http://fr.wikisource.org/wiki/L'Encyclopédie/Volume_10#MODES

70 Zit. n.: P. Vergilius Maro, Aeneis, lt. dt., hrsg. u. übers. v. Gerhard Fink, Zürich 2005.

71 Gundula Wolter, Gewagt! Sensationell!! Skandalös!!! – Von Erfolgen und Fehlschlägen modischer Innovationen nach 1850, in: Fashion Talks (wie Anm. 8), S. 221–230.

72 Eine empirische Untersuchung zum Einfluss der öffentlichen Frauen, Chorus Girls und Kurtisanen, auf die Mode in Amerika: Lois Banner, American Beauty, New York 1983. Das scheint ein universales Phänomen der Moderne zu sein.

73 Jean-Jacques Rousseau, Julie oder die Neue Héloise [1761], II, 21.

74 »La femme propre: Il n'y a pas d'essence de la femme parce que la femme écarte et s'écarte d'elle-même. Elle engloutit, envoile par le fond, sans fin, sans fond, tout essentialité, tout identité, toute propriété.« Jacques Derrida, Éperons. Les styles de Nietzsche, Paris 1978, S. 38 f.

75 Giacomo Leopardi, Dialogo della Moda e della Morte [1824], in: Tutte le opere di Giacomo Leopardi, hrsg. v. F. Flora, Mailand o. Jahr, S. 830–834.

76 Charles Baudelaire, Der Maler des modernen Lebens, XI: Lobrede auf das Schminken, Sämtliche Werke, Bd. 5, Aufsätze zur Literatur und Kunst, hrsg. v. Friedhelm Kemp u. Claude Pichois, München/Wien 1989, S. 247–255.

77 Pierre Bourdieu/Yvette Delsaut, Le couturier et sa griffe: contribution à une théorie de la magie, in: Actes de la recherche en sciences sociales, Jg. 1, H. 1 (1975), S. 7–36.

78 Georg Simmel, Die Mode, in: Philosophische Kultur. Gesammelte Essais, Leipzig 1911, S. 29–64; die folgenden Zitate S. 40–43.

79 Edmond Goblot, La Barrière et le niveau (wie Anm. 13), S. 48.

80 Thorstein Veblen, Theorie der feinen Leute. Eine ökonomische Untersuchung der Institutionen [1899], übers. v. Susanne Heintz u. Peter von Haselberg, Frankfurt a. M. 1986. Dazu: Theodor W. Adorno, Veblens Angriff auf die Kultur, in: Gesammelte Schriften, Band 10.1: Kulturkritik und Gesellschaft 1, Frankfurt a. M. 1997, S. 72–96.

81 Bourdieu/Delsaut, Le couturier (wie Anm. 77).

82 Jackson Lears, Beyond Veblen. Rethinking Consumer Culture in America, in: Simon J. Bronner, Consuming Visions – Accumulation and Display of Goods in America 1880–1920, London/New York 1989, S. 73–97. Man denke auch an die Figur des Verführers Lheureux, der Emma Bovary mit seinem Wortgeklingel und seinem orientalischen Luxus in den Ruin treibt, vgl.: Gustave Flaubert, Madame Bovary [1857].

83 Adorno, Veblens Angriff (wie Anm. 80), S. 73.

84 Veblen, Theorie (wie Anm. 80), S. 177.

85 John Carl Flügel, The Psychology of Clothes, London 1930, S. 111, Übers. d. A.

86 Ebd., S. 104 (meine Übersetzung). Die beiden folgenden Zitate S. 144, 188.

87 Zur Aktualität dieses Standpunkts: Winfried Menninghaus, Das Versprechen der Schönheit, Frankfurt a. M. 2003.

88 Eduard Fuchs, Ich bin der Herr dein Gott!, (wie Anm. 10), S. 156–178: 176, 178.

89 Adolf Loos, Damenmode (wie Anm. 56), S. 129.

90 Ebd., S. 132.

91 Oliver Saillard, Histoire idéale de la mode contemporaine – les plus beaux défilés de 1971 à nos jours, Paris 2009.

92 Anneke Smelik, Skin-deep and hair-raising. The meaning of skin and hair colour, in: Colour in Time, hrsg. v. Jan Brand u. Anne von der Zwaag, Arnhem 2011, S. 52–57; Anne van der Zwaag, M.A.C. Pro Store, New York. Mirror, Mirror on the wall…, in: Colour in Time, hrsg. v. Jan Brand u. Anne von der Zwaag, Arnhem 2011, S. 58–59; Vincent Cronin, Paris. City of Light 1919–1939, London 1994.

93 http://lapetitevestenoire.chanel.com/fr_FR/home

94 Yoshji Yamamoto, In meinem Herzen ist Wut, in: Art, September 2012, S. 68.

95 Ebd., S. 70.

96 Alexandra König, Kleider schaffen Ordnung. Regeln und Mythen jugendlicher Selbst-Präsentation, Konstanz 2007, S. 234.

97 Für den Mann in der Werbung, der jetzt wie die Frau unter Laura Mulveys Regime von To-be-looked-at-ness steht: Anneke Smelik, Fashion and Visual Culture, Arnheim 2006, S. 152–171: 165.

98 Ingrid Loschek, Modedesigner. Ein Lexikon von Armani bis Yamamoto, München 2002, S. 123, 94, 123.

99 Nora Weinelt, Minimale Männlichkeit (wie Anm. 34).

100 Yuniya Kawamura, The Japanese Revolution in Paris, Oxford 2004.

101 In Anlehnung an: Salman Rushdie, The empire writes back; siehe dazu: Bill Ashcroft, Gareth Griffiths, Helen Tifflin, The Empire writes back. Theory and Practice in Post-Colonial Literatures, London 1989.

102 So Lucien Lelong, Präsident der Chambre Syndicale de la Couture parisienne, während des Zweiten Weltkriegs, als die Nazis versuchten, Berlin zum neuen Zentrum der Mode zu machen, zit. n.: The Golden Age of couture. Paris and London 1947–1957, hrsg. v. Claire Wilcox, London 2007, S. 14.

103 Rei Kawakubo, The Top 25, in: W (2–9 December 1983), S. 61.

104 Harold Koda, Rei Kawakubo and the Aesthetics of Poverty, in: Dress, New York 1985, S. 5–10.

105 Akiko Fukai/Bonnie English, The Cutting Edge. Fashion from Japan, Ausstellungskatalog Powerhouse Museum Sydney, Sydney 2005.

106 Jacqueline Demornex, Madeleine Vionnet, New York 1991.

107 »Das ist so wahr, dass das Ewige jedenfalls eher eine Rüsche am Kleid ist als eine Idee.« Walter Benjamin, Das Passagen-Werk, Frankfurt a. M. 1983 S. 578.

108 Barbara Vinken, Mode nach der Mode. Geist und Kleid am Ende des 20. Jahrhunderts, Frankfurt a. M. 1993.

109 Friedrich Nietzsche, Menschliches, Allzumenschliches I, V, 265.

110 Nick Groom, The Union Jack. The Story Of The British Flag, London 2006.

111 Cyril Siorat, The Art of Pain, in: Fashion Theory, Jg. 10, H. 3 (2006), S. 367–380.

112 Dazu: Susanna Elm, »Sklave Gottes«. Stigmata, Bischöfe und anti-häretische Propaganda im vierten Jahrhundert n. C., in: Historische Anthropologie, Jg. 8, H. 3 (1999), S. 345–363. Zum Charakter crucis: Hans Robert Jauß, Vom plurale tantum der Charaktere zum singulare tantum des Individuums, in: Individualität, hrsg. v. Manfred Frank u. Anselm Haverkamp, München 1988, S. 237–269: 242.

113 Jonathan Faiers, Tartan, Oxford 2008.

114 http://thehautehoosier.blogspot.de/2011/06/alexander-mcqueen-complete.html, 25. 1. 13.

115 Alexander McQueen, Savage Beauty, Ausstellungskatalog des Metropolitan Museum New York, hrsg. v. Andrew Bolton, New Haven 2011, S. 224 und Cover.

116 thehautehoosier.blogspot.de/2011/06/alexander-mcqueen-complete.html, 21. 1. 2013

117 Caroline Evans, Fashion at the Edge, New Haven 2003; Alison Bancroft, Jacques Lacan and an Encounter With Fashion, London 2010.

118 McQueen, Savage Beauty (wie Anm. 115), S. 196.

119 Shaun Leane, Ribcage Corset for Alexander McQueen, Untitled, Spring-Summer 1998.

120 Alexander McQueen, What a Merry-go-Round, Autumn Winter 2001/2, S. 102. Baudelaires Gedicht »Danse macabre« ist zitiert nach: Charles Baudelaire, Die Blumen des Bösen [1857], übers. v. Friedhelm Kemp, München, Wien. 1986, S. 206 f.

121 Zit. n.: ebd., S. 204–245.

122 Michel Pastoureau, L'étoffe du diable. Une histoire des rayures et du tissu rayé, Paris 1991.

123 Dekonstruktion ist hier im philosophischen Sinne und nicht als ein technisches Verfahren der Kleiderherstellung zu verstehen, was zu vielen Missverständnissen geführt hat. Der Verwechselung von »unkonstruiert« und »dekonstruiert« verdankt sich die erstaunliche Karriere dieses Wortes in der Mode. Philosophisch meint Dekonstruktion das Freilegen von Konstruktion als einer Bewegung, dessen Ergebnis erst der Zustand ist, in dem das Moment der Konstruktion ausgelöscht wird. Dazu: Barbara Vinken, Dekonstruktiver Feminismus – Literaturwissenschaft in Amerika, Frankfurt a. M. ²1994. Eine vorsichtige Rekonstruktion von Konzeption und Praxis der Dekonstruktion in Bezug auf Mode findet man bei: Alison Gill, Deconstruction Fashion: the making of Unfinished, Decomposing and Re-Assembled Clothes, in: Fashion Theory, Jg. 2, H. 1 (1998), S. 25–50.

124 Cicero, De inventione, II, i, 1–3.

125 Barbara Vinken, Fashion – Zeitgeist. Trends and Cycles in the Fashion System, übers. v. Mark Hewson, London 2005; dies., Amazing Grace: Martin Margiela and the Antwerp School, in: 6+ Antwerp Fashion, hrsg. v. Kaat Debo u. Geert Bruloot, Gent 2007, S. 210–221; Oliver Zahm, Before and After Fashion. A Project for Artforum by Martin Margiela, in: Artforum 33 (1995), S. 74–77.

126 Roland Barthes, Le Système de la mode, (wie Anm. 32).

127 Pressemitteilung Maison Martin Margiela 2007.

128 Meredith Jones, Skintight. An Anatomy of Cosmetic Surgery, Oxford 2008.

129 Roland Barthes, Die Lust am Text, Frankfurt a. M. 1974, S. 16 f.

130 Zur Puppenerotik und deren Unheimlichkeit: Beate Söntgen, Täuschungsmanöver: Kunstpuppe – Weiblichkeit – Malerei, in: Puppen, Körper, Automaten – Phantasmen der Moderne, hrsg. v. Pia Müller-Tamm u. Katharina Sykora, Köln 1999, S. 125–139.

131 Georges Didi-Hubermann, Ouvrir Venus. Nudité, rêve, cruauté, Paris 1999.

132 Nach: Robert von Ranke-Graves, Griechische Mythologie, Bd. 2, hrsg. v. Ernesto Grassi, Hamburg 1960, S. 158 f.: 159.

133 Diesen Hinweis verdanke ich Barbara Nathalie Nagel.

Bildnachweis

akg: Abb. 1, 19 (Erich Lessing), 2 (North Wind Picture Archiv), 5, 9 (Laurent Lecat).

bpk: Abb. 3 (Bayerische Staatsgemäldesammlungen), 4 (RMN – Grand Palais / Stéphane Maréchalle), 7.

Bridgeman: Abb. 6 (National Museum Wales/The Bridgeman Art Library).

© Condé Nast Archive/Corbis: Abb. 17, 20.

getty-images: Abb. 12 (AFP), 13 (Pascal Le Segretain/Getty Images Entertainment), 15 (John Thys/AFP), 16 (Julien Hekimian/Getty Images Entertainment), 22–23 (AFP), 24–26 (Foto: Chris Moore), 27 (Francois Guillot/AFP), 28–31 (Karl Prouse/ Catwalking).

Picture Alliance: Abb. 8 (© Selva Leemage), 10a u. 10b (United Archives/TopFoto), 11 (AP), 14 (dpa/ ©epa-Bildfunk).

Dorothea Mink, AdBK Bremen. Foto: Claudia Aguilar-Cruz, aus »Fashion out of Order«, hrsg. v. D. Mink, Arnoldsche Verlagsanstalt 2012: Abb. 18, 21.

Literatur

Theodor W. Adorno, Veblens Angriff auf die Kultur, in: ders., Gesammelte Schriften, Bd. 10/1: Kulturkritik und Gesellschaft 1, Frankfurt a. M. 1997, S. 72–96.

Rebecca Arnold, Fashion, Desire and Anxiety. Image and Morality in the 20th century, London/New York 2001.

Bill Ashcroft/Gareth Griffiths/Helen Tifflin, The Empire writes back. Theory and Practice in Post-Colonial Literatures, London 1989.

Honoré de Balzac, Les Chouans – Rebellen des Königs [1829], in: ders., Die Menschliche Komödie, Frankfurt a. M. 1908–1911.

Alison Bancroft, Fashion and Psychoanalysis. Styling the Self, London 2012.

Lois Banner, American Beauty, New York 1983.

Claudia Banz/Barbara Til/Heinz-Norbert Jocks (Hrsg.), Dressed! Art en Vogue, Kunstforum 197 (2009).

Roland Barthes, Die Lust am Text, Frankfurt a. M. 1974.

Roland Barthes, Système de la Mode, Paris 1967.

Djurda Bartlett, Fashion East. The Spectre that Haunted Socialism, Cambridge 2010.

Charles Baudelaire, Die Blumen des Bösen [1857], übers. v. Friedhelm Kemp, Frankfurt a. M. 1966.

Ders., Der Maler des modernen Lebens [1863], in: ders., Sämtliche Werke, hrsg. v. Friedhelm Kemp u. Claude Pichois, Bd. 5, München/Wien 1989.

Walter Benjamin, Das Passagenwerk. Gesammelte Schriften, Bd. 5, Frankfurt a. M. 1983.

Herbert Blau, Nothing in Itself. Complexions of Fashion, Bloomington 1999.

Hartmut Böhme, Zeiten der Mode, in: Dressed! Art en Vogue, hrsg. v. Claudia Banz, Barbara Til u. Heinz-Norbert Jocks, Kunstforum 197 (2009), S. 49–61.

Marita Bombek, Kleider der Vernunft. Die Vorgeschichte bürgerlicher Präsentation und Repräsentation in der Kleidung, Münster 2004.

Susan Bordo, Unbearable Weight. Feminism, Western Culture and the Body, Berkeley 1993.

Pierre Bourdieu/Yvette Delsaut, Le couturier et sa griffe: contribution à une théorie de la magie, in: Actes de la recherche en Sciences Sociales, Jg. 1, H. 1 (1975), S. 7–36.

Silvia Bovenschen (Hrsg.), Die Listen der Mode, Frankfurt a. M. 1986.

Christopher Breward, The Hidden Consumer. Masculinities, Fashion and City Life 1860–1914, Manchester 1999.

Ders., Fashion, Oxford 2003.

Ders./Caroline Evans (Hrsg.), Fashion and Modernity, Oxford 2005.

Jean de la Bruyère, Sittengemälde. Für die Deutschen, Leipzig 1790.

Patrizia Calefato, Fashion and Worldliness. Language and Imagery of the Clothed Body, in: Fashion Theory, Jg. 1, H. 1 (1997), S. 69–90.

Thomas Carlyle, Sartor Resartus. Leben und Meinungen des Herrn Teufelsdröckh, Zürich 1991.

Cicero, De inventione, II, i, 1–3.

Immanuel Chi, Eingetragen – Abgetragen. Zur Phänomenologie der Gebrauchsspur in der Mode, in: Kunstforum 141 (1998), S. 155–161.

Vincent Cronin, Paris. City of Light 1919–1939, London 1994.

Guy Debord, La Société du Spectacle, Paris 1967.

Clémentine Déliss/Theimaz Shahverdi (Hrsg), Trading Style, Bielefeld 2013.

Jacqueline Demornex, Madeleine Vionnet, New York 1991.

Jacques Derrida, Éperons. Les styles de Nietzsche, Paris 1978.

Georges Didi-Hubermann, Ouvrir Venus. Nudité, rêve, cruauté, Paris 1999.

Susanna Elm, »Sklave Gottes«. Stigmata, Bischöfe und anti-häretische Propaganda im vierten Jahrhundert n. C., in: Historische Anthropologie, Jg. 8, H. 3 (1999), S. 345–363.

Gotthold Ephraim Lessing, Emilia Galotti [1772], II, 7.

Elena Esposito, Die Verbindlichkeit des Vorübergehenden. Paradoxien der Mode, aus dem Italienischen von Alessandra Corti, Frankfurt a. M. 2004.

Caroline Evans, Fashion at the Edge. Spectacle, Modernity and Deadliness, New Haven 2003.

Jonathan Faiers, Tartan. Textiles That Changed the World, London 2008.

John Carl Flügel, The Psychology of Clothes, London 1930,

Antonia Fraser, Marie Antoinette. The Journey, New York 2001.

Egon Friedell, Das genre canaille, in: ders., Kulturgeschichte der Neuzeit. Die Krisis der europäischen Seele von der Schwarzen Pest bis zum Ersten Weltkrieg, Sonderausgabe in einem Bd., München 1989.

Edouard Fuchs, Ich bin der Herr, dein Gott!, in: Die Frau in der Karikatur. Sozialgeschichte der Frau, München 1906.

Akiko Fukai/Bonnie English, The Cutting Edge. Fashion from Japan, Ausstellungskatalog Powerhouse Museum Sydney, Sydney 2005.

Justin-Daniel Gandoulou, Dandies à Bacongo. Le culte de l'élégance dans la société contemporaine congolaise, Paris 1989.

Rhonda Garelick, Rising Star. Dandyism, Gender, and Performance in the Fin de Siècle, Princeton 1998.

Henry Louis Gates Jr., The Signifying Monkey. A Theory of African-American Literary Criticism, Cambridge 1988.

Théophile Gautier, De la Mode, Paris 1858.

Annette Geiger/Kai Lehmann/Ursula Zillig (Hrsg.), Der schöne Mann – Das Magazin, Hamburg 2012.

Edmont Goblot, La Barrière et le niveau. Étude sociologique sur la bourgeoisie française moderne (1925), Paris 2010.

Frédéric Godart (Hrsg.), Penser la mode, Paris 2011.

Edmond et Jules de Goncourt, Histoire de Marie-Antoinette, Paris 1893.

Nick Groom, The Union Jack. The Story Of The British Flag, London 2006.

Catherine Hakim, Erotisches Kapital: Das Geheimnis erfolgreicher Menschen, aus dem Englischen von Susanne Kuhlmann-Krieg, Frankfurt a. M. 2011.

Ingeborg Harms (Hrsg.), ModeKunst – FashionArt, Figurationen 1 (2000).

Georg Wilhelm Friedrich Hegel, Ästhetik, hrsg. v. Rüdiger Bubner, Stuttgart 1971.

Nathalie Herschdorfer (Hrsg.), Zeitlos schön. 100 Jahre Modefotographie von Man Ray bis Mario Testino, München/London/New York 2012.

Philip Hoare, I Love a Man in a Uniform. The Dandy Esprit de Corps, in: Fashion Theory, Jg. 9, H. 3 (2005), S. 263–282.

Anne Hollander, Anzug und Eros. Eine Geschichte der modernen Kleidung, aus dem Englischen von Nele Löw-Beer, Berlin 1995.

Lynn Hunt, Eroticism and the Body Politic, Baltimore/London 1991.

Dies., The Family Romance of the French Revolution, London 1992.

Hans Robert Jauß, Vom plurale tantum der Charaktere zum singulare tantum des Individuums, in: Individualität, hrsg. v. Manfred Frank u. Anselm Haverkamp (Poetik und Hermeneutik 13), München 1988, S. 237–269.

Meredith Jones, Skintight. An Anatomy of Cosmetic Surgery, Oxford 2008.

Ernst H. Kantorowicz, Götter in Uniform. Studien zur Entwicklung des abendländischen Königtums, hrsg. v. Eckhart Grünewald u. Ulrich Raulff, Stuttgart 1998.

Yuniya Kawamura, The Japanese Revolution in Paris, Oxford 2004.

Heinrich von Kleist, Das Käthchen von Heilbronn [1810], in: ders.: Sämtliche Werke und Briefe, hrsg. v. Helmut Sembdner, Bd. I, München 1961.

Harold Koda, Rei Kawakubo and the Aesthetic of Poverty, in: Dress. The Journal of the Costume Society of America (1985), S. 5–10.

Alexandra König, Kleider schaffen Ordnung. Regeln und Mythen jugendlicher Selbst-Präsentation, Konstanz 2007.

René König/Peter Schuppisser, Die Mode in der menschlichen Gesellschaft. Mit einen Geleitwort von Christian Dior, Zürich 1958.

Andreas Kraß, Das Geschlecht der Mode, in: Die Kunst der Mode, hrsg. v. Gertrud Lehnert, Oldenburg 2006, S. 26–51.

Jackson Lears, Beyond Veblen. Rethinking Consumer Culture in America, in: Consuming Visions. Accumulation and Display of Goods in America 1880–1920, hrsg. v. Simon J. Bronner, London/New York 1989.

Gertrud Lehnert, Frauen machen Mode. Coco Chanel, Jil Sander, Vivienne Westwood u.a.m., Dortmund 1998.

Giacomo Leopardi, Dialogo della Moda e della Morte [1824], in: ders., Tutte le opere, hrsg. v. F. Flora, Mailand (o. J.), S. 830–834.

Gilles Lipovetzky, L'empire de l'éphémère. La mode et son destin dans les sociétés modernes, Paris 1987.

Adolf Loos, Damenmode (zuerst in: Neue Freie Presse, 21. August 1898), in: ders., Ins Leere gesprochen (1897–1900), Berlin 1921, S. 126–132.

Hanne Loreck, La Sape. Eine Fallstudie zu Mode und Sichtbarkeit im postkolonialen Kontext, in: Intersektionalität und Kulturindustrie. Zum Verhältnis sozialer Kategorien und kultureller Repräsentation, hrsg. v. Katharina Knüttel u. Martin Seeliger, Bielefeld 2011.

Ingrid Loschek, Modedesigner. Ein Lexikon von Armani bis Yamamoto, 3. erw. Aufl., München 2002.

Alain Mabanckou, Black Bazar, übersetzt v. Andreas Münzner, München 2010

Bernard Mandeville, Die Bienenfabel oder Private Laster, öffentliche Vorteile. Mit einer Einleitung von Walter Euchner, Frankfurt a. M. 1968, S. 170.

Louis Marin, Les traverses de la Vanité, in: Alain Tapié u. a. (Hrsg.), Les Vanités dans la peinture au XVIIe siècle, Catalogue de l'exposition au Musée des Beaux-Arts, Caen 1990.

Peter McNeil, Giorgio Riello, The Art and Science of Walking. Gender, Space, and the Fashionable Body in the Long Eighteenth Century, in: Fashion Theory, Jg. 9, H. 2 (2005), S. 175–204.

Alexander McQueen. Savage Beauty (Katalog zur Ausstellung des Metropolitan Museum New York), hrsg. v. Andrew Bolton, New Haven 2011.

Thomas Meinecke, Tomboy, Frankfurt a. M. 2005.

Ders., Lookalikes, Berlin 2011.

Winfried Menninghaus, Das Versprechen der Schönheit, Frankfurt a. M. 2003.

Dorothea Mink (Hrsg.), Fashion – Out of Order. Disruption as a Principle, Stuttgart 2011.

Pascale Navarri, Trendy, sexy and inconscious. Regards d'une psychanalyste sur la mode, Paris 2008.

Friedrich Nietzsche, Menschliches, Allzumenschliches, in: ders., Werke, hrsg. v. Karl Schlechta, München 1966.

Thomas Oláh, Kunst und Krieg, Mode und Armee: Camouflage!, in: Fashion Talks. Begleitbuch zur Ausstellung im Museum für Kommunikation Berlin, hrsg. v. Lieselotte Kugler u. Gregor Isenbort, Berlin 2011, S. 187–200.

Dorinda Outram, The Body and the French Revolution. Sex, Class and Political Culture, New Haven 1989.

André Parinaud, The Unspeakable Confessions of Salvador Dalí, New York 1981.

Michel Pastoureau, L'étoffe du diable. Une histoire des rayures et des tissus rayés, Paris 1991.

Philippe Perrot, Les Dessus et les Dessous de la bourgeoisie. Une histoire du vêtement au XIX siècle, Paris 1981.

Ted Polhemus, Street Style, London 1994.

Ulf Poschart, Mode und Militär, in: Kunstforum 141 (1998), S. 139–144.

Marcel Proust, Auf der Suche nach der verlorenen Zeit 5: Die Gefangene, Frankfurter Ausgabe, hrsg. v. Luzius Keller, Frankfurt a. M. 2000.

Birgit Richard, Die oberflächlichen Hüllen des Selbst, in: Kunstforum 141 (1998), S. 49–95

Jean-Jacques Rousseau, Julie oder die Nouvelle Héloise [1761], München o.J.

Edward W. Said, Orientalism, New York 1979.

Olivier Saillard, Histoire idéale de la mode contemporaine – Les plus beaux défilés de 1971 à nos jours, Paris 2009.

Pierre Saint-Amand, Terrorizing Marie Antoinette, in: Marie Antoinette. Writings on the Body of a Queen, hrsg. v. Dena Goodman, New York/London 2003, S. 253–272.

Hannelore Schlaffer, Schönheit. Über Sitten und Unsitten unserer Zeit, München 1996.

Gregor Schuhen, Erotische Maskeraden. Sexualität und Geschlecht bei Marcel Proust, Heidelberg 2007.

Mary D. Sheriff, The Exceptional Woman: Elisabeth Vigée-Lebrun and the Cultural Politics of Art, Chicago 1996.

Kaja Silverman, Fragments of a Fashionable Discourse, in: Studies in Entertainment: Critical Approaches to Mass Culture, hrsg. v. Tania Modleski, Bloomington 1986.

Georg Simmel, Die Mode, in: ders., Philosophische Kultur. Gesammelte Essais, Leipzig 1911.

Cyril Siorat, The Art of Pain, in: Fashion Theory, Jg. 10, H. 3 (2006), S. 367–380.

Anneke Smelik, Fashion and Visual Culture», in: The Power of Fashion. About Design and Meaning, hrsg. v. Jan Brand u. José Teunissen, Arnhem 2006, S. 152–171.

Dies., Skin-deep and hair-raising. The meaning of skin and hair colour, in: Colour in Time, hrsg. v. Jan Brand u. Anne von der Zwaag, Arnhem 2011, S. 52–57.

Werner Sombart, Liebe, Luxus und Kapitalismus. Über die Entstehung der modernen Welt aus dem Geist der Verschwendung, Berlin 1992.

Beate Söntgen, Täuschungsmanöver: Kunstpuppe – Weiblichkeit – Malerei, in: Puppen, Körper, Automaten. Phantasmen der Moderne, hrsg. v. Pia Müller-Tamm u. Katharina Sykora, Köln 1999.

Valery Steele, Women of Fashion. Twentieth Century Designers, New York 1991.

Dies., Fetish. Fashion, Sex and Power, New York 1996.

Dies., The Corset: A Cultural History, New Haven 2001.

Dies. (Hrsg.), The Encyclopedia of Clothing and Fashion, 3 Bde., New York 2004.

Katharina Sykora, Ambivalente Versprechungen. Die Figur der Königin Luise im Film, in: Verdeckte Überlieferungen. Ideologische Konstanten in der Konstruktion und Rezeption literarischer und filmischer Weiblichkeitsbilder zwischen Weimarer Republik, Nationalsozialismus und Fünfziger Jahren, hrsg. v. Barbara Determann u. a., Frankfurt a. M. 1991, S. 137–168.

Daniele Tamagni, Gentlemen of Bacongo, London 2009.

Chantal Thomas, La reine scélérate. Marie Antoinette dans les pamphlets, Paris 1989.

John Utanga/Therese Mangos, The Lost Connections. Tattoo Revival in the Cook Islands, in: Fashion Theory, Jg. 10, H. 3 (2006), S. 316–332.

Thorstein Veblen, Theorie der feinen Leute. Eine ökonomische Untersuchung der Institutionen [1899], Frankfurt a. M. 1986.

P. Vergilius Maro, Aeneis, lt./dt., hrsg. u. übers. v. Gerhard Fink, Zürich 2005.

Barbara Vinken, Fashion – Zeitgeist. Trends and Cycles in the Fashion System, London 2005.

Barbara Vinken, Mode nach der Mode. Geist und Kleid am Ende des 20. Jahrhunderts, Frankfurt a. M. 1993.

Dies., Amazing Grace. Martin Margiela and the Antwerp School, in: 6+ Antwerp Fashion, hrsg. v. Kaat Debo u. Geert Bruloot, Gent 2007.

Dies., Verkitschte Vanitas – Das Fehlgehen der devotio postmoderna. Zu Bettina Rheims und Serge Bramleys INRI, in: Figurationen 2 (2000), S. 123–140.

Dies., Marie Antoinette oder das Ende der Zwei-Körper-Lehre, in: Das Politische. Figurenlehren des sozialen Körpers nach der Romantik, hrsg. v. Uwe Hebekus, Ethel Matala de Mazza u. Albrecht Koschorke, Bonn 2003.

Friedrich Theodor Vischer, Mode und Zynismus [1888], in: Die Listen der Mode, hrsg. v. Silvia Bovenschen, Frankfurt a. M. 1986, S. 33–79.

Caroline Weber, Queen of Fashion. What Marie Antoinette wore to the Revolution, New York 2006.

Nora Weinelt, Minimale Männlichkeit oder Dressing up. Arbeit am Anzug. Magisterarbeit, LMU München 2012.

Friedrich Weltzien, Masque-ulinities. Changing Dress as a Display of Masculinity in the Superhero Genre, in: Fashion Theory, Jg. 9, H. 2 (2005), S. 229–250.

Elizabeth Wilson, Adorned in Dreams. Fashion and Modernity, London 2005.

Gundula Wolter, Die Verpackung des männlichen Geschlechts. Eine illustrierte Kulturgeschichte der Hose, Marburg 1988.

Dies., Gewagt! Sensationell!! Skandalös!!! Von Erfolgen und Fehlschlägen modischer Innovationen nach 1850, in: Fashion Talks. Begleitbuch zur Ausstellung im Museum für Kommunikation Berlin, hrsg. v. Lieselotte Kugler u. Gregor Isenbort, Berlin 2011, S. 221–230.

Yoshji Yamamoto, In meinem Herzen ist Wut, in: Art, September 2012, S. 68.

Oliver Zahm, Before and After Fashion: A Project for Artforum by Martin Margiela, in: Artforum, Jg. 33, H. 7 (1995), S. 74–77.

Anne van der Zwaag, M.A.C. Pro Store, New York. Mirror, Mirror on the wall ..., in: Colour in Time, hrsg. v. Jan Brand u. Anne von der Zwaag, Arnhem 2011, S. 58–59.